体系 小売マネジメント

Systematic Retail Management

岸本 徹也・菊池 一夫 著
KISHIMOTO Tetsuya　KIKUCHI Kazuo

中央経済社

本書で学ぶ小売マネジメントの体系

第Ⅰ部　小売マネジメントを学ぶための基礎知識

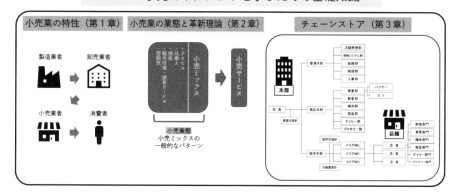

第Ⅱ部　小売マネジメント論の体系

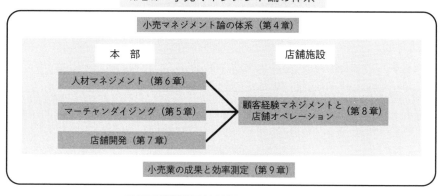

第Ⅲ部　小売マネジメントの課題

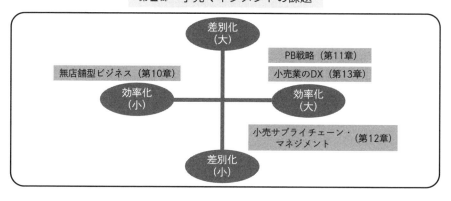

ついて解説をしています。

第Ⅱ部は，本書の中核部分となる小売マネジメント論になります。本書では小売マネジメントを，本部が中心に展開する人の側面の「人材マネジメント」，商品の側面の「マーチャンダイジング」，店舗の側面の「店舗開発」と，店舗が中心となる「顧客経験マネジメント」から成るものと考えています。これが本書の特徴でもあります。

この本書が考える小売マネジメント論にまだ取り込めていない領域を，第Ⅲ部で小売マネジメントの課題として取り上げています。ゆくゆくは，この領域も小売マネジメント論に取り入れ，統合的に論じていきたいと考えています。

本書の第Ⅰ部と第Ⅱ部の第8章までは，岸本が担当しました。第Ⅱ部の第9章と第Ⅲ部は，大学で「商業経営論」を担当されている菊池一夫先生に執筆をお願いしました。私だけでは，この小売マネジメントのテキストを書き上げることはできなかったでしょう。菊池先生とは，担当する章を決め，意見交換を重ねながら担当する章を書き上げていきました。

学生のみなさんに本書を読んでもらい，少しでも「小売業って面白そうだな」と思ってもらえると嬉しいです。

最後に，本書の構想段階から編集まで，粘り強く私たちの作業を支えてくださった中央経済社の阪井あゆみ氏に心から感謝を申しあげます。

2024年7月26日

執筆者を代表して

岸 本 徹 也

場合，小売業に関するテキストは理論指向が強いものや事例指向が強いものはありますが，学生向けに程良い程度に体系化されたテキストはほとんど見ることがなかったからです。

本書では，「小売マネジメント」を「経営者が構想する顧客に提供したい価値を本部で実現できるように企画立案し，店舗で確実に実現すること」と考えます。また，本書でいう「体系」とは，小売マネジメントの要素（人，商品，店舗）が関係づけられ，系統的にまとまっている仕組みの全体を意味しています。

小売マネジメントは，取り扱う商品や組織形態によって仕組みが異なります。そのため，さまざまな小売業を統一的に１つのマネジメント論として体系的にまとめきれないと考え，このテキストでは，解説の軸足を食品スーパーに置いています。食品スーパーを中心に説明していますが，理解を深めてもらえるように，学生のみなさんに馴染みのあるコンビニエンスストアや衣料品小売業についても触れています。

本書を書いた最後の３つ目の目的は，筆者の今までの研究と教育をいったんまとめてみたいと考えたからです。その後，このテキストをもとにして研究書を書き上げてみたいと思っています。筆者は，今まで食品スーパーの店舗オペレーションやチェーンストアの組織について研究をしてきました。食品スーパーを対象に研究しながら，流通論の小売業態論や小売ミックス論がチェーンストア論と別々に論じられていることに違和感を覚え，この関係性を明らかにすることで，小売マネジメント論のバックボーンができるのではないかという着想を得ました。

これまで，大学の授業やゼミ，商業高校での講座などで，日本商工会議所のリテールマーケティング検定を活用してきました。リテールマーケティング検定は，小売マネジメントについて体系化はされていませんが，実務の内容がある程度網羅されています。この本の執筆でも，多くの部分を参考にさせていただきました。このリテールマーケティング検定を，特に商業高校の商業教育に活用する場面では，大学の授業やゼミ以上にさらに内容を噛み砕いて説明をする必要がありました。説明する中核部分を外さないように，できるだけ難しい用語は使わずにわかりやすく説明することを念頭に置いてきました。この本も同様に，本書全体を口語体にし，学生が理解に苦しむようなところを，できるだけ丁寧に説明することを心がけて書きました。

本書は３部構成となっています。まず，第Ⅰ部では，小売マネジメントの体系を学ぶために必要な流通論の基礎として，小売業の特徴やチェーンストア組織に

はじめに

―体系小売マネジメントについて―

本書を書いた目的は3つあります。

まず，学生のみなさんに小売業のマネジメントについて知ってもらいたいと思ったからです。みなさんの中には，小売業でアルバイトをしたことがある人もいるでしょう。きっと，店舗でひたすら商品の品出しをし，忙しくレジ作業をしたのではないでしょうか。このようなアルバイトの経験から，小売業で将来働くのは嫌だなと思っている人も少なくないのではないかと思っています。

みなさんがアルバイトの経験からイメージする小売業の仕事よりも，現実の小売業には魅力的な仕事が多くあります。たとえば，店舗では顧客の喜びを直接感じることができる接客の仕事があります。あるいは，顧客が欲しがる商品を国内や世界を回り探すバイヤーという仕事があります。顧客の生活に役立つ商品を開発する仕事やその商品の良さを伝えるためのプロモーションの仕事もあります。さらに，商品を買いやすい売場を考えて作る仕事などもあります。

店舗のアルバイトの立場だけから見るのではなく，小売業を企業経営全体の視点から見ると，とてもやりがいのある仕事があるということを，本書で伝えたいと思っています。

大学の教室で本書によって学んだ後は，実際に店舗等に行き，学んだことを確認できるようであれば，確認してみてください。大学での学びは，教室の中だけで完結するものではありません。教室で学ぶ抽象的なことを，日常の買い物やアルバイトなどの経験を通じて，実際に自分の目で確かめてほしいと思っています。商業の学びでは，このように日常生活の中で常に問題意識を持ちながら，日常生活自体を学びの場にしてほしいと願っています。

そのために，本書には，各章の最後に「やってみよう」という課題を掲載しています。各章を読んだ後に是非やってみてください。すぐに考えがまとまらないこともあるでしょう。慌てる必要はありません。いったん，この本を閉じて，普段の生活の中でその問いを考えてみてください。瞬間的に物事を判断する思考の瞬発力も必要ですが，同じことを粘り強く考え続けるという思考の持続力も大切です。

本書を書いた2つ目の目的は，学生が小売業のマネジメントを学ぼうと思った

目　次

はじめに　i

本書で学ぶ小売マネジメントの体系　　iv

第Ⅰ部　小売マネジメントを学ぶための基礎知識

第1章　小売業の特性 ——————————————————————— 3

1　小売マネジメントとは ……………………………………………………… 3

2　主要な小売業の特徴 ………………………………………………………… 4

    2.1　主な小売業態　　4

    2.2　食品スーパーとコンビニエンスストア　　5

    2.3　コンビニエンスストアと百貨店の比較　　6

3　小売業とは …………………………………………………………………… 7

    3.1　生産者，卸売業者，小売業者の考え方　　7

    3.2　小売活動と小売業者　　9

    3.3　商品分類と販売方法　　9

4　流通における小売業の機能 ……………………………………………… 12

    4.1　消費者に対する小売業の機能　　12

    4.2　生産者や卸売業者に対する小売業の機能　　13

    コラム　"小売"に関する用語のあれこれ　　15

第2章　小売業態と革新理論 ——————————————————— 19

1　小売業態 …………………………………………………………………… 19

    1.1　小売業種と小売業態　　19

    1.2　小売ミックス　　20

    1.3　小売サービス　　22

ii　目　次

2　主要な小売業態 ……………………………………………………………23
  2.1　小売業態の分類　23
  2.2　一般小売店　25
  2.3　百貨店　25
  2.4　総合スーパー　26
  2.5　食品スーパー　27
  2.6　コンビニエンスストア　27
  2.7　専門店　28

3　小売業態の革新理論 ………………………………………………………29
  3.1　小売の輪の理論　29
  3.2　真空地帯論　31
  3.3　アコーディオン理論　32
  3.4　業態盛衰のモデル　32

  コラム　**小売業態と革新的経営者**　35

第3章　チェーンストア ——————————————————————— 39
1　一般小売店からチェーンストアへ ……………………………………39
  1.1　販売と仕入の分離　39
2　チェーンストアの特徴 ……………………………………………………40
  2.1　大量販売を基盤にした交渉力　40
  2.2　大量販売を基盤とした情報力　41
3　チェーンストアの構造的な問題点 ……………………………………42
  3.1　構造的問題が顕在化しなかった理由　42
  3.2　チェーンストア本来の特性　43
  3.3　人材育成方法の特性　43
  3.4　本部の「作」と店舗の「演」　44
4　チェーンストアの形態 ……………………………………………………44
  4.1　コーポレートチェーン　45
  4.2　フランチャイズチェーン　46
  4.3　ボランタリーチェーン　48

目　次　III

5　チェーンストアの組織 ……………………………………………… 49

　5.1　商品本部　50

　5.2　販売本部　51

　5.3　管理本部　51

　5.4　店舗　52

コラム　プラットフォーマーとしてのシジシージャパン　52

第Ⅱ部　小売マネジメント論の体系

第4章　小売マネジメント論の体系 ──────────── 59

1　小売業態論＋4つの視点＝小売マネジメント論 ………………… 59

2　顧客価値 …………………………………………………………… 61

　2.1　小売マネジメントモデル1.0　61

　2.2　小売ミックス，小売サービス，顧客経験と顧客価値の関係　62

3　小売フォーマット ………………………………………………… 64

　3.1　小売業態，小売フォーマット，小売企業の事業戦略　64

　3.2　事業戦略としての小売フォーマット　66

4　チェーンストア組織 ……………………………………………… 67

　4.1　小売フォーマットとチェーンストア組織　67

5　小売ミックス・システムと小売マネジメントモデル …………… 69

　5.1　小売ミックスの3要素と店舗オペレーション　69

　5.2　小売マネジメントモデル　70

　5.3　小売マネジメントの要素と組織図　72

6　小売企業の社会貢献 ……………………………………………… 73

コラム　アクシアル リテイリングのTQM　75

IV　目　次

第5章　マーチャンダイジング ——————————— 79

1　マーチャンダイジングとは……………………………………79

　　1.1　食品スーパーのマーチャンダイジングを考えるうえで　79
　　1.2　マーチャンダイジングの流れ　80

2　商品計画……………………………………………………81

3　販売計画……………………………………………………82

4　仕入計画……………………………………………………83

　　4.1　仕入れ商品と仕入先の管理と関係づくり　83
　　4.2　仕入の種類　84

5　商品開発……………………………………………………85

6　商品構成……………………………………………………85

　　6.1　商品構成とは　85
　　6.2　商品構成の階層　86
　　6.3　品揃えの広さと深さ　87
　　6.4　価格設定　88
　　6.5　マージンミックス　89
　　6.6　EDLPとハイアンドロープライス　90

7　棚割計画……………………………………………………91

8　販促計画……………………………………………………92

9　売場商品管理………………………………………………93

　　コラム　**3 COINS の VERSION UP!!!**　94

第6章　人材マネジメント ——————————————— 99

1　人材マネジメントの全体構図………………………………99

2　等級…………………………………………………………101

　　2.1　等級の必要性　101
　　2.2　等級の種類　101
　　2.3　職能資格制度　102

3　評価…………………………………………………………104

　　3.1　評価の必要性と目的　104

　　　　3.2　評価の対象　　105

　　　　3.3　評価方法　　105

　　　　3.4　目標管理　　106

　　4　報酬 ……………………………………………………………………107

　　　　4.1　報酬の体系　　107

　　　　4.2　基本給　　107

　　5　能力開発 …………………………………………………………………109

　　　　5.1　能力についての考え方　　109

　　　　5.2　能力開発の種類　　110

　　6　採用・異動・退職 ………………………………………………………111

　　7　現場の人材マネジメント ………………………………………………112

　　8　パートタイマーの人材管理 ……………………………………………113

　　コラム　ヨークベニマルに見るパートタイマーの人財育成　　114

第7章　店舗開発 ————————————————————————118

　　1　店舗開発とは ……………………………………………………………118

　　　　1.1　店舗数を増やすメリット　　118

　　　　1.2　立地の重要性　　119

　　2　商圏 ………………………………………………………………………120

　　　　2.1　商圏とは　　120

　　　　2.2　商品類型と商圏　　120

　　　　2.3　商圏設定モデル　　121

　　3　店舗開発のプロセス ……………………………………………………125

　　　　3.1　出店用地の情報収集　　126

　　　　3.2　出店計画　　126

　　　　3.3　店舗戦略の立案　　130

　　　　3.4　開店準備　　131

　　　　3.5　出店後　　131

　　コラム　日本型 HD 店舗を開発・展開するビッグ・エー　　131

VI　目　次

第8章　顧客経験マネジメントと店舗オペレーション ———— 135

1　顧客経験マネジメントと店舗オペレーション ················135

2　顧客経験マネジメント ···136

   2.1　インストア・マーチャンダイジング　137

   2.2　非購買時のプロモーション　145

3　店舗オペレーション ···147

   3.1　店舗オペレーションとは　147

   3.2　作業割当表の作成　148

   3.3　日々の業務を支える活動　149

  コラム　サミットの「案内係」　150

第9章　小売マネジメントの成果と効率測定 ———— 155

1　計数管理の重要性 ···155

2　小売企業の成果目標の指標 ···157

   2.1　売上高　157

   2.2　利益　158

   2.3　値入高　159

   2.4　売上原価　160

   2.5　さまざまな利益のレベル　161

3　商品に関する指標 ···162

   3.1　商品回転率　162

   3.2　交差比率　163

   3.3　ABC分析　164

4　人に関わる指標 ··165

   4.1　労働分配率　165

   4.2　人時生産性　165

5　店舗の生産性についての計数である売場効率 ··················167

6　購買経験の成果としてのPI値 ··167

  コラム　キャッシュフロー　168

目　次　VII

第**Ⅲ**部　小売マネジメントの課題

第10章　無店舗型ビジネス ——————————————— 173

1　無店舗型ビジネスについて ································ 173

　1.1　無店舗型ビジネスの定義と類型　174

　1.2　訪問販売　174

　1.3　カタログ販売　175

　1.4　TV 通販　175

　1.5　自動販売機　175

　1.6　移動販売　176

　1.7　インターネット通販　176

　1.8　フルフィルメント　178

2　オムニチャネル小売業 ································ 179

3　ネットスーパー ···························· 179

　3.1　ネットスーパーの現状　179

　3.2　ネットスーパーの事業特性　181

4　買物弱者の問題 ································· 182

　4.1　買物弱者問題の背景　182

　4.2　買物弱者への対策　183

　4.3　事例　移動スーパーとくし丸　184

コラム　**ポップアップ・ストア**　185

第11章　PB 戦略 ———————————————————— 189

1　日本の PB の発展段階 ···························· 189

　1.1　導入期（1960年代から1980年代半ば）　190

　1.2　成長期（1980年代後半から1990年代）　190

　1.3　成熟期（2000年代以降）　190

2　PB の定義 ···································· 191

3　PB 導入の目的 ································ 192

4　PB の類型とその階層構造 ······················· 192

5　PB の開発プロセス ····························· 193

VIII　目　次

6　日本における PB の開発プロセス―イオンの事例 ……………… 195

7　PB の開発と導入における検討事項 ……………………………… 197

コラム　良品計画の PB 開発　199

第12章　小売サプライチェーン・マネジメント ─────── 201

1　小売サプライチェーンの構築 ……………………………………… 201

2　デジタル技術の発展 ………………………………………………… 202

　2.1　POS システム　202

　2.2　EOS（Electronic Ordering System）　203

　2.3　EDI（Electronic Data Interchange）　203

　2.4　RFID（Radio Frequency Identification）　203

3　小売物流の変革 ……………………………………………………… 204

　3.1　情報のフローから見た物流システム　204

　3.2　物流システムの選択　205

　3.3　物流の側面から見た物流システム　206

　3.4　取り扱う商品の種類の側面から見た物流システム：温度帯管理　207

4　小売企業によるサプライチェーン・マネジメント ……………… 208

　4.1　ブルウィップ効果　208

　4.2　VMI（Vendor Managed Inventory）　209

　4.3　CPFR（Collaborative Planning Forecasting Replenishment）　209

コラム　中食商品のサプライチェーン　210

第13章　小売業の DX ───────────────────── 213

1　デジタル技術と小売業の変化 ……………………………………… 213

2　日本企業の DX 化の現状 …………………………………………… 214

3　事例から考える DX ………………………………………………… 215

　3.1　Amazon Go の事例　215

　3.2　レジおよび顧客サービス　215

4　DX の基盤となる技術 ……………………………………………… 216

4.1	店舗内技術	217
4.2	店舗外技術	218
4.3	普及技術	218

5 小売企業のDX‥‥‥‥‥‥‥‥‥‥‥‥‥‥‥‥‥‥‥‥‥‥‥‥‥‥219

5.1	フロントエンドのDX	219
5.2	バックエンドのDX	219
5.3	サプライチェーンのDX	220

6 顧客関係管理（CRM）に関わる分析手法‥‥‥‥‥‥‥‥‥‥‥220

6.1	バスケット分析	221
6.2	デシル分析	222
6.3	RFM分析	222

コラム ショールーム型店舗「明日見世」の事例　　223

学修資料

①陳列方法 …227
②ビジュアルマーチャンダイジング（VMD） …231

索引 …237

小売マネジメントを学ぶための基礎知識

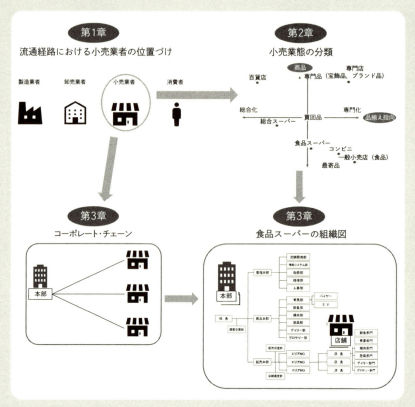

　第1部は，小売マネジメント論を学ぶために必要な流通や小売業に関する基礎知識をまとめています。

　第1章では，これから学ぶ小売業にはさまざまな種類があり，それぞれが特徴を持っていることや，製造業者→卸売業者→小売業者→消費者と商品が流れていく中における小売業の役割について考えていきます。

　第2章では，いくつかの小売業態の概要を説明しながら，本書が中心に扱う食品スーパーの特徴も明らかにしています。また，小売業態が生起する小売業態の革新論について紹介しています。

　第3章は，チェーンストアの特徴を明らかにし，チェーンストアの3つの形態を比較しながら説明しています。チェーンストアの組織は，現実の小売企業の組織図でどのようになっているのかについても見ていきます。

第1章 小売業の特性

Retail Management

学習のポイント

▶さまざまな小売業の経営方法の違いをデータから学びましょう。

▶"小売"がつく用語を比較しながら理解しましょう。

▶商品分類によって，小売業者の販売方法がどのように変わるのか理解しましょう。

▶小売業の機能について理解しましょう。

キーワード

　小売マネジメント，小売業態，小売活動と小売業者，商品分類，購買代理，販売代理

1　小売マネジメントとは

　みなさんは，日常生活の中で，どのようなお店を利用しているのでしょうか。大学の授業に行く前に，大学の近くのコンビニエンスストアに寄って，お昼ご飯やお菓子を買っている人もいるのではないでしょうか。また，大学からの帰り道に，ドラッグストアに寄って，シャンプーを買ったり，お菓子を買ったりしている人もいるでしょう。一人暮らしの人は，食品スーパーで惣菜やお肉を買っている人もいるかもしれませんね。お休みの日には，友達とショッピングセンターに買い物に出かけ，雑貨店や服の専門店などで買い物をして，その帰りの電車の中で，欲しかった商品をネットで見つけてポチってしていませんか。

　普段の買い物で使っているお店では，たぶん商品や売場しか見えていないのではないかと思いますし，スマホで商品を買っている人もどのような仕組みで商品が手元に届くのか詳しく知らないのではないでしょうか。コンビニエンスストアや食品スーパーでアルバイトをしている人は，お店の売場だけでなく，お店の作業のことも少し知っているかもしれませんね。

4　第Ⅰ部　小売マネジメントを学ぶための基礎知識

　この本では，小売マネジメントという，店舗を展開している小売企業の経営について解説しています。小売企業は，どのように商品を仕入れ，また商品を開発しているのでしょうか。売場の商品がよく売れるようにどのように陳列しているのでしょうか。店舗を出店する場所はどのように決定しているのでしょうか。効率的に商品を店舗に運ぶためにどのような仕組みを考えていると思いますか。また，みなさんのような学生を採用して一人前のビジネスパーソンに成長するように，どのような教育訓練や能力開発を行っているのでしょうか。このような，みなさんの普段の買い物やアルバイトでは見えてこない小売企業のマネジメントを一緒に学んでいきたいと思っています。

　小売企業のマネジメントを理解するためには，そもそも小売業というものを知らなければなりません。まずは，次の節から，小売業のいろいろな特性について学んでいきましょう。小売業といってもさまざまな小売業があり，それぞれが特徴を持っているため，この本では，日本で一番大きな売上高を誇る食品スーパーを中心に説明しながら，みなさんになじみのあるコンビニエンスストアなども事例として補足的に取り上げて話しを進めていきたいと思います。

　この本を読み終える頃には，普段買い物をする見慣れている売場や店舗でのアルバイトの仕事がきっと違って見えてくると思います。

2　主要な小売業の特徴

2.1　主な小売業態

　それでは，みなさんが利用している店舗を経営している小売業[1]について見ていきましょう。**図表1-1**には，日本の主要な小売業態について，そのシェアの高い順に，食品スーパー，コンビニエンスストア，ドラッグストアなどのトップ企業の売上高や上位3社市場集中度などが示されています。いきなり聞いたこともないような用語が出てきたと思いますが，これから丁寧に説明していきますので，安心してそのまま読み進めてください。「**小売業態**」とは何かについては第2章で説明しますので，ここでは，コンビニエンスストアやドラッグストアといった「店舗の種類」とひとまず考えてください。

　売上高が一番大きな小売業態である食品スーパーを例に，この**図表1-1**の見方を説明します。「小売業態シェア」とは，小売業の売上高の上位1,000社の合計のうち，食品スーパーが何％を占めているかを表しています。ここでは，23.9％となっていて，日本の小売業の中で最大の規模であることがわかります。

　「トップ企業売上高」とは，食品スーパーの中で一番売上高が大きい企業名と

その売上高です。食品スーパーでは，ライフコーポレーションが一番売上高が大きい会社です。「上位3社市場集中度」とは，食品スーパーの全体の売上高に対して，上位の3社の売上高の割合を示しています。上位3社は，ライフコーポレーション，西友，U.S.M.H（マルエツ，カスミ，マックスバリュ関東の連結会社）で，12.0％となっています。最後に「上位1,000社中の企業数」です。これは，日本の小売企業の売上高の順位で上位1,000社中に，食品スーパーを経営している企業が324社入っているという意味です。

図表1-1　主な小売業態の市場構造

小売業態	小売業態シェア	トップ企業 売上高（億円）	上位3社 市場集中度	上位1,000社中の 企業数
食品スーパー	23.9％	ライフコーポ レーション 7,674	12.0％	324社
コンビニエンス ストア	14.0％	セブン-イレブ ン・ジャパン 49,528	92.5％	13社
ドラッグストア	12.2％	ウエルシアHD 10,259	28.7％	111社
総合スーパー	8.2％	イオンリテール 18,174	55.5％	14社
衣料品専門店	7.0％	ファースト リテイリング 21,330	53.3％	89社
百貨店	4.2％	髙島屋 6,118	48.8％	58社

出所：「日本の小売業1000社ランキング」『DIAMOND Chain Store』2022年9月15日号より筆者作成。

2.2　食品スーパーとコンビニエンスストア

では，この図表1-1を使って，いろいろな小売業態の特徴について見ていくことにしましょう。まずは，図表の見方で取り上げた食品スーパーから見ていきます。

食品スーパーは，小売業態のシェアでは23.9％と日本で一番大きな売上高の割

合を占めています。しかし，そのトップ企業の売上高はそれほど大きくありません。コンビニエンスストアと比較してみるとわかりやすいと思います。コンビニエンスストアのトップ企業は，セブン-イレブンで，売上高は約5兆円ですが，食品スーパーのトップ企業であるライフコーポレーションの売上高は約7千6百億円で，セブン-イレブンの15％ぐらいの規模しかありません。

　ほかに気づくことはありませんか。

　上位3社市場集中度がコンビニエンスストアは92.5％とかなり高いですが，食品スーパーは逆に12.0％と他の小売業態と比較してもかなり低くなっています。さらに，上位1,000社中の企業数を見てみると，コンビニエンスストアは13社しかありませんが，食品スーパーは324社です。

　これらの数字の意味することがわかるでしょうか？

　コンビニエンスストアは，主に食品を扱っていますが，加工食品が多く，一方の食品スーパーは，生鮮の野菜や魚を扱っています。生鮮食品は，地域ごとに採れるものが異なり，その地域で好まれる食品も違っています。つまり，地域性があるということです。そのため，食品スーパーは地域ごとの食品を揃える必要性から，地域ごとに経営されていて，全国展開している企業は今のところありません。地域ごとの食生活に密着する必要性から，その地域に店舗展開が制限されることで企業規模はそれほど大きくなりません。また，各地域で食品スーパーが展開されることになるため企業数は多くなります。

　一方で，同じ食品を扱っているコンビニエンスストアは，全国でほぼ共通して食べられる加工食品を販売していることから全国展開が可能なため，全国を制覇できるような規模の会社が生まれています。したがって，コンビニエンスストアは，地域性の低い加工食品を中心に品揃えするため，全国展開できる企業もあることから企業規模は大きくなり，企業数は少なくなります。

2.3　コンビニエンスストアと百貨店の比較

　では，次にコンビニエンスストアと百貨店を比較してみましょう。コンビニエンスストアの1店舗当たりの平均的な年間の売上高は，約2億円です。百貨店は，日本一の売上高を誇る伊勢丹新宿店だと，2,000億円にもなりますが，平均すると300億円ぐらいになります。百貨店の売上高は，コンビニエンスストアの約150倍もあります。

　みなさんは百貨店に行くことはほとんどないでしょうが，百貨店は，かつては日本の小売業を代表する，ある意味別格の存在でした。1店舗当たりの売上高は，コンビニエンスストアの売上高と比べ物にならないくらいに巨大ですが，小売業

態のシェアで見ると，コンビニエンスストアは14％で，百貨店のシェアは4.2％しかありません。これは，コンビニエンスストアの店舗数が圧倒的に多いからです。

　では，どうして，コンビニエンスストアの店舗数はそんなに多いのでしょうか。これについては第2章で説明しますが，販売している商品が，すぐに必要になる商品を扱っているからなんです。ですから，みなさんの家の近くや駅の近く，大学の近くなどにあって，みなさんがすぐにお菓子やお茶を買うことができるようになっています。

　一方の百貨店で販売されている商品は，高級ブランド商品等で，すぐに必要にはならない商品でしょう。時には，少しお洒落をして出かけて行って，丁寧な心地よい接客を受けながら，そのような商品を買いたくなることもあるでしょう。

　このようなことから，コンビニエンスストアの顧客は，お店の近くに住んでいる人や通りかかった人になり，できるだけ顧客の普段の日常生活の行動範囲内に多くの店舗を出店する必要があります。一方の百貨店は，都市の中心地やターミナル駅の近くに店舗を構えて，比較的遠くから顧客を呼び寄せているので，店舗数は多くありません。

　以上，小売業態の市場構造のデータから見えてきたように，コンビニエンスストアや食品スーパー，そして百貨店は同じ小売業ですが，販売している商品や販売方法が異なることから，それぞれの経営方法に違いがありそうだなと理解することができたのではないでしょうか。

3　小売業とは

3.1　生産者，卸売業者，小売業者の考え方

　コンビニエンスストアや食品スーパー，百貨店などの小売業について，いくつかの数値からそれぞれの特徴を見てきました。同じ小売業でも，店舗の種類によって，いろいろと違うところがあるということがわかってきたことと思います。小売業のことについて理解を深めるために，ここでは，もう少し範囲を流通にまで広げた話をしていきましょう。

　当たり前のことですが，小売業者だけで事業活動を行っていくことはできません。生産者や卸売業者との関係が大切になってきます。小売業者が販売する商品を仕入れるためにも，生産者や卸売業者との取引が必要となります。**図表1-2**を見てください。生産者には農業などの生産者も含まれますが，本書では，生産者のうち，製品を製造している製造業者を中心に考えていきます[2]。

8　第Ⅰ部　小売マネジメントを学ぶための基礎知識

図表 1 - 2　流通経路

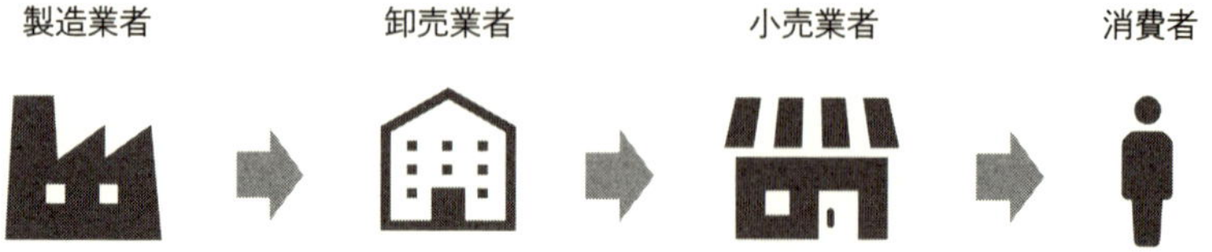

製造業者　　　　　　卸売業者　　　　　　小売業者　　　　　消費者

出所：筆者作成。

　小売業者が取引する製造業者や卸売業者は，どのように考えてそれぞれの事業を行っているのでしょうか。まずは，製造業者，卸売業者，小売業者の気持ちを知ることから始めましょう。それぞれの立場が違うので，実は考えていることも違っています。

　製造業者は，製品を大量に生産します。そのほうが，少しずつ製品を作るよりも，製品を 1 つ作る時にかかる費用が安くなるからです。そして，製造業者は，大量に製造した製品を大量に販売しようとします。規模の大きな小売業者であれば，そのような製造業者が販売する製品を大量に購入することで，安く仕入れることができます。しかし，規模がそれほど大きくない小売業者の場合は，大量に仕入れても売りさばくことができないため，大量に仕入れることができません。そのような場合は，製造業者と小売業者の間に卸売業者が入り，卸売業者が製造業者から大量に仕入れて小売業者が仕入れやすい量を小売業者に販売します。

　卸売業者は，さまざまな製造業者から製品を仕入れます。製造業者は，自分が製造している製品が売れることを望みますが，極端なことをいうと，卸売業者は，小売業者が購入してくれる商品なら，どの製造業者が製造した製品でもかまいません。製造業者は自分が作った製品を販売して儲けますが，卸売業者は，さまざまな製造業者の製品を仕入れて小売業者に販売して儲けるため，小売業者に売れる商品であれば，どの製造業のものでもかまわないということです。もちろん，卸売業者が小売業者の先の消費者[3]のことを考えて，売れそうな商品を小売業者に提案して販売することはありますし，各地方を回り，今までに販売されていないような良い商品を見つけ出して，小売業者に販売することもあるでしょう。

　小売業者は，みなさんのような消費者に買ってもらえるような商品を選んで，卸売業者から仕入れることになります。卸売業者は，小売業者に買ってもらえるように，いろいろな商品を揃え，それをできるだけ安く販売できる体制を作ることが必要になります。このような条件を備えている卸売業者から小売業者は商品を仕入れたいと考えます。大量に売りさばけるほど多くの店舗を展開している大

手の小売業者は，製造業者から直接製品を仕入れることもあります。

　小売業者は仕入れた商品を消費者が見やすく選びやすいように分類して売場に陳列し，買いやすいように少量にして販売しています。

3.2　小売活動と小売業者

　次に，流通の中の小売業者に焦点を絞り込んで，今まで使ってきた小売という意味を明確にしていきます。

　個人または家庭用として商品を購入する消費者に商品を販売することを**小売**といいます。この小売という活動，つまり**小売活動**を主な「事業」として行っている業者を**小売業者**あるいは**小売企業**といいます。一方，製品（商品）を作る生産活動や商品を仕入れて販売する再販売活動をしている事業者に販売することを卸売といい，その卸売活動を主な「事業」として行っている業者を卸売業者あるいは卸売企業といいます。

　たとえば，小売業者の食品スーパーが消費者に商品を販売することは小売活動ですが，飲食店などの事業者に販売することは卸売活動になります。卸売業者も同様で，消費者に商品を販売すれば小売活動となり，飲食店や別の卸売業者または製造業者に販売することは卸売活動になります。このように，誰に売るのかということで，小売活動と卸売活動は区別されます。小売業者が卸売活動を兼ねている場合もありますし，卸売業者が小売活動を兼ねていることもあります。

　主に消費者に販売している事業者を小売業者と考えていますが，その“主に”とはどの程度なのでしょうか。経済産業省の経済センサスという商業の動向を捉える統計調査では，年間販売額の半分以上が消費者に対する販売であれば小売業と定義されています。したがって，卸売業は，消費者以外の事業者に対する年間販売額が半分以上ということになります。

3.3　商品分類と販売方法

　小売業の販売する商品の種類によって，店舗での販売方法が異なります。そのため，小売業について理解するためには，その商品の種類に応じてどのように販売方法が異なるかについての理解を深めることが必要です。

　一般的に商品は，**最寄品**，**買回品**，**専門品**と3種類に分けて考えられます（**図表1-3**）。

10　第Ⅰ部　小売マネジメントを学ぶための基礎知識

図表1-3　商品分類

商品の種類	特徴	商品の例
最寄品	購買頻度が高く，価格も安く，買い物に時間や労力をかけない	飲食料品，家庭用品
買回品	商品の価格やデザイン，品質，ファッション性などを店舗間で比較し，買い物にある程度の時間や労力をかける	衣料品，家具
専門品	特殊な用途や特定のブランドのように特別な価値を見出している商品で，買い物にも特別に時間や労力をかける	自動車，高級宝飾品

出所：参考文献等から筆者作成。

　なぜ商品を分類するのかというと，それぞれ消費者の買い方が異なるからです。買い方が異なると，その買い方に合わせて適切に販売する方法も違ってくるので，商品を分類するという考え方が大切になります。

　図表1-4を見てください。横軸は，購買頻度や消費者の情報量，そして購買決定の軸で，縦軸は価格や販売方法です。これらの要素によって商品の特徴が決まります。では，詳しく説明していきましょう。図表1-3も見ながら読み進めてください。

　購買頻度が高いのは，最寄品です。みなさんもペットボトルのお茶やお菓子などは価格も安いことから，よく買うのではないでしょうか。一方で，高級バッグや高額なアクセサリーなどの専門品は，価格が高いこともありめったに買わないのではないでしょうか。買回品は購買頻度や価格の面で最寄品と専門品との間にあります。

　購買頻度が高いと，その商品をよく使うために消費者の商品に対する情報量は多くなります。反対に購買頻度が低いと，商品に対する情報量は少なくなります。この情報とは商品を使うときに困らない程度の情報量だと思ってください。たとえば，ペットボトルのお茶の製法や成分まで細かいことまではわからなくても，自分が好きそうな味かどうかぐらいの情報があれば困ることはないですよね。

　商品に対する情報量が多いと，商品を買う時点ですでに情報を持っているわけですから，事前にじっくりと調べて買うようなことはせず，店舗の中で買う商品を決める傾向が高くなります。実際，食品スーパーにおいて店舗内で購買決定される商品は約8割といわれています。商品に対する情報量が少ないと，購買する前から，いろいろな情報を集めて購買することになるので，普通は店内で衝動買いはしないのではないでしょうか。

　このようなことを考えると，図表1-4の左端にあるように，3種類の商品の

図表1-4 商品分類の図式

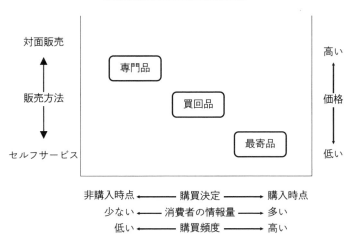

出所：日本商工会議所・全国商工会連合会編（2007, p.119）を修正して筆者作成。

販売方法でセルフサービスがふさわしいのか，それとも，対面販売がふさわしいのかがわかるのではないでしょうか。たとえば，最寄品は，商品の価格が安く日常生活でよく使うために購買頻度も高くなるので，商品についての買うため・使うための情報は十分に持っていることでしょう。したがって，店舗では自分でいろいろと選びながら買うセルフサービスが好まれるでしょう。

ただし，商店街にあるような一般小売店では，最寄品の販売でも，セルフサービスではなく対面販売をしていることがあります。このような一般小売店は，消費者が通常持っている以上の商品に関する詳しい情報を持っていたり，「いらっしゃい！いらっしゃい！今日は，○○が安いよ〜，美味しよ〜」と，消費者の行動を見ながら的確な声がけをして，消費者を買う気にさせてしまうことがありますね。

次に，専門品の場合について考えてみましょう。これは，商品の価格が高いために購買頻度は低く，その商品に関する情報をほとんど持っていません。そのため，商品を買うときには，店員の接客による商品説明を受け，店員の商品に関する情報を頼りにしたいと思うのではないでしょうか。

このようなことから，最寄品を販売している食品スーパーやコンビニエンスストはセルフサービスで，専門品を販売している専門店や百貨店は，対面販売が多くなっています。

ちょっとイメージしてみてください。もし，対面販売するコンビニがあったら

12 第Ⅰ部 小売マネジメントを学ぶための基礎知識

どうしますか？ そのコンビニ入っていくと，店員さんから「いらっしゃいませ，今日は何にしますか」と声をかけられ，パンを選んでいると，そっと店員が近づいて来て，「そちらのパンは，特別な小麦を使っておりまして，……」と商品の説明を始めるかもしれませんよ。みなさんの中には，もうこのコンビニで商品を買うのはやめようと思う人もいるのではないでしょうか。

4 流通における小売業の機能

4.1 消費者に対する小売業の機能

　小売業者は消費者の**購買代理**として商品を取り揃えていると考えることができます。説明していきます。みなさんが，ある商品を買おうと思った場合をイメージしてください。店舗やネットで買うことになるでしょうが，ここでは店舗で買うことを考えてみてください。小売業の機能について考えたいので，小売業がなかった場合を想定してみましょう。ちょっとありえないですが，小売業の機能を理解するためには，あえてそれがない場合，何が困るのかを考えることで，その機能が見えてきます。

　まず，小売店がないわけですから，その商品を製造している製造業者を探して，その製造業者から商品を直接買うしかないですね。よく知っている製造業者ならいいでしょうが，よく知らない製造業者から商品を買うのは不安だと思います。商品を一品一品買うときに，わざわざ製造業者を調べて買うのは時間もかかり大変です。

　さらに話を進めましょう。みなさんは自分が必要とする欲しい商品を知っていますか。今，使っているスマホは，そのスマホを実際に見る前から欲しかったでしょうか。たぶん違うのではないかと思います。発売されているスマホを見て，そのスマホが欲しくなったのではないですか。つまり，多くの人は自分がどのような商品を欲しいのか，はっきりとわかっていないのです。ですから，そもそも製造業者を探すことすらできないかもしれません。どうですか。小売業の店舗がないとみなさん困りませんか。

　小売業者は，みなさんの代理として製造業者や卸売業者から商品を仕入れて，店頭に**品揃え（アソートメント）** [4] してくれているわけなんです。みなさんが，ちょっとお腹がすいたなと思ってコンビニに行けば，みなさんが食べたいと思っているような商品がいくつも並んでいると思います。自分が知らなかったような商品を発見することもありますよね。買うつもりがなかった商品をつい買ってしまうこともあるでしょう。それがまた，買い物って楽しいと思える瞬間ではない

でしょうか。

　店舗にはいろいろな商品が品揃えされていますが，それらは，怪しい商品ではありませんね。みなさんだと，その商品が信用できる製造業者が作っているのかどうかわからないこともあると思います。聞いたこともない製造業者が作っている商品だと，商品の品質について自分では判断できないのではないでしょうか。そのようなみなさんに代わって，きちんとコンビニ側が，品質の良い商品を選んで仕入れています。みなさんに代わって，いろいろと製造業者を調べて，みなさんが好む商品で品質の良いものを仕入れて，みなさんが買いやすいように店頭に並べているのです。

　店舗では，一緒に使うと便利な関連商品をまとめて買うこともできます（関連購買）。たとえば，今日の晩御飯は鍋にしようと売場を歩いていると，野菜売場のところに鍋つゆが置いてあったりします。また，その鍋つゆもいろいろな種類が置かれていて，比較しながら買うことができます（比較購買）。

　このように小売業者は，顧客が食事をするとき，外出時のお洒落をするとき，キャンプをするとき，それぞれのシーンで必要な商品を，いろいろな製造業者から集めて売場に並べることで，顧客に商品の利用シーンを提案しながら販売しているのです。製造業者は基本的に自社の製品だけしか販売することができませんが，いろいろな製造業者の製品を品揃えして一緒に消費者に販売することは，小売業者の要となる機能です。

4.2　生産者や卸売業者に対する小売業の機能

　小売業者は生産者の**販売代理**もしています。飲料の製造業者について考えてみましょう。飲料の製造業者が自社のウェブサイトで飲料を販売する，直接流通を行うこともももちろんできます。これは，製造業者が商品を消費者に販売するときに卸売業者や小売業者を通じて販売する間接流通ではなく，消費者に直接販売するということです。しかし，消費者は飲料をすぐに飲みたいことから，店舗で消費者が飲みたい時にその都度商品を買うことが多いのではないでしょうか。

　そこで，飲料の製造業者が自社の店舗を作って自社の製品を販売すれば，小売業者に製造業者の販売代理をしてもらわなくてもよくなります。しかし，この製造業者の店舗で製品は売れるでしょうか。ちょっと考えてみてください。先ほども書きましたが，この製造業者が作る店舗で販売できる製品は自社の製品だけになってしまいます。

　具体的な製品で考えてみましょう。そもそも，ある特定のメーカーのお菓子や飲料だけを売っている店舗を見たことがありますか？　特殊な立地だとあるかも

しれませんが，通常では，そのような店舗はありません。それは売れないからです。なぜ，売れないのでしょうか。みなさんは，ある特定のメーカーの飲料だけを買いに店舗に行きますか。コンビニエンスストアなどに行くのは，他の商品も同時に買うことができるから行くのではないでしょうか。買回品や専門品であれば，特定のメーカーの店舗に行って製品を買うことがあると思いますが，飲料やお菓子といった最寄品では，特定のメーカーの製品しか販売していない店舗には，わざわざ行かないのではないでしょうか。このような理由から，最寄品や最寄品に近い買回品を製造しているメーカーは，小売業者に製品を売ってもらうしかないのです。

　反対に，専門品やより専門品に近い買回品は，メーカーが自社の製品だけを販売する店舗を作って販売することが成立します。そのブランドの製品を買いたいという顧客だと，時間やお金を使っても，そのブランドが販売されている店舗に行くことでしょう。たとえば，アップルストアをイメージするとわかりやすのではないでしょうか。

　卸売業者もメーカーと異なり，小売業者のように多くの商品を取り扱っていますが，消費者に直接販売する店舗を大方は持っていません。そのため，小売業者に消費者への商品の販売を代理してもらうことが必要になります。

　以上，小売業の購買代理機能と販売代理機能について見てきました。このような機能があるために，消費者は商品を買いやすくなり，製造業者や卸売業者は製品や商品を販売しやすくなります。小売業は，この2つの機能を積極的に活用できるような施策や仕組みを作り出していくことで，力を持つことができるようになります。

コラム "小売"に関する用語のあれこれ

この章では、小売に関する用語がいろいろと使われています。いきなり、小売業、小売活動、小売業者、小売企業という用語が出てきました。文中で部分的に説明していますが、このコラムにおいて、これらの用語の関係をまとめてみます。

そもそも、小売とは、本文中でも説明しているとおり、仕入れた商品などを消費者に販売することですが、消費者は企業と違い大量に商品を買わないと思います。いろいろな商品を少しずつしか消費することができないからです。したがって、小売するとは、消費者に小さく分けて売るということになります。英語で、小売は retail といいます。この原義は、re（再び）tail（切る）、つまり、切り売りするということです（『ジーニアス英和辞典［第6版］p.1738』）。決して、小売業の規模が小さいから小売ということではありません。

図表1-5を見てください。卸売に関する用語と比較しながら理解していきましょう。

まず、小売活動とは、消費者に商品を販売する活動のことです。たとえば、食品スーパーが、みなさんのような消費者に商品を販売することです。ただし、食品スーパーは、消費者以外、たとえば、街の喫茶店や定食屋などに野菜など

図表1-5 小売用語の関係性

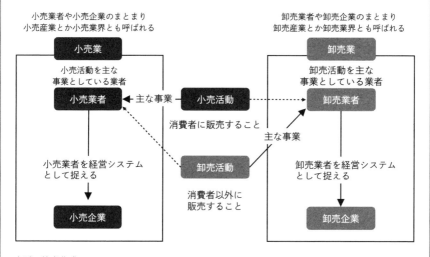

出所：筆者作成。

16　第Ⅰ部　小売マネジメントを学ぶための基礎知識

を売っている場合もあります。喫茶店や定食屋は消費者ではないので，この食品スーパーの販売活動は，卸売活動になります。

　また，食品スーパーは小売業者であると考えられていますよね。それは，小売活動を"主な事業"として行っているからなんです。ここで"主な"というのは，売上高の半分以上を消費者に販売しているということです。この売上高の半分以上を消費者ではなく，喫茶店などの業者に事業として販売しているのであれば，それは卸売業者になります。

　それから，"事業"という意味は，利益を得ることを目的にして，商品やサービスを継続的に提供する組織を運営することです。

　本書は小売マネジメントの本なので，小売業者の経営システムを詳しく説明しています。経営システムを戦略や組織，仕組みと捉え，それらを社内に備えている会社を小売企業として検討対象にしています。したがって，本書で小売企業と呼ぶ対象は，多くの場合，中規模以上の小売業者となります。

　もう1つ，小売業という用語もあります。これは，小売業者や小売企業のまとまりのことで，小売産業とか小売業界という産業レベルの話をする時に使われる用語です。たとえば，「学生は就職先として，小売業よりも製造業を選ぶ傾向にある」とか，「小売業は，卸売業や運送業の助けを借りている」などの使い方がされます。

　少しややこしいかもしれませんので，最初のうちは，"小売"関連の用語の違いを気にせず，本に書かれている意味を理解することに集中してください。そのような学習を続けていると，小売業と小売業者の違いなどが気になってきます。それが，学習効果の1つのバロメーターにもなります。その時にまた，このコラムを思い出して読んでみてください。

●注

1　この本では，「小売業」「小売業者」「小売企業」など，小売に関する用語がたくさん出てきます。使い分け方は本文中でも説明していますが，詳しくは章末の**コラム「"小売"に関する用語のあれこれ」**で解説していますので，これらの用語の使い分けが気になり始めた時でいいので，読んでみてください。

2　厳密な定義はありませんが，製造業者が生産し販売するものは，「製品」と呼び，商業者（卸売業者や小売業者）が販売（生産する場合も）するものは，「商品」と呼びます。本書でもそのように使います。また，本書では，製造業者の中で，ブランドを持っている製造業者をメーカーと呼ぶようにします。

3　「消費者」は，商品やサービスを使用する目的で購入する人々の一般的な名称です。似た用語に「顧客」があります。「顧客」とは，特定の企業からの見方で，自社の製品や商品を購入している人と購入したいと考えている潜在的な人々のことです。本書では，小売企業の小売マネジメントを論じていくので，「顧客」を使う場合が多いでしょう。

4 品揃えのことをアソートメント（assortment）といいます。小売業について学ぶうえで大切な用語です。第2章で詳しく学びます。

 問題演習

問1-1 【中小企業診断士試験運営管理　平成28年度　第30問】

消費者の購買慣習からみた商品分類として，最寄品，買回品，専門品という分類がある。これら3つの分類と分類にあてはまる商品の一般的な特徴に関する次のa〜cの記述の組み合わせとして，最も適切なものを下記の解答群から選べ。

　　a　消費者は商品へのこだわりがあり，複数の店舗を比較して買う。
　　b　消費者は手近にある情報により，買うことを決める。
　　c　消費者は時間をかけることを惜しまずに，遠方の店舗でも買いに行く。

〔解答群〕
　ア　買回品　―　b
　イ　専門品　―　b
　ウ　専門品　―　c
　エ　最寄品　―　a
　オ　最寄品　―　c

問1-2 【リテールマーケティング（販売士）3級検定試験模擬問題：『販売士』2022年3月号　小売業の類型】

空欄にあてはまる答えとして，最も適当なものを選択肢から選んでください。

小売業は消費者に代わって，メーカーや卸売業から商品を調達しているのが□□□の機能である。

　1．販売代理　　2．関連購買　　3．購買代理　　4．共同購入

問1-3 【リテールマーケティング（販売士）3級検定試験模擬問題：『販売士』2022年3月号　小売業の類型】

正しいか誤っているか考えてください。

スーパーマーケットが消費者に食料品を販売することは小売活動であるが，同じスーパーマーケットがレストランなどの事業者に食料品を供給することは卸売活動である。

 やってみよう

- 食品スーパーとドラッグストアについて，どのような企業があるのか調べてみよう。
- 一般的に，食品メーカーが自社の製品だけを販売している店舗を持っていない理由を，自分の言葉で説明してみよう。

参考文献

岸本徹也（2013）『食品スーパーの店舗オペレーション・システム』白桃書房。
鈴木安昭（2016）『新・流通と商業（第6版）』有斐閣。
日本商工会議所・全国商工会連合会編（2007）『販売士検定試験2級ハンドブック―ストアオペレーション―』カリアック。
日本商工会議所・全国商工会連合会編（2020）『販売士ハンドブック（基礎編）～リテールマーケティング（販売士）検定試験3級対応～―上巻―』カリアック。
原田英生・向山雅夫・渡辺達朗（2021）『ベーシック 流通と商業（第3版）』有斐閣。
矢作敏行（1996）『現代流通』有斐閣。

学びを深めたい人へ

髙嶋克義・髙橋郁夫（2020）『小売経営論』有斐閣。
原田英生・向山雅夫・渡辺達朗（2021）『ベーシック 流通と商業（第3版）』有斐閣。
矢作敏行（1996）『現代流通』有斐閣。

第2章　小売業態と革新理論

Retail Management

学習のポイント

▶小売業態と小売業種の違いを理解しましょう。

▶小売マネジメントモデル0.0について理解しましょう。

▶主要な小売業態の特徴について学びましょう。

▶それぞれの小売業態の革新理論は，小売ミックスのどの構成要素に着目しているのかに注意して理解しましょう。

キーワード

小売業態と小売業種，小売ミックス，小売サービス，小売業態の革新理論

1　小売業態

1.1　小売業種と小売業態

　小売業態について，ここまでの話では，ひとまず，「店舗の種類」ということで理解しておいてほしいと説明してきました。この小売業態という用語は，小売マネジメントを学んでいくうえでの大切な基礎用語となります。ここでより詳しく説明していきますので，しっかりと理解してください。

　さて，小売業の店舗の種類を分ける方法には，一般的に2つの方法があります。1つは，店舗が販売している商品の種類によって，店舗を分類する方法です。たとえば，野菜を販売していれば八百屋であり，肉を販売していれば肉屋になるといった分類になります。このような分け方を**小売業種**による分類といいます。八百屋や肉屋のように特定の商品種類に限定している小売業を，専業店とか一般小売店などといいます。

　もう1つの店舗の分類方法は，**小売業態**による分け方です。これは店舗の営業

20　第Ⅰ部　小売マネジメントを学ぶための基礎知識

形態で分けるという考え方です。営業形態とは少しかたい言葉なので柔らかく表現すると，店舗での商品の販売方法ということになります。業種による店舗の分け方は，その店舗が販売している商品の種類で分けましたが，業態とは商品を販売する方法によって分けるということです。

　業種横断的な商品を販売する百貨店，総合スーパーや食品スーパー，コンビニエンスストアなどは，小売業態によって分類されることが多くなります。本章では，小売店舗を小売業態によって分類して詳しく見ていきます。

1.2　小売ミックス

　商品の販売方法といっても，小売業が販売しているのは商品に間違いないのですが，ただやみくもに商品を集めて販売しているわけではありません。小売業は，顧客に便利なように，関連する商品を販売したり，比較して買えるようにいろいろな商品を品揃えしています。

　また，小売業が提供しているものは商品だけではありません。第1章の商品分類のところで話をしましたが，専門品などは店員の商品知識に基づき，顧客に商品の使い方を説明したり，接客の会話の中から顧客のニーズをつかみ，そのニーズに合うような商品を顧客に提案したりすることもあります。また，コンビニエンスストアは，商品を買いやすいように人が集まるところや住んでいる近くに数多くの店舗を出店しています。営業時間も長いと思います。これは顧客にとってのアクセスの良さを提供していることになります。

　小売業が提供している，「店舗へのアクセスの良さ」「商品の品揃え」「商品の価格」「接客サービス」「店舗の内装」などを**小売ミックス**[1]といいます（**図表2-1**）。これらの組み合せが小売業の販売の方法だと考えてください。

　小売業態とは，この小売ミックスの組み合せの一般的なパターンということになります。小売ミックスの組み合わせで，個々の店舗を見ていくと，本当にいろいろな種類の店舗がありますが，小売業態の考え方では，ある程度似たような店舗を1つのグループとして考えるということです。みなさんがよく知っている，セブン–イレブンとファミリーマートとローソンは，細かく小売ミックスを見るとそれぞれ違いますが，どれもコンビニエンスストという共通した小売ミックスの特徴を持っています。

　コンビニエンスストアという小売業態について，**図表2-1**の小売ミックスの要素で考えてみましょう。「アクセス」の立地場所は，生活圏内で駅の近くや住宅地の近くにあり，営業時間は長いです。「品揃え」は，2,500〜3,000品目ぐらいで，すぐに食べたいとかすぐに使いたい商品やサービスを揃えています。「価

図表2-1　小売ミックス

差別化の側面	小売ミックス
アクセス	立地場所と営業時間帯 • 自宅，職場，学校，駅などからの距陣 • 主要道路サイドか否か • アクセス道路の混雑度 • 駐車・駐輪場 • 営業時間帯 • 周囲の商業集積度
品揃え	品揃え品目とその構成 • 商品カテゴリーの数 • 各カテゴリー内の品目数 • 新製品の導入時期 • 独自商品の数
価格	価格水準と価格設定活動 • 平均価格水準 • 価格帯の幅 • 特売の内容，頻度，値下げ幅
販売促進および接客サービス	広告および接客活動 • 広告の内容とその頻度 • 店員の数 • 接客のタイミングと態度
雰囲気	店舗施設の特性 • 内装，外装，照明，音 • 売場のゾーニング • 店員のキャラクター • 店内の客層と混雑度

出所：田村（2001）p.222。

格」は，それほど安くはありません。「販売促進および接客サービス」について
は，広告はテレビ等を使ってされていますが，接客はほとんどありません。商品
分類のところで説明したように，コンビニエンスストアでは最寄品を販売してい
るため，顧客は商品のことをよく知っています。そのため，商品を説明するよう
な接客販売は必要ではなく，セルフサービスで販売することになります。店舗の
「雰囲気」は，清潔で明るい店内です。これが，コンビニエンスストアという小
売業態の小売ミックスの一般的なパターンです。

1.3 小売サービス

コンビニエンスストアは、このような小売ミックスの組み合わせにより、顧客がすぐに必要な商品やサービスを買いやすくするというサービスを提供していると考えることができます。このように、顧客に提供される小売ミックスの組合せから生じるサービスを、**小売サービス**といいます。もちろん、小売ミックスと同様に、小売サービスの内容を細かく見ていくと、個々のコンビニエンスストアによって異なりますが、コンビニエンスストアという小売業態として共通した小売サービスが提供されているということです。

食品スーパーという小売業態は、日常の食材を買いやすい価格で提供するという小売サービスを提供しています。この小売サービスは、自宅からアクセスしやすいところにある店舗、商品の価格は日常的に買いやすいように低めの設定、食料品という最寄品であるためセルフサービスが基本、店舗は食品を扱っていることから清潔感のある店内、といった小売ミックスの組み合せで構成されていると考えることができます（**図表 2 - 2**）。

図表 2 - 2　食品スーパーの小売ミックスと小売サービス

出所：筆者作成。

図表 2 - 2 の食品スーパーの例をこれまで説明してきた小売業態、小売ミックス、小売サービスの関係を一般化すると、**図表 2 - 3**のようにまとめることができます。小売業態とは、よく知られた小売ミックスの組み合せのパターンのことであり、小売サービスを顧客に提供していることになります。

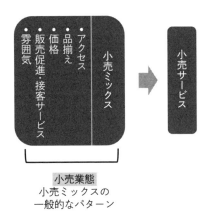

図表 2-3 小売マネジメントモデル0.0

出所：筆者作成。

この図表2-3を小売マネジメントモデル0.0と名付けました。これ以降，この小売マネジメントモデル0.0に，さまざまな要素を加えていき，第4章で最終的に，小売マネジメントの体系モデルを完成させます。

2 主要な小売業態

2.1 小売業態の分類

小売業態について理解が深まったと思いますが，ちょっと抽象的な話が多かったので，ここでは，第1章でも紹介したような具体的な日本の主要な小売業態を比較しながら，小売業態に対する理解をさらに深めていきたいと思います。さまざまな小売業態を分類して整理すると，それぞれの小売業態の特徴をつかみやすくなり，今までしてきた抽象的な小売業態の話が，具体的なものと結び付き，小売業態のことがよくわかるようになると思います。

まずは，小売業態を分類する軸について考えていきます。分類する軸には，小売業の特性を使いたいと思います。小売業にはどのような特性があったでしょうか。

小売業の特性の1つは，さまざまな商品を消費者が買いやすいように品揃えするところにありました。この品揃えする取扱商品の範囲で小売業の活動範囲が決まってきます。百貨店や総合スーパーのように多くの種類の商品を総合的に品揃えする小売業がある一方で，専門店のように特定の商品に絞り込んで専門化して

24　第Ⅰ部　小売マネジメントを学ぶための基礎知識

図表 2 - 4　小売業態の分類

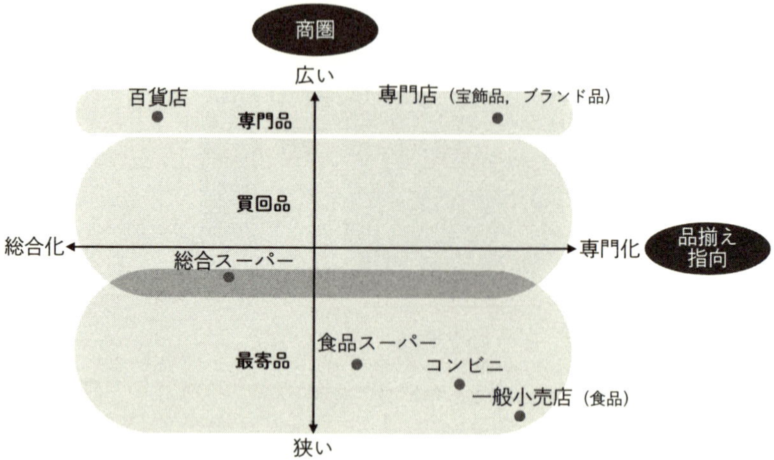

商圏

広い

百貨店　　　　　　　専門店（宝飾品，ブランド品）

専門品

買回品

総合化　　　　　　　　　　　　　　　　　　専門化　　　品揃え
指向

総合スーパー

最寄品　　　食品スーパー
　　　　　　　　　　　コンビニ
　　　　　　　　　　　　一般小売店（食品）

狭い

出所：筆者作成。

少数の種類の商品を品揃えする小売業もあります。したがって，小売業態を分類する１つ目の軸は，「**品揃え指向**」とします（田村　2001）。この品揃え指向は，多く商品を取り扱う「**総合化**」を指向するのか，商品を絞り込む「**専門化**」を指向するのかということです。ここでの「専門化」は，次の２つ目の特性で説明しますが，第１章で説明した商品分類の「専門品」とは違った意味ですので，注意してください。

　小売業の２つ目の特性は，店舗小売業を前提とすると，その商品を販売できる市場範囲が限られるということです。この市場範囲のことを「商圏」といい，来店客が存在している地理的な範囲のことをいいます（第７章「店舗開発」で詳しく説明します）。

　この商圏は商品の種類によって異なります。第１章で説明した商品分類で考えてみましょう。商圏は，最寄品，買回品，専門品の順番にだんだんと広くなります。お菓子などの最寄品を遠くまでわざわざ買いに行くことはほとんどないですよね。服などの買回品や高級なアクセサリーなどの専門品だと，電車代を使い時間をかけてでも買いに行きたい商品があるのではないでしょうか。このように，商圏は，どのような商品を取り扱っているのかにより決まってきます。

　この小売業の２つの特性を使って小売業態を位置づけたものが，**図表 2 - 4** になります。横軸は，小売業の特性の１つ目である「品揃え指向」です。左に行け

ば総合化で，右に行けば専門化になります。縦軸は，小売業の特性の2つ目で，「商圏」に関することです。商圏の範囲は商品の種類により異なり，図表の上方にある専門品の場合は商圏が広くなり，真中の買回品の場合は商圏がそれよりも狭く，さらに下方に位置する最寄品になると商圏は1キロメートル未満とかなり小さくなってきます。この軸は，第1章の商品分類で説明したように（**図表1-4**「商品分類の図式」），価格水準や接客の有無についても連動しているので，是非，確認してみてください。

2.2　一般小売店

　一般小売店とは，商店街の中で見かける八百屋，魚屋，お菓子屋などの小売業のことです。取り扱っている商品が，特定の商品部門に限定されていて，野菜を中心に扱っていれば八百屋，魚を中心に扱っていれば魚屋と呼ばれます。中小小売商，業種店，専業店などと呼ばれることもあります。**図表2-4**には，最寄品に分類される，野菜や魚などの食品を扱っている一般小売店をプロットしています。

　一般小売店は，対面販売により，商品の詳しい説明や使用方法，料理方法などの情報を取扱商品分野の専門家として顧客に提供することができます。商品を自ら仕入れて店頭で販売しているため，店頭での顧客の好みを仕入れにいかしたり，仕入れ時の商品情報などを販売に活用したりすることができます。顧客の行動を見ながら，適切なタイミングで声がけを行う対面販売が特徴的で，顧客との関係性も作りやすくなります。

　一般小売店は取扱商品が限定されているので，さまざまな店舗が集まり集積の効果を発揮する**商店街**を形成することで，かつては多くの顧客の日常の買い物の場となっていました。しかし，小規模で生業的なところもあり，新しい小売業態との競争により急激に減少しています。みなさんも，ほとんど一般小売店には買い物にいかないのではないでしょうか。

2.3　百貨店

　百貨店は，品揃えを総合化していて，主に多くの専門品や買回品を扱っています。そのため，顧客を遠くからでも店舗に吸引する力があるため，商圏は広くなります。

　もともと百貨店は，商品を単に販売するという性格だけでなく，店舗の建築様式にもこだわり，西欧の新しい文化やライフスタイルを消費者に提案する場所でもありました。百貨店同士の競争が激化したときは，品揃えを大衆向けにし，食

品や日用雑貨，家庭用品などを扱っていた時もありましたが，低価格商品を大量販売する総合スーパーの登場により，その後は，買回品，専門品と品揃えを充実させ，再び高級路線へと舵を切りました。その後は，高級イメージを確立することで，小売業界の中でも特別な存在となりました。

　その特別な存在感を利用して，販売リスクを負わない委託仕入や消化仕入（第5章4.2「仕入の種類」(p.84) で説明しています）により店頭での販売までを取引先に委ねていました。この販売リスクを負わない方法により，店頭に豊富な商品を陳列することができた一方で，顧客情報を百貨店は手に入れることができず，また，自ら商品を仕入れる力を弱めていくことになりました。

　このことの反省から，通常の小売業がやっている完全買取方式の仕入を行い，自ら売場づくりを行う "自主マーチャンダイジング" を一部の売場で展開していますが，これが主流とはなっていません。

　百貨店は，かつては日本の小売業を代表する別格の存在でありましたが，現在，第1章の**図表1−1**（p.5）に見るように，小売業界でたった約4％を占めるに過ぎない存在となっています。

2.4　総合スーパー

　日本経済が高度成長の軌道に乗り始めると，大衆化社会が出現し，その旺盛な需要によりさまざまな商品が求められるようになりました。この要望に応えて成長したのが，**総合スーパー**でした。

　非日常的な高級路線の商品は百貨店が提供し，日常的な商品の提供は一般小売店からなる商店街の役目でした。しかし，所得が増えた大衆は，日常生活の買い物に，百貨店ほどは高級品ではなく，かといって商店街だけでは足りない，工場で大量生産された確かな製品に囲まれる豊かさを求めました。このちょうど百貨店と商店街の中間あたりのポジションに出現したのが，総合スーパーであったといえるでしょう。最寄品や買回品を幅広く取り扱い，大衆消費社会を支えました。

　1972年に，小売業界に君臨していた百貨店の三越を売上高で抜いたのは，総合スーパーのダイエーでした。ダイエーが創業したのは1957年です。わずか15年で，日本一の小売業に成長したわけですから，すさまじい成長ぶりであったことがわかると思います。

　商品が社会にいきわたるようになると，さらにいいものを消費者が求めるようになり，総合スーパーに対する評価は，「なんでもあるけど，欲しいものがない」と揶揄されるようになっていきました。

　総合スーパーも何度か復活をかけて，特に衣料品部門の改革や食品部門の強化

を各社で行ってきましたが，どれもうまくいかず，現在は厳しい状況にあります。

2.5　食品スーパー

　食品スーパーは，本書で中心に取り上げている小売業態です。**食品スーパーは，スーパーマーケット**とも呼ばれ，第1章で説明したとおり，現在，日本で一番売上高が大きな小売業態です。しかし，地域特性の強い食品を扱っているために，その地域に限定された事業展開となることから小規模な企業が多く，食品スーパーのトップ企業も，他の小売業態のトップ企業と比較して売上高は小さかったと思います。

　食品スーパーの初期の頃は，主力となる生鮮食品を扱う難しさから，商売を始めてもすぐに廃業する店舗も少なくなかったため，「スーっと出て，パーっと消える」と揶揄される時期もありました。そこで，生鮮食品を扱う技術を創り出し，それをシステム化することで，成長軌道に乗ることができました（**コラム「小売業態と革新的経営者」**(p.35) 参照）。

　食品スーパーという名のとおり，食品，特に青果，鮮魚，精肉の**生鮮三品**をはじめとして，惣菜や加工食品，日用雑貨等，日常の食生活を中心に欠かせない商品を10,000から12,000品目程取り扱っています。生鮮三品と惣菜が全商品の4割ぐらいを占めていて，これらは，店舗内で加工・調理作業をしている商品が多く，時間経過に伴う品質劣化が加工食品と比べて速いという特徴があります。また，天気や時間帯，曜日により売れる商品に違いがあることから，販売動向を見ながら適宜商品化するという作業が必要になります。

　現在，食品スーパーは業態の成熟期を迎え多様化しています。商品の値段は安くはないのですが，豊富な品揃えで買い物の楽しさを感じることができるような売場展開をする企業，価格は少し高めで通常の食品スーパーでは売っていない珍しい商品や輸入商品などを扱っている企業，商品の種類を絞り込み商品価格の安さを訴求する企業などがあります。また，東京や大阪などの大都市圏では，コンビニエンスストアと通常の食品スーパーの間にポジショニングするような小型の食品スーパーを展開する企業も見ることができます。

2.6　コンビニエンスストア

　1970年代中頃から登場したのは**コンビニエンスストア**でした。当時，総合スーパーは，規模が大きく商品を安く販売することで，成長著しい小売業態でした。しかし，コンビニは，総合スーパーとは全く反対で，規模は小さくおまけに商品を定価販売していました。さらに，当時の日本には一般小売店がまだ多く存在し

ていたこともあり，コンビニに対しては懐疑的な見方がほとんどでした。

　しかし，コンビニの即時消費ニーズに対応する小売サービスは，今までの小売業態にはないものでした。日常生活で今すぐに必要な何かを求めるとき，コンビニに駆け込むとそのニーズに対応してくれる商品やサービスがあります。100平方メートルと小型の店舗に2,500から3,000品目ぐらいを揃え，店舗規模も小型なので，すぐに買って，すぐに店外に出ることができます。

　商品構成は，食品が5割を超えていますが，それは，食品が日常生活の中で緊急性が高いからです。たとえば，暑い夏には水分補給をしたいですし，ビールも欲しくなりますよね。通常は1日に3度のご飯を食べますし，ちょっとお腹が空いてお菓子やパンを買ったりもするでしょう。

　コンビニエンスストアは，他の小売業態に先駆けて POS システムを導入するなど情報化へ活発な投資を行ったり，メーカーと共同して商品開発する組織をつくり PB 開発を進めたり，物流の効率を考え，メーカーの製品を共同で店舗へ配送するシステムを構築したりと，既存の流通システムを変革してきました。やがてそれは，食品スーパー等の他の小売業態にも一部利用されるようになりました。

　現在，コンビニエンスストアも業態の成熟期を迎え，食品スーパー同様に多様化しています。新たな立地を創造するように，病院，市役所等の行政機関，駅ナカ等のさまざまな場所に，その立地に応じた店舗を展開したり，ホテルやオフィスビルの施設内に小型の店舗を展開したり，女性を中心に健康志向の商品を展開したり，均一価格で生鮮食品や日用品などの生活必需品を扱う店舗などが展開されています。

2.7　専門店

　専門店は，流行性が高く高級な個性的な商品を扱い，品揃えが専門化されている店舗と，日常的で非個性的な商品の品揃えを専門化してチェーンストアで展開している専門店チェーンに大きく分けることができます。

　前者の例は，東京銀座4丁目交差点に時計台がシンボルとなっている本店を構える和光，こちらも銀座4丁目に本店を構え高級宝飾品を販売するミキモト，それから，御香，書画用品，便箋などを扱っている京都に本店を構える鳩居堂などがあります。**図表2-4**には，前者の流行性が高い高級な商品を扱っている店舗をプロットしています。

　後者の専門店チェーンの例は，ユニクロ，ニトリ，青山商事などを挙げることができます。専門店でもこちらの専門店チェーンは，みなさんにとっても馴染みのある店舗ではないでしょうか。これらの専門店チェーンの特徴は，比較的多く

が製造小売業型[2]で，生産から小売までを垂直的に統合したビジネスモデルを展開しています。

3 小売業態の革新理論

　ここでは，今まで見てきたような小売業態がどのように新しく出現し，その後どのような経営行動をとっていくのかということについて説明している理論を紹介します。

　小売業態とは，小売ミックスのよく知られている共通した組み合せのパターンでした。新しい小売業態は，この小売ミックスの新しいパターンを作り出して出現します。小売ミックスは，「アクセス」「品揃え」「価格」「販売促進・接客サービス」「雰囲気」と複数の要素からなっているため，小売業態の出現を説明する理論は，小売ミックスのある一部の要素に着目したものや，既存の小売ミックスの要素の組み合わせとは異なる点を指摘しています。このような点を踏まえてよく考えながら，理論を学んでいってください[3]。

3.1　小売の輪の理論

　小売の輪の理論（McNair 1958；McNair & May 1976）では，新しい小売業態は，低価格・低サービスで出現すると考えます（**図表 2−5**）。低価格・低サービスを実現するためには，店舗運営のコストを抑える必要があります。そのため，商品の品揃えを絞り込みます。品揃えが多いと商品を管理するコストがかかるためです。また店舗設備も簡素なものにして営業をします。

　この小売業態が消費者に人気が出てきて商品が売れ始めると，新たに同じように低価格・低サービスを訴求する小売業態を採用する小売業が参入してきます。そうなると，商品価格を下げ合う競争になり，お互いに経営が苦しくなります。商品の価格を安くするにも限界があるため，他社と別の方法で差別化をすることを考えないといけなくなります。そこで，競争相手よりも店舗の設備を良くしたり，少し品質の高い商品を取り扱ったりします。商品の品揃えを増やすことが行われることもあるでしょう。これらを**トレーディングアップ（格上げ）**といいます。

　トレーディングアップする小売企業が増えると，小売市場には，低価格・低サービスを提供する小売業態が少なくなり，新たに低価格・低サービスを訴求する小売業態が参入してくると考えられています。そして，低価格・低サービスをウリに参入した小売業も競争が激しくなると差別化のためにトレーディングアッ

プをすると、また低価格・低サービスを訴求する小売業態が少なくなり参入の余地が生じます。このように、同じようなことがぐるぐると回って繰り返されていくと考えられることから、この理論の名前が「小売の輪の理論」となっています。

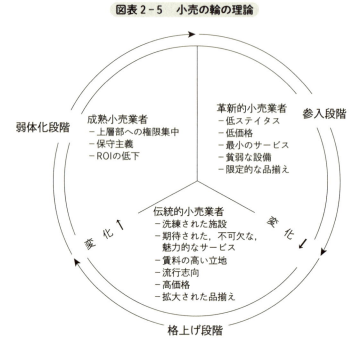

図表2-5 小売の輪の理論

出所：Brown (1987) p.11。

　この理論は、小売ミックスの価格やサービスに焦点が当てられていますが、低価格・低サービスを訴求する場合としない場合では、品揃えや店舗設備なども整合性を持たせるために同時に変わりますので、その点も注意してください。つまり、低価格・低サービスを訴求している場合、店舗設備が豪華で丁寧な接客をしている店舗は小売ミックス間に整合性がないために、そのような店舗は考えられないということです。

　この理論では、低価格・低サービスで参入してくる新しい小売業態の出現を説明することはできるのですが、高価格・高サービスで参入してくる小売業態を説明することができません。たとえば、コンビニエンスストアは、低価格訴求で小売市場に出てきたわけではありません。今もそうですが、登場してきた時も商品の価格は定価販売が基本で安売りはしませんでした。コンビニエンスストアのよ

うな小売業態の参入も説明できる理論を次に見ていきましょう。

3.2 真空地帯論

真空地帯論（Nielsen 1966）は，低価格・低サービスで新たに参入してくる小売業態だけでなく，高価格・高サービスで参入してくる小売業態の動きも説明できる理論です。

図表 2-6 を見てください。縦軸は消費者の選好を，横軸は価格・サービス水準を示しています。横軸は，右に行くほど価格やサービス水準が高くなり，逆に左に行くほど価格・サービス水準は低くなります。消費者の選好分布曲線は，ちょうどB点，真ん中あたりで最大になっています。これは，このB点の価格・サービス水準を，消費者が一番好むということを表しています。このB点から左右に行くほど，消費者の選好が低くなっているので，好まれなくなるということです。

新しい小売業態が参入してくるところから見ていきましょう。A点に新たな小売業態が登場したとしましょう。A点は価格・サービス水準が低いです。つまり，商品の価格を安くしてサービスもほとんどない状態をイメージしてください。

では，A点からさらに顧客を拡大しようと思った場合，この図を前提に考えると価格・サービス水準を下げる左に行きますか，それとも価格・サービス水準を上げる右に行きますか。顧客からより支持を得たいなら，消費者の選好度が高い右，つまり，価格・サービス水準を上げる方向に行こうと思いますよね。

小売の輪の理論では，これをトレーディングアップといいました。そうすると，A点の左のより低価格・サービス水準を提供する小売業態が存在しなくなり，こ

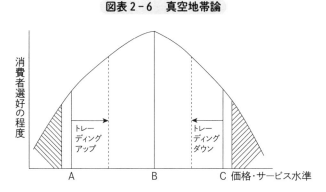

図表 2-6　真空地帯論

出所：向山（1986）p.134。

32　第Ⅰ部　小売マネジメントを学ぶための基礎知識

こに真空地帯が生じると考えます。そこに新たな小売業態が参入してくることになります。これは，低価格参入を説明しているので，小売の輪でも説明できる現象ですね。

　小売の輪の理論では，高価格・高サービスでの参入を説明することができませんでしたが，この真空地帯論では，それが可能になっています。今度は，C点を見てください。価格・サービス水準の高いC点に参入してきた新しい小売業態は，さらに顧客から支持を得るためには，B点の方へ移動して，価格・サービス水準を落とすトレーディングダウン（格下げ）をしますよね。そうすると，C点の右側のより高価格・サービス水準の高いところが真空地帯になるために，新たな高価格・高サービスを提供する小売業態がそこに参入してくると考えます。

3.3　アコーディオン理論

　アコーディオン理論（Hollander　1966）は，小売ミックスの品揃えの要素に焦点を当て，勢力を持つ小売業態は，品揃えの幅が広がる「総合化」と品揃えの幅が狭まる「専門化」を繰り返して登場すると考えています。

　みなさん，アコーディオンって知っていますか。蛇腹（じゃばら）を伸縮させて空気を送り込み，鍵盤で音を出す楽器ですね。アコーディオンの蛇腹が伸縮するように，品揃えの幅が伸びて広くなったり，品揃えが縮んで狭くなったりと循環する現象をとらえて命名されたようです。

　この理論では，さまざまな食料品や雑貨などを幅広く扱う品揃えが総合化したよろずやが優勢になると，その後，品揃えを専門化した専門店が勢力を増します。その次には，品揃えを総合化した百貨店が登場し，百貨店の後は，品揃えを絞り込み専門化したブティックが優勢になってきます。

　小売ミックスの要素の中でも，この品揃えは，特に商業者としての小売業にとっては大変重要なものです。この章の最初のほうで，小売業態を分類するときも使いましたし，第1章でも説明しました。製造業者では揃えることのできない商品を顧客が利用するシーンを想定して品揃えすることが，小売業の大切な役割だったことを思い出してください。

　このアコーディオン理論は，小売の輪の理論や真空地帯論が着目した価格・サービスではなく，品揃えによる業態革新もあることを主張するものです。

3.4　業態盛衰のモデル

　田村（2008）による**業態盛衰のモデル**は，小売業態の革新を価格・サービスや品揃えの次元を統合し，小売の輪の理論等よりもさらに踏み込んで，小売業態の

盛衰の動因を整理する枠組みを提示するものになっています。

　この業態盛衰のモデルでは，縦軸は小売ミックス要素の価格以外（「アクセス」「品揃え」「販促・接客サービス」「雰囲気」）の要素で，横軸は価格となっています（図表2-7）。縦軸の上方にいくほど，価格以外のサービス品質が高くなると考えています。つまり，価格以外のサービス品質が高くなるということは，アクセスが良く，品揃えが豊富で，上質の接客サービスを提供し，店内の雰囲気も良い，ということに近づいていくということです。価格以外のすべての小売ミックスの要素の品質が高くなるのではなく，現実的には，一部の小売ミックス要素の品質が高まると考えられます。

　新規参入者のパターンは3つ考えられています。価格に優位性を持つ「価格イノベータ」として参入するもの，価格以外の小売ミックス要素で今までなかったような革新的な小売サービスを提供するサービス・品質に優位性を持つ「サービス・イノベータ」，3つ目は，価格とサービス品質の両面に優位性を持つ「バリュー・イノベータ」です。

　しかし，価格イノベータとサービス・イノベータは，売上の拡大を目指し潜在顧客も含めた消費者から支持されている市場規模の大きな「覇権市場」への参入を目指す過程で，次第にバリュー・イノベータへ収束していくことになります。

図表2-7　業態盛衰のモデル

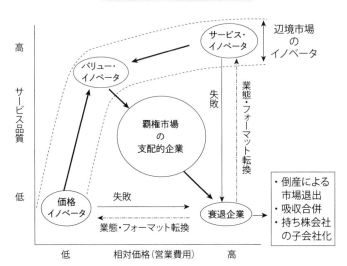

出所：田村（2008）p.49。

34　第Ⅰ部　小売マネジメントを学ぶための基礎知識

そして，バリュー・イノベータは，覇権市場への移動を目指すものと考えられています。これが，このモデルが考える動因になります。

　この覇権市場の位置は，サービス・イノベータやバリュー・イノベータが提供するような革新的な小売サービスよりは劣り，価格訴求を全面的に出している小売業よりも価格水準は高くなりますが，品質と価格のバランスがうまくとれている商品だからこそ，高品質と低価格を同時に求める**バリュー消費者**から支持され，売上高拡大が期待されるものと考えられています。

　真空地帯論においても，消費者選好度が高いのは，価格・サービス水準が高くもなく，低くもない中庸の小売業態でした。したがって，業態盛衰モデルも真空地帯論と同様に，サービス品質と価格のバランスをとった価格・サービス水準が顧客からも評価され，それを目指して各社が革新行動をとっているという同じ前提に立っていることがわかります。

　覇権市場のポジションを獲得した小売業が，衰退企業のグループに落ちていかないようにするためには，顧客にとって便利で有益な高品質な商品特性と価格のバランスを考慮して，顧客価値の向上を常に目指すように改善活動や投資活動を行っていくことが大切であるという示唆を得ることができると思います。

　このことについて，業態盛衰のモデルでは，覇権市場のポジションを維持するために，SCMの革新によって営業費用の上昇と経営資源の効率の低下を抑止することが不可欠になり，そのためには，持続的なバリュー・イノベーションを持続できるかどうかにかかっていると説いています。

　本章で見てきた，小売業態の革新理論の「小売の輪の理論」「真空地帯論」「アコーディオン理論」では，具体的にどのようにして顧客価値の向上を目指せばよいのか，については論じられていません。小売業態の革新理論は，小売ミックスレベルの背後にある小売マネジメントに言及することはあっても，その仕組みまでには踏み込むことはありませんでした。

　その点，「業態盛衰のモデル」は，小売マネジメントの要素を取り上げ，具体的な示唆を提示しているようにも考えられます。しかし，その示唆は，まだ抽象的なものにとどまっていると言わざるをえません。また，小売企業にイノベーションは確かに必要ではありますが，顧客から評価されるためには，顧客と接する店舗の日々の活動を確実に実行していくことも非常に重要なことです。しかし，この点については，業態盛衰のモデルを含め小売業態の革新理論では革新論ということもあり，ほとんど語られていません。

　本書では，店舗でさまざまな不測事態に対処しながら日々顧客価値を提供している小売業の特性を踏まえ，覇権市場で持続的な競争優位を築くことのできる小

売マネジメントとして，小売マネジメントモデル0.0をさらに発展させていきます。

> **コラム　小売業態と革新的経営者**
>
> 　小売業態の革新理論では，小売企業は，低価格・低サービス，品揃えの総合化・専門化，サービス品質の向上などにより，小売業態の革新を果たしていると説明しました。
>
> 　ここでは，日本の小売業態の革新を先導した革新的経営者の1人に焦点を当てて，その経営者の革新行動の背後にある思いや意志が，どのように新しい小売業態を創造していったのか，その具体的な過程を見てみたいと思います。
>
> 　このような視点でまとめられた『1からの流通システム』というテキストがあります。このテキストの中の第6章で紹介されている日本型の食品スーパー業態を創り出し，そのシステムまで開発し，さらにその経営知識を他社に広く公開した革新的経営者である関西スーパーマーケットの北野祐次氏について紹介します。
>
> 　藍染めを家業とする家に生まれた北野氏は，終戦後，国鉄を辞め独立して削り節の卸売業を営んでいました。出張先でたまたま見かけた食品スーパーの盛況ぶりに，これからの時代を感じ，卸売業をやめて食品スーパーの経営を始めました。
>
> 　終戦後の当時は，物資が少なく安ければ売れるような状況だったので，売場に安い商品を並べれば売れるだろうと安易な気持ちを持っていましたが，そうは簡単にはうまくいきませんでした。青果，精肉，鮮魚は，鮮度の良い状態で販売しなければなりませんが，それが難しかったのです。生鮮品を扱った経験もなかったため，テナントに委託するしかありませんでした。しかし，テナントは自分の利益だけを考えた商売のやり方をして，商品の陳列が店舗の開店に間に合わなかったり，商品が売り切れれば勝手に売場を閉めてしまったりしていました。
>
> 　北野氏の商売のやり方も，売れそうな商品をただ集めて販売するその場しのぎの商売でした。当時は，ダイエーをはじめとする食料品から衣料品まで扱う総合スーパーが全盛を極めている時でもあったので，衣料品にも手を出していましたが，これも思わしくありませんでした。
>
> 　そんな時，アメリカの食品スーパーを見学する機会を得ました。アメリカの食品スーパーは，一般的な家庭が普段の生活で必要とする食品を扱っていました。つまり，日常の食材を販売するのが食品スーパーの品揃えであり，それが

あるべき姿なんだとわかった時，目からウロコが落ちたそうです。

　アメリカ視察から戻ると，早速，日本の普段の生活で使う食材を中心とした品揃えに変えました。日本の普段の生活で求められる食材となると，アメリカと違い，生鮮食品が多くなります。生鮮食品なので，鮮度を管理できる設備やノウハウが必要になりますが，アメリカにはないため輸入することもできず，独自に開発するしかありませんでした。

　しかし，同社だけで開発するには限界がありました。そこで，売場の冷蔵ケースや作業場の鮮度管理の機器，商品を運ぶカートや，さらに商品を入れるトレーやパッケージのフィルム，自動で包装できるオートパッカーなど多くのものをメーカーと共同で開発することになりました。

　また，生鮮加工の作業の方法も，このまま委託先の職人に任せてはおけませんでした。そこで考えたのが，職人が1人でやっている仕事をいくつかの段階に分けて分業することでした。生鮮加工の1つひとつの作業は熟練をあまり必要とはしていません。料理に慣れた家庭の主婦のパートタイマーならできる作業であったため，分業体制による作業方式にしました。このような数々の改革の末，生鮮食品の鮮度管理技術や作業方式は，「関スパ方式」として業界から注目されるものとなったのです。

　話はこれで終わりではありません。ここからが，革新的経営者としての真骨頂です。このような鮮度管理の経営知識を，なんと，北野氏は，惜しみもなく他社に公開したんです。みなさんなら，ライバルの会社にお金も時間もかかっている貴重な経営知識を無料で公開しますか。

　北野氏は，「食品スーパーのノウハウは，アメリカの企業から学ばせていただいた。たまたま自分が日本人を代表して学ばせていただいたのであるから，私だけのものではない。広く日本の食品スーパーに知ってもらい，日本の食品スーパー業界を成長させていきたい」という趣旨のことを語られていました。

　まさに，革新的経営者ですね。

●注

1　小売ミックスは，研究者によってさまざまな構成要素について議論がされているが，もともとの概念は，Lazer and Kelly（1961）により提唱されていました。このような経緯をまとめたものとして，大橋（1995）があります。

2　アパレル製造小売業で，特に自社ブランドを展開している企業は，SPA（Specialty store retailer of Private label Apparel）と呼ばれています。アパレル以外の製造小売業のことを，SPA型小売業と表現することもあります。

3　この小売業態の革新理論に関する記述は，向山（1985, 1986），Brown（1987），矢作（1996），田村（2008）を参考にしています。

第 2 章　小売業態と革新理論　　37

問題演習

問 2－1　【リテールマーケティング（販売士）3級検定試験 模擬問題：『販売士』2023年 3 月号 小売業の類型】

正しいか誤っているか考えてください。

　日本の百貨店の特徴である委託販売は，ファッション性の高い衣料品，化粧品などの部門で行われ，商品に専門知識が求められるために，自店の社員が販売員となっているケースが非常に多い。

問 2－2　【リテールマーケティング（販売士）3級検定試験 模擬問題：『販売士』2022年 3 月号 小売業の類型】

空欄にあてはまる答えとして，最も適当なものを選択肢から選んでください。

　コンビニエンスストアは，顧客にとっての□□□をコンセプトに，すぐ食べられるモノを中心に，日々の暮らしに欠かせないデイリー商品を幅広く品ぞろえしている。

　　1．ニーズ　　　2．利便性　　　3．ウォンツ　　　4．快適性

問 2－3　【リテールマーケティング（販売士）2級検定試験 模擬問題：『販売士』2023年12月号 小売業の類型】

空欄にあてはまる答えとして，最も適当なものを選択肢から選んでください。

　スーパーマーケットでは，高齢者世帯，共働き世帯，単身世帯の増加などに伴い，□□□として，即食性の高い総菜や日配品に対するニーズが高まり，食のオケージョンに合わせてメニュー提案を行っている。

　　1．トレーサビリティ　　　　2．生鮮三品
　　3．ミールソリューション　　4．食の安全

やってみよう

● 一般小売店で繁盛している店舗は，どのような特徴があるのか調べてみよう。
● 食品スーパー，コンビニエンスストア，ドラッグストアの 3 つの小売業態について小売ミックスの要素を書き出して，比較してみてください。そこから，どのようなことが言えそうか考えてみよう。

参考文献

有馬賢治（2006）『マーケティング・ブレンド－戦略手段管理の新視角』白桃書房。
大橋正彦（1995）『小売業のマーケティング－中小小売商の組織化と地域商業』中央経済社。
久保村隆祐編（2016）『商学通論（九訂版）』同文舘出版。
田村正紀（2001）『流通原理』千倉書房。

田村正紀（2008）『業態の盛衰』千倉書房。
崔相鐵・岸本徹也編著（2018）『1からの流通システム』碩学舎。
向山雅夫（1985）「小売商業形態展開論の分析枠組（Ⅰ）」『武蔵大学論集』第33巻第2・3号, pp.127-144.
向山雅夫（1986）「小売商業形態展開論の分析枠組（Ⅱ）」『武蔵大学論集』第33巻第4号, pp.17-45.
矢作敏行（1996）『現代流通』有斐閣。
Brown, S. (1987) "Institutional Change in Retailing: A Review and Synthesis," *European Journal of Marketing*, Vol.21, No.6, pp.5-36.
Hollander, S.C. (1966) "Notes on the Retail Accordion," *Journal of Retailing*, Vol.42, Summer, pp.29-40, 54.
Lazer, W., and E.J. Kelley (1961) "The Retailing Mix: Planning and Management," *Journal of Retailing*, Vol.37, pp.34-41.
McNair, M.P. (1958) "Significant Trends and Developments in the Postwar Period," in Smith, A.B. (ed), *Competitive Distribution in a High-Level Economy and Its Implications for the University*, University of Pittsburgh Press.（鳥羽達郎訳『「小売の輪」の循環―アメリカ小売業の発展史に潜むダイナミズム』同文舘出版，2022年）
McNair, M.P., and E.G. May (1976) *The Evolution of Retail Institutions in the United States*, Marketing Science Institute.（清水猛訳『"小売の輪"は回る－米国の小売形態の発展』有斐閣，1982年）
Nielsen, O. (1966) "Developments in Retailing," M. Kajær-Hansen, ed., Readings in *Danish Theory of Marketing*, North-Holland, pp.101-115.

 学びを深めたい人へ

高嶋克義・髙橋郁夫（2020）『小売経営論』有斐閣。
田村正紀（2001）『流通原理』千倉書房。

第3章 チェーンストア

Retail Management

学習のポイント

▶チェーンストアの利点と問題点が生じる理由について学びましょう。

▶チェーンストアの3つの形態の似ているところと異なるところを整理して理解しましょう。

▶食品スーパーの組織にはどのような部署があるのか，組織図を見ながら学びましょう。

キーワード

チェーンストア，バイイング・パワー，コーポレートチェーン，
フランチャイズチェーン，ボランタリーチェーン

1 一般小売店からチェーンストアへ

1.1 販売と仕入の分離

チェーンストアの特徴を理解するため，まずは，チェーンストアの成り立ちから考えていきましょう。商店街で見かけるような八百屋，肉屋などの一般小売店は，商品を仕入れる人と商品を店頭で販売する人が多くの場合は同じ人です。そのため，店頭で販売しながら顧客の好みをつかみ，その情報を活用して，顧客に好まれそうな商品を仕入れることができます。また，仕入れた時に得た商品知識を持っている人が店頭で販売することになるため，接客時には顧客にその商品の特徴や良さを伝えることができたり，商品の使い方などを POP に書き込むこともできたりします。

小売業が数店舗程度の小規模経営でやっていく場合は，このような仕入も販売もできるような人が何人かいればやっていけるでしょう。しかし，より多くの人に商品を手頃な価格で届けたいとか，良い商品をもっと多くの人に食べて喜んで

もらいたいとか，企業規模を拡大したいと考えるのであれば，店舗の数を増やしてチェーンストアにしていく必要があります。

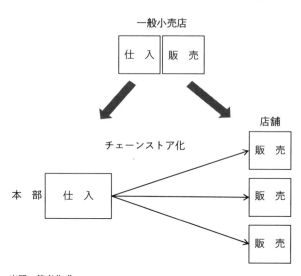

図表3-1　一般小売店からチェーンストアへ

出所：筆者作成。

チェーンストアにするためには，一般小売店での**仕入機能**と**販売機能**を分離して，本部に仕入機能を集中させ，販売機能は各店舗に分散させた組織をつくります（**図表3-1**）。本部には，豊富な商品知識を持ち売場の展開の仕方まで理解している仕入担当者を置き，各店舗に指示を出すような体制をつくります。このようにすることで，本部からの指示を受けて店頭で商品を販売する機能に特化した店舗をたくさん出店することができるようになり，企業規模の拡大にもつながっていきます。

2　チェーンストアの特徴

2.1　大量販売を基盤にした交渉力

チェーンストアという組織形態にすることで獲得する特徴について，もう少し詳しく見ていきましょう。チェーンストアは，本部に商品の仕入を集中させることで（**本部一括仕入**，セントラル・バイイング（Central Buying）），商品を大量に購買する力を強化できます。販売する力が付けば付くほど，本部が商品を購買

する力も付きます。つまり，チェーンストアは，店舗数を増やすことで，本部で大量に商品を購入できる力を得ることになったのです。

　このように，多くの店舗を出店することで大量販売する販売力がつき，その販売力がメーカーや卸売業者からメーカー製品である**ナショナル・ブランド**（National Brand: **NB**）を大量に購買する力となりました。この購買力は，メーカーや卸売業に対して割引を中心とする支払条件や納期などの有利な条件等を獲得できる**バイイング・パワー**（Buying Power）となりました。

　このような大量仕入から大量販売に至る小売業の活動を，**マス・マーチャンダイジング**といいます。マス・マーチャンダイジングは，小売業が**プライベート・ブランド**（Private Brand: **PB**）を開発する力にもなります。大量に購入する力があると，メーカーに対して PB の生産を委託しやすくなります。メーカーは，小売業の PB の生産を受託する場合，工場の生産ラインをその小売業の PB 用に使わなければなりません。工場の生産ラインを小売業用にしたにもかかわらず，その小売業の PB の生産量が少なくては生産ラインを調整等したコストのほうが高くなってしまうかもしれません。もし，大量に小売業の PB を生産できれば，生産ラインを調整するコスト以上に収益を得ることができるでしょう。

　このように，大量に商品を購入し大量販売することができるチェーンストアは，メーカーや卸売業者からすると大切な顧客になります。そのため，商品を仕入れる値段を安くできるだけでなく，いち早く新商品の情報提供を受けることや，販促の企画の協力なども得ることができます。

2.2　大量販売を基盤とした情報力

　大量販売は，対外的なパワーに変換されるだけでなく，チェーンストア組織内における情報能力のパワーにも変換されます。多くの店舗で商品を販売しているということは，多くの販売データを持っているということになります。販売データは多ければ多いほど，そのデータの精度は上がる傾向にあります。販売予測の精度向上も期待できます。

　店舗が多くあるということは，いろいろと条件の異なる立地に出ていることが考えられます。駅前の店舗や幹線道路沿いの店舗などに出店することもあるでしょう。さまざまな立地に店舗があると，駅前店舗で売れる商品や幹線道路沿いの店舗で売れる商品がわかり，それをまだ取扱のない同じような立地条件の店舗で販売すれば，売れる可能性があります。

3 チェーンストアの構造的な問題点

3.1 構造的問題が顕在化しなかった理由

　チェーンストアは，一般小売店では一体化していた仕入と販売を，仕入を本部に販売を店舗に分離したことで，小売業の組織の巨大化を享受できるようになりました。さらに，見てきたように，多くの店舗を展開することで販売力をつけ，それが仕入先に対するバイイング・パワーに変換され，商品を安く仕入れたり，PB生産が可能になったり，さらに，店舗数が多いことで情報力も獲得しました。

　しかし，その一方で，店舗販売をする従業員は，自分で仕入れていないため商品について詳しくないとか，本部の仕入の担当者は，顧客のことを理解しないで商品を仕入れることになりがちです。仕入と販売が組織的に分断されているからです。しかし，このチェーンストアの構造的な問題は，しばらくの間は顕在化しませんでした。それはなぜでしょうか。

　チェーンストアが日本で普及し始めた頃，日本経済は高度経済成長の段階にあり，消費需要が旺盛で，商品の生産が追いつかない状況でした。商品を店頭に並べるだけで，すぐに売れきれるというような状況にありました。

　このような市場環境であったため，チェーンストアの仕入機能と販売機能が分離していることの問題は，顕在化することはなかったといえます。つまり，本部は調達してきた商品を店舗に送ればよく，それでどの店舗でも商品が売れました。あえて，店舗の販売情報を本部の仕入に活用することは必要ではなく，また仕入れた商品の知識も店舗では必要とされませんでした。商品知識を持った販売員がいなくても，商品が不足していたので飛ぶように売れたのです。

　しかし，経済も安定成長の時代に入ってくると，各店舗で売れる商品は，店舗の顧客の違いによって異なってきました。消費者は商品の使用経験を積むことで，自分の好みの商品特性がわかってきます。つまり，消費が多様化してきたということです。こうなると，各店舗での商品の品揃えや売場づくりを考えてくことが大切になります。日々顧客と接する店頭の従業員の顧客に関する情報を仕入に活用することも大切になります。店頭には，そのようなことをしっかりと考える従業員が必要になりますが，それまでは本部からの指示どおりに仕事をしていればよかったため，店舗でものごとをしっかりと考えて行動できる人材は不足していました。

　以下では，このチェーンストアの本部と店舗の分断の問題を，別の面からも考えてみましょう。

3.2　チェーンストア本来の特性

　チェーンストアは，一般小売店の仕入と販売を分離して，仕入は本部に集中させ，販売は各店舗に分散させたと書きました。誤解が生じないように書き加えておくと，本部はもちろん，仕入だけをやっているわけではありません。店舗が販売を気持ちよくできるように，つまり，販売に特化できるように，商品を選んで仕入れたり，売場の設計をしたり，人事制度や教育内容を考え，経営活動が順調に進んでいるかどうかをチェックする経理もあります。経営全体の計画を立案する経営企画部，店舗の運営をサポートする店舗運営部等々，店舗の販売活動を支援する機能が本部には集まっています。

　チェーンストアの強みは，店舗は販売に専念し，本部でその店舗の販売を支援するという仕組みにあります。各店舗では，販売は必要な機能ですが，人事や経営，商品の仕入れなどは，全店舗をまとめて本部で一括してやったほうが効率的です。これらの本部の各種機能をまとめあげるのが，社長をはじめとするトップマネジメントの面々です。

　本部でまとめてやったほうがいいことを効率的にやるためには，各店舗で実施することを全店舗で共通にしておくことが必要です。これを**標準化**するといいます。たとえば，販売する商品，店舗の設備，売場の作り方，人事制度，教育制度などになります。販売する商品が各店舗でバラバラになると，本部でまとめて仕入れることができなくなり，せっかくのチェーンストアのバイイング・パワーを発揮できなくなります。また，店舗の設備をある程度共通にしておかないと，その設備の使い方が統一できなくなり，教育訓練の内容も各店舗でバラバラになってしまいます。完全な標準化はできないと思いますが，可能なところはなるべく標準化しておけば，本部で一括して対応することができるようになります

　このようなチェーンストアの本質的なところがあるために，どうしても，本部が指示を出して，店舗はその指示に従うという行動になりやすい構造的な要因があります。

3.3　人材育成方法の特性

　多くの食品スーパーにおいては，現在の人材育成方法として，新入社員は必ず店舗のある部門の仕事から始めることになっています。新入社員で入って，いきなり本部に配属されることはほとんどありません。まずは，店舗の仕事から始めて，その仕事ができるようになると，本部に異動になる人も出てきます。その後，本部から店舗に店長として戻ってくることもあります。

　このように，新人は店舗である程度仕事ができるようになると本部に異動とい

うキャリアルートが敷かれていると、自然と店舗よりも本部のほうが偉いという印象が植え付けられて、店舗は本部の指示に従えばよいというような受け身の組織文化が形成されやすく、店舗での仕事も主体性を持ちづらい構造になってしまいます。

3.4 本部の「作」と店舗の「演」

　以上のような理由からわかるように、チェーンストアは本来、本部主導型の組織という性質を持っています。現在は、このチェーンストア本来の本部主導的なチェーンストアで経営している企業と、一方で、チェーンスト本来の構造は述べてきたように利点も多くあるので、それを基盤として残しつつ、店舗が主導するような仕組みを組み込んだチェーンストア組織を作り経営している企業もあります。これは、その小売業がどのような戦略をとるのかによって、本部主導的なチェーンストアがいいのか、それとも店舗主導型のチェーンストアがいいのか決まってきます。

　この小売業の戦略とチェーンストアの関係についての詳しい説明は、次の第4章でします。ここでは、本来本部主導型になりやすいチェーンストアを店舗主導型のチェーンストア組織にするときの考え方の紹介だけをしておきます。それは、本部は「作」、店舗は「演」という考え方です[1]。店舗は確かに本部からの指示を受けて、そのとおりに店舗で実施することを求められるでしょう。しかし、各店舗の状況は同じではありません。ベテラン社員が多い店舗もあれば、新人が多い店舗もあるでしょう。小型の店舗もあれば、大型の店舗もあるでしょうし、若者世帯の顧客が多い店舗、高齢者の顧客が多い店舗もあるでしょう。それぞれ異なる店舗で、本部が実現したい全店舗共通の「作」を実現しようとすると、各店舗はそれぞれの店舗で、作業のやり方や具体的な商品の陳列方法など、「演」をいろいろと考えて本部の「作」を実現していくことになります。本部の「作」は同じでも、各店舗の状況が異なるので、店舗ではさまざまに異なるその店舗に合った「演」が展開され、結果として、すべての店舗で本部の「作」が実現されることが理想です。

4　チェーンストアの形態

　第1章で説明した、総合スーパー、食品スーパー、コンビニエンスストアなどは、チェーンストア形態を採用しています。ここでは、3種類のチェーンストア形態について説明します（**図表3-2**）。

第3章　チェーンストア　45

図表3-2　3種類のチェーンストア形態

チェーンストア形態	コーポレートチェーン	フランチャイズチェーン	ボランタリーチェーン
組織構成	本部と店舗は同一資本	本部（フランチャイザー）と加盟店（フランチャイジー）は別資本	本部と加盟店は別資本
連営	基本的に，本部の施策に店舗は従う	本部は加盟店に，商標を使用させ，商品を供給し，経営支援し，加盟店からロイヤルティを受け取る	本部から加盟店に対する施策は緩やかである
本部，店舗（加盟店）間のつながり	店舗は同じ組織内の店舗であるため，運命共同体であり，店舗間および本部と店舗間で従業員の異動がある	本部と加盟店は個別契約で，加盟店同士のつながりはなく，ライバル同士になることもある	加盟店同士のつながりがあり，相互に助成し合う

出所：筆者作成。

4.1　コーポレートチェーン

　まずは，チェーンストアの代表的な形態でもあるコーポレートチェーンから説明していきます。**コーポレートチェーン**は，一般的であることから，**レギュラーチェーン**と呼ばれることもあります。

　このチェーンストア形態では，本部と店舗は同一資本です。言い方を変えると，本部と店舗は同じ組織です。本部が決めるさまざまな施策，たとえば，人事制度，教育方法，作業方法，販売方法等に店舗は基本的に従い，本部の施策を店舗で実現することに務めます。

　本部と店舗は同じ企業であるため，店舗間または店舗と本部間で人事異動があります。事例で説明してみましょう。入社すると，店舗のある部門で仕事を始めることになります。2～3年でその部門の部門長（チーフ）になり，その後数年の経験を積み，本部へ異動して商品部で仕事をすることもあるでしょう。商品部では，バイヤーとして商品の買い付けを担当するかもしれません。または，本部の人事部へ異動して，学生の採用活動を担当するかもしれません。このような仕事をして本部で経験を積み，30代後半になると店舗に戻り，店長をやることもあるでしょう。

　同じ会社ですから，ある店舗の店長と別の店舗の店長はお互いを知っています。また，ある店舗で店長をやり，人事異動で別の店舗で店長をやることもあるで

図表3-3　コーポレートチェーン

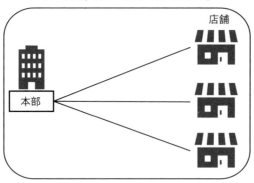

出所：筆者作成。

しょう。

　一般的に1カ月に一度，本部で店長会議があります。ですので，どの店長が優秀でどの店長が良くないのかは，お互いによくわかります。

　店舗を展開するために，通常は土地を借り，店舗も物件として借りて営業をしています。土地や建物を借りるには資金が必要です。そのため，次に説明するフランチャイズチェーンに比べて，多額の資金が必要になります。

4.2　フランチャイズチェーン

　次に，セブン-イレブンなどのコンビニチェーンに代表される，**フランチャイズチェーン**について見ていきましょう。セブンは，先ほど説明したコーポレートチェーンだと勘違いしている人も多いのではないでしょうか。実は，セブンはフランチャイズチェーンであり，セブンの店舗で働いている人はセブンの社員ではないのです。

　フランチャイズチェーンでは，本部のことを**フランチャイザー**と呼び，加盟店になる店舗は**フランチャイジー**と呼ばれます。**図表3-4**をイメージして，左の本部から右の加盟店に向かって，「ザー，ジー」と覚えてください。

　本部と店舗は，それぞれ完全に独立しています。**図表3-3**と**図表3-4**を見比べるとわかるとおり，コーポレートチェーンは，本部も店舗も同一の組織であるため，どちらも1つの枠内にありますが，フランチャイズチェーンの場合は，本部を囲む枠と店舗を囲む枠は，別になっています。

図表3-4 フランチャイズチェーン

別資本,別々のお店で「それぞれだね！」

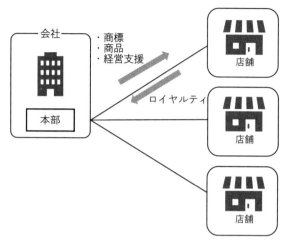

出所：筆者作成。

　本部と加盟店は1対1の関係で，個別に下記のような内容のフランチャイズ契約を結びます。
- 本部は，加盟店に商標を使う許可を与えます。
- 商品は本部から供給します。
- コンビニ経営について加盟店を本部が経営支援します。

　加盟店はこのようなフランチャイズパッケージを本部から受け，本部に**ロイヤルティ**（Royalty）[2]として，たとえば粗利益の半分を支払うことになります。これは，多くのコンビニで採用されている**粗利分配方式**といって，粗利に対して一定割合の金額を支払う方式です。

　加盟店は，個別に本部とフランチャイズ契約を結ぶため，店舗同士のつながりはありません。加盟店はライバル同士といってもいいでしょう。よく同じチェーン店が近くにあることがありますよね。すでにあるコンビニの店舗があったとして，その近くに出店できる物件があると，ライバル店に出店されそうであれば，既存店舗と近くてももう1店舗を出店したほうがそのコンビニの売上は増えることになります。逆に，すでにあるコンビニの加盟店は大変になりますね。

　フランチャイズチェーンはコーポレートチェーンと異なり，土地や店舗設備に関する費用は本部が負担する場合と加盟店が負担する場合があります。加盟店が

48 第Ⅰ部 小売マネジメントを学ぶための基礎知識

負担する場合は，本部は出店コストがほとんどかからないこともあり，急速な店舗展開も可能になります。

4.3 ボランタリーチェーン

　最後は，少しわかりづらい，ボランタリーチェーンについて説明します。まず，**ボランタリーチェーン**がコーポレートチェーンやフランチャイズチェーンと異なるところは，店舗の看板が異なっているところです。通常，チェーン店というと，同じ看板を掲げていると思いますが，このボランタリーチェーンは，全く別の小売店が集まってチェーン組織を作っているので，店舗の名前が違うんです。

　では，なぜ，別々の小売店が集まってチェーンを作っているのでしょうか。多くのボランタリーチェーンでは，小規模な一般小売店が集まり，あたかも1つのチェーンストアであるような仕組みを作っています。小規模な小売店は商品の販売力がないために，商品を大量に仕入れる力がありません。コーポレートチェーンのところで説明したとおり，店舗数が多いチェーンストアだと，販売力があることで商品を仕入れる量も多くなることから，バイイング・パワーを発揮することができましたね。

　小規模な小売店は，個々の店舗だけでは，このバイイング・パワーを持てないのです。そこで，小売店が集まることで，このバイイング・パワーを獲得しようとするのです。このような目的から小規模な小売店が集まり，仕入れる商品を決めて共同仕入れを行ったことがボランタリーチェーンの始まりなのです。

　このボランタリーチェーンは，独立した小売店から成り立っていますが，フランチャイズチェーンとは違って，個々の店舗間のつながりがあります。共同仕入れや共同の勉強会を実施したり，さらに本部が加盟小売店の経営指導を行うこともあります。

　ただし，フランチャイズチェーンほど本部の統制が強くありません。それは，独立した小売店が協力するために集まった組織だからです。そのため，本部から各小売店を統制するというようなことはしていません。

　ボランタリーチェーンの本部は，卸売業が主宰する場合と小売業が主宰する場合があります。卸売業がボランタリーチェーンとして小売店を組織化する動機は，自らの販売先が潰れないように支援することが目的としてあります。販売先の小売店が潰れてしまうと，その卸売業の売上高も減ってしまいますから。

　小売業がボランタリーチェーンを主宰する動機は，先に説明したとおり，共同仕入や協同して相互に助け合いながら経営を行っていくことが目的になるでしょう。小売業主宰は，**コーペラティブチェーン**ともいいます。

図表3-5 ボランタリーチェーン

別資本，お店は別々だけど「仲間だよね！」

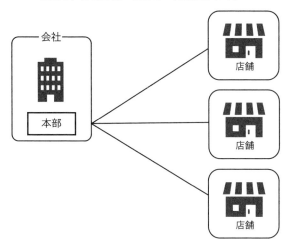

出所：筆者作成。

　さて，ボランタリーチェーンの基本的な仕組みはわかってもらえたのではないかと思いますが，現実のボランタリーチェーンを理解するためには，もう1点だけ知っておいてほしいことがあります。先ほどは，小規模な小売店が集まることでできたボランタリーチェーンを説明しました。実は，ある程度の規模のコーポレートチェーンが加盟者となっているボランタリーチェーンもあります。説明が長くなってしまうので，詳しくは，章末の**コラム「プラットフォーマーとしてのシジシージャパン」**を読んでみてください。

5　チェーンストアの組織

　ここでは，コーポレートチェーンを取り上げて，架空の例にはなりますが，食品スーパーを経営している企業の組織図を見ながら，チェーンストア組織の各部署とその役割について説明をしていきます。

図表3-6　コーポレートチェーン（食品スーパー）の組織図

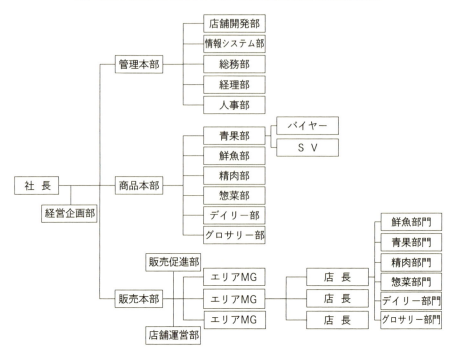

出所：日本コンサルタントグループ（2023）の資料を一部変更して筆者作成。

　図表3-6の組織図を左から見てください。社長の下に，管理本部，商品本部，販売本部があります。販売本部は店舗運営や店舗での販売活動がうまくいくようにマネジメントする本部です。商品本部は，店舗で販売する商品を企画し，仕入れ，店舗での売場や売り方を企画提案する本部です。管理本部は，店舗運営，商品企画・販売機能以外で，組織運営に必要な管理的な機能を担当する本部になります。

　社長のすぐ下に，**経営企画部**という部署があります。これは，全社の戦略参謀のような役割を果たすところです。社長が描く経営構想をサポートしたり，その経営構想を具体化して，それを各本部以下の組織に展開する仕事を担当しています。

5.1　商品本部

　商品本部内では，店舗の部門ごとに部署が分かれて，それぞれ専門特化しています。デイリー部とグロサリー部の取扱商品は何かな？と思う人は注3を見てく

ださい[3]。青果や鮮魚等の部門ごとに，商品の仕入れや店舗の売場づくりの企画を担当し，場合によっては商品開発も担当する**バイヤー**と，店舗の各部門の売場が商品部の企画どおり実現されているのかどうかについて店舗の売場の状況をチェックしながら，売場づくりの指導をする**スーパーバイザー**（SV）[4]が所属しています。商品本部の仕事内容は，第5章「マーチャンダイジング」で説明します。

5.2　販売本部

　店舗の運営や店舗での販売促進の実施をマネジメントしています。**販売本部**の下には，ある一定地域内の店舗を数店舗から10店舗ほどを管理する**エリアマネジャー**（エリアMG）が置かれています。特に首都圏は，店舗間の競争が激化していることから，店舗の戦略だけでなく，エリアレベルの戦略が非常に重要になってきています。エリアマネジャーは，店長の人事評価をするなどの人事権を持っており，担当内の店長業務を支援しています。詳しくは第5章「マーチャンダイジング」の9「売場商品管理」のところで説明します。

　販売本部には，部門スタッフ（直接販売業務に携わらず，販売業務等を支援する）として，販売促進部と店舗運営部があります。販売促進部は，年間52週の販売促進の企画を考えたり，広告やイベントなども企画しています。店舗運営部は，作業計画の仕組みを企画し，実際の店舗での運用を管理しています。この2つの部門は，第8章で説明する，顧客経験マネジメントと店舗オペレーションと関係が深い部署になります。

5.3　管理本部

　管理本部は全社スタッフ部門で，直接販売業務には携わらず，商品本部や販売本部を支援する部署として構成されています。ここでは，後の章で詳しく説明する店舗開発部と人事部について触れておきます。

　店舗開発部は，新しく出店するための適切な用地や物件を探し，そこに店舗を出店していく仕事を遂行する部門です。不動産に関する高い専門能力が求められる部署であるため，不動産ビジネスの経験者を中途採用するケースが少なくないです。詳しくは，第7章「店舗開発」を見てください。

　人事部は，従業員の採用，異動，退職の雇用管理を行い，能力開発，教育訓練，評価制度などを構築して，全社的な運営を行っています。本部の人事と現場の人事については，第6章「人材マネジメント」で詳しく説明していきます。

52 第Ⅰ部 小売マネジメントを学ぶための基礎知識

5.4 店舗

　販売本部の各エリアの下に各店舗があり，店長がマネジメントしています。通常規模の食品スーパーの店舗では，正社員，パートタイマーを含めておよそ100名が働いています。100人といったら，ちょっとした中小企業です。つまり，店長は中小企業を経営する社長のような存在です。

　店舗の各部門は，食品スーパーの顧客と直接接するとても重要な最小組織単位です。どういう意味かというと，基本的には，顧客と接することのない本部の部署と異なり，店舗は顧客の購買体験の場ですから，当然顧客の動きもすぐにわかりますし，コミュニケーションをとることもあるでしょう。そして，予想外に顧客が多く買っていけば，商品別に構成されている部門別の早急な対応が求められます。商品を急いで売場に陳列したり，肉をスライスしてパックを作ったりしなければなりません。顧客の購買動向が直に部門の仕事に影響を与えます。したがって，チームワークよく業務をこなしていくことがとても大切になります。

　また，平均的に1人の顧客は大体10品ぐらいを買っていきます。食品は安いこともあり，ある程度まとめて買われます。ということは，店舗の各部門の売場のレベルで差があると，レベルの低い部門の商品は買われなくなるでしょう。そうなると，購買される商品数が減ったりするでしょう。さらに，顧客はある程度まとめて食品を買いたいと考えていますから，「ここではまとめて買えないな」と判断されてしまい，近くに競合店があれば，そちらに行くようになってしまうかもしれません。

コラム　プラットフォーマーとしてのシジシージャパン

　近年，プラットフォーマーとして注目を浴びるボランタリーチェーンの事例として，シジシージャパン（以下，CGC）を取り上げます。プラットフォーマーとは，インターネット上で企業や個人にサービスを提供する基盤を運営する事業者のことですが，ここではインターネットも含め，事業の基盤を加盟企業に提供・運営する事業者の意味で使います。

　本章でボランタリーチェーンを説明したときに，「加盟企業がある程度の規模のコーポレートチェーンの場合もあります」と書きました。この CGC がそれに当たります。

　CGC は，東京都新宿区に本部を置く，ボランタリーチェーン（小売業主宰なので，コーポラティブチェーンともいう）で，中堅・中小規模の食品スー

第3章　チェーンストア　　53

パーによる共同仕入れ，PB商品開発を行うために1973年に設立されました。

　同社は，「商品こそすべて」という創業理念の下，大手メーカーの製品の取り扱いはもちろんのこと，各地域の消費者が求める商品づくりの仕組みにも秀でている組織です。

　加盟企業に対しては，競合との差別化や収益確保にもなるPBの開発[5]，人材の教育・研修の開催，物流基盤の構築等ボランタリーチェーンの本部としてさまざまな協業活動を行っています。

　一方，同社のPBを製造受託するメーカーとは，商品開発力や品質管理のレベルの向上につながる活動を展開しています。また，メーカーとは商品の品質に関する情報や顧客からの商品に関する指摘・提案の情報を共有しています。加盟企業やメーカーが参加する大手メーカーの優良工場の見学会を実施したり，メーカーのモデル工場の改善活動を加盟企業やメーカーの参加者で行ったりしています。

　ボランタリーチェーンという形態は，レギュラーチェーンやフランチャイズチェーンのような固い結びつきではなく，緩やかな結びつきが特徴です。この緩やかさは，多様な参加者に対して，このネットワークへの参加を促すことができるものと考えられます。今後は，現在の加盟企業である中小食品スーパーを中心としながらも，食品と関連のある医薬品，住居商品やスポーツ用品等の小売業や卸売業，メーカーとのネットワークを形成し，消費者の生活を食を中核としながら広く支える事業展開を考えることもできるのではないかと筆者は考えています。

●注

1　本部の「作」と店舗の「演」という考え方は，参考文献にも挙げている，安土敏『日本スーパーマーケット原論』(1987，ぱるす出版) に書かれています。できれば，最初から最後まで，みなさんに読んでもらいたい本です。ちなみに，安土敏は，元サミット社長の荒井伸也氏のペンネームです。

2　日本語では，「ロイヤリティ」と表現されることもありますが，中小企業庁では，「ロイヤルティ」を使っているので，この本でもそれに倣います。マーケティングで使う，顧客ロイヤルティと紛らわしいですね。でも，英語表記にすると違いがわかります。顧客ロイヤルティはロイヤルティ (Loyalty)，フランチャイズの加盟店が本部に支払う対価や費用はロイヤルティ (Royalty) となります。

3　デイリーとは，日配食品のことで，牛乳，乳製品，豆腐などのように日持ちせず低温管理を必要とする商品のことです。グロサリーとは，加食雑貨とも呼ばれ，お菓子や缶詰，調味料などの多様な加工食品と歯ブラシやティッシュペーパーなどの日用雑貨を含んでいます。

4　スーパーバイザー (SV) という言葉は，業界によって，さまざまな意味で使われています。

5　プライベート・ブランド (PB) とは，流通業者（小売業，卸売業）が企画し，販売する商

54　第Ⅰ部　小売マネジメントを学ぶための基礎知識

品のことです。PBの生産は製造業者に委託しています。その開発目的等は第5章，詳しい説明と開発プロセスは第11章を見てください。

問題演習

問3-1　【中小企業診断士試験　企業経営理論　平成30年度　第32問（設問1）】
　　次の文章を読んで，下記の設問に答えよ。
　　D氏が所有・経営するギョーザレストランは，現在20店舗を①チェーンストア・オペレーションで独立運営している。ランチタイムもディナータイムも毎日盛況な状況が続いており，商圏の1人暮らしの顧客からのリクエストに応える形で持ち帰りサービスも始めている。そのような背景から，D氏はさらなる顧客満足の向上を目指している。
　　文中の下線部①に関する記述として，最も適切なものはどれか。
　ア　D氏のレストラン・チェーンの店舗は，立地特性に応じて若干の違いをもたせているが，基本的に同形であり，チェーン本部が相当程度の中央統制を行っている。
　イ　D氏のレストラン・チェーン本部と契約し，加盟店としてこのレストランを経営したいと申し出る企業が目立っている。この種の契約型チェーンはコーポレート・チェーンと呼ばれる。
　ウ　D氏のレストランは同一の所有の下で経営されている。この種のチェーンはフランチャイズ・チェーンと呼ばれる。
　エ　D氏はレストランをチェーンストア化するにあたって，業務マニュアルの作成やスタッフの研修を行わないことにした。サービスを工業化・標準化することが不可能であることがその理由である。

問3-2　【リテールマーケティング（販売士）2級検定試験 模擬問題：『販売士』2023年6月号 小売業の類型】
　　正しいか誤っているか考えてください。
　　ボランタリーチェーンの加盟店は，基本的に中小規模の独立小売店であるため，本部ではフランチャイズチェーンのような画一的，かつ，標準的なチェーンオペレーション・システムの体制をとることが難しい。

問3-3　【リテールマーケティング（販売士）2級検定試験 模擬問題：『販売士』2023年12月号 小売業の類型】
　　空欄にあてはまる答えとして，最も適当なものを選択肢から選んでください。
　　フランチャイズ契約において，特にトラブルが生じやすい項目は，(1)販売予測，費用予測などと実績との差異，(2)加盟金の返還の有無，(3)　　　の算

定方法，などである。
  1．オープンアカウント　　2．テリトリー制
  3．ロイヤルティ　　　　　4．インセンティブ

 やってみよう

- チェーンストアが本部集権的な傾向になる理由を自分の言葉でまとめてみよう。
- フランチャイズチェーンで経営されているチェーンストアを調べてみよう。「えっ，これもフランチャイズ！」と驚きますよ。意外とたくさんあると思います。
- メガ・フランチャイジーというビジネスがあります。どのようなビジネスなのか，調べてみてください。

 参考文献

安土敏（1987）『日本スーパーマーケット原論』ぱるす出版。
懸田豊・住谷宏編著（2016）『現代の小売流通（第2版）』中央経済社。
原田英生・向山雅夫・渡辺達朗（2021）『ベーシック　流通と商業（第3版）』有斐閣。
日本コンサルタントグループ（2023）「スーパーマーケットにおける人事制度の構築と運用」『人事制度セミナー資料』。

 学びを深めたい人へ

安土敏（1987）『日本スーパーマーケット原論』ぱるす出版。
髙嶋克義・髙橋郁夫（2020）『小売経営論』有斐閣。
崔相鐵・岸本徹也編著（2018）『1からの流通システム』碩学舎。
清水信年・坂田隆文編著（2012）『1からのリテール・マネジメント』碩学舎。

小売マネジメント論の体系

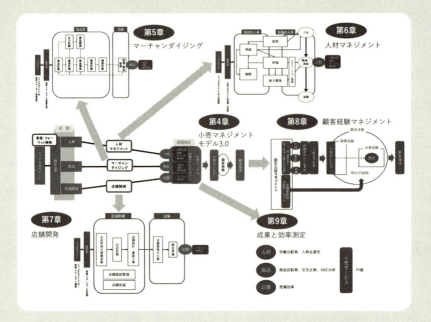

　第Ⅱ部は，本書の中核となる部分です。小売マネジメント論の全体像と小売マネジメント論を構成する4つの要素について説明しています。

　まず，第4章では，小売マネジメントモデルを構築します。トップマネジメントの構想が商品面，人材面，店舗面の機能に専門化され，それらが店舗段階で融合されることにより，トップマネジメントが構想した顧客価値を実現するモデルになっています。

　第5章では，商品面に着目したマーチャンダイジングについて説明します。本部での商品計画に始まり，店舗での売場づくりまでがどのようなプロセスとなっているのか学んでください。

　第6章は，人材面に焦点を当てた人材マネジメントです。採用から始まり，有能な人材に育て，モチベーションを高く持ちながら働くことができる仕組みづくりを学びます。

　第7章は，店舗面を取り上げた店舗開発です。店舗を出店して運営を軌道に乗せるまでを扱っています。

　第8章では，マーチャンダイジング，人材マネジメント，店舗開発が店舗オペレーションにより融合されて小売サービスとなり，それを顧客が体験することで顧客価値が実現する流れを説明します。

　第9章は，小売マネジメントの商品面，人材面，店舗面それぞれの成果を測定する財務等の指標についてまとめています。

Retail
Management

第4章 小売マネジメント論の体系

学習のポイント

▶小売業態論と小売マネジメント論の違いについて学びましょう。

▶小売業態，小売フォーマット，事業戦略の関係について理解しましょう。

▶小売フォーマットとチェーンストア組織の関係について理解しましょう。

▶小売マネジメントモデル3.0のトップマネジメントから顧客価値までの流れについて学びましょう。

キーワード

　顧客経験，顧客価値，小売フォーマット，アソートメント型，ローコスト型

1　小売業態論＋4つの視点＝小売マネジメント論

　第2章では，小売業をコンビニエンスストアや食品スーパーといった小売業態という大きなまとまりの視点で見てきましたが，本書では，個々の小売企業のマネジメントについて考えていくため，小売業態論に新たに4つの視点を付け加えていきます（**図表4-1**）。

　はじめに，4つの視点はそれぞれ「市場戦略」に関する視点，「組織構造」に関する視点の2つに分けられます。まず，市場戦略に関する視点から説明しましょう。1つ目の視点は，小売サービスを受け取る顧客がどのようにそれに対して価値を見出すのかという顧客価値です。顧客が商品を消費までを範囲に含めて考えることが，小売企業のマネジメントには大切になってきています。商品の価値は買うだけではわからず，使ってはじめてわかるものです（価値＝顧客が感じる便益／購入・消費に使ったコスト）。近年，顧客は，商品の質や価格といった**機能的価値**だけでなく，他の店舗では扱っていないような特別な商品や買い物の

図表 4-1　小売業態論＋4つの視点＝小売マネジメント論

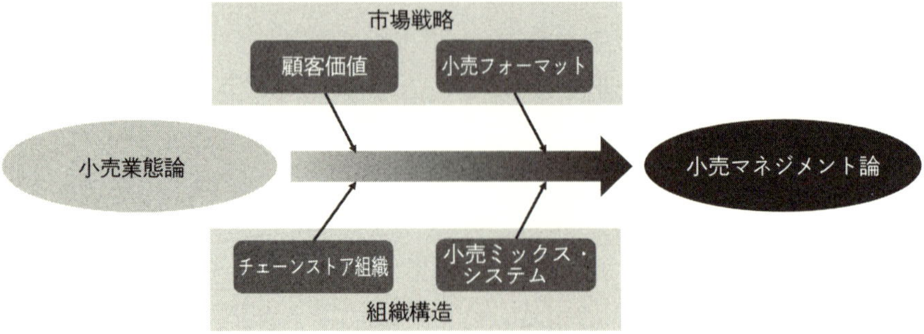

市場戦略

顧客価値　　小売フォーマット

小売業態論　　→　　小売マネジメント論

チェーンストア組織　　小売ミックス・システム

組織構造

出所：筆者作成。

楽しさなどの**情緒的価値**も求めるようになっていきているという理由もあります。

　2つ目の視点について説明します。小売業態では同じ食品スーパーでも，商品の価格の安さを訴求する店舗と売場の楽しさを訴求する店舗では，その組織やマネジメントの仕組みが違ってきます。そのため，小売業態をさらに細かく分けて見ていくことが必要になります。

　この小売業態より細かい分類で見る視点を，ここでは**小売フォーマット**と呼ぶことにします。たとえば，食品スーパーという小売業態の中に，価格訴求をする小売フォーマットや売場の楽しさを訴求する小売フォーマットがあるということになります。

　次に，組織構造に関する視点に移り，3つ目の視点について説明します。小売業態論は小売ミックスの一般的なパターンや，新たな小売業態の出現とその後の変化についての話が中心になっているため，マネジメントのレベルまで，つまり，店舗の背後の仕組みや組織については，少し説明されることはありましたが，体系的な理論としてほとんど説明されませんでした。この課題は，店舗の戦略を分類する小売フォーマットという概念を導入するだけでは解決することはできません。この課題を解決するためには，1つには，第3章で学んだチェーンストア論における店舗と本部の組織の問題を考える視点が必要になります。

　そして，最後の4つ目の視点は，**小売ミックス・システム**と名付けた，小売ミックスを生み出す仕組みです。小売ミックスの要素を組織の仕組みとしてどのように作り出し，その生み出された要素をどのように融合して小売サービスを生み出しているのかというものです。この視点が小売マネジメント論のバックボーンになります。

小売の輪の理論に代表される小売業態の革新論は，小売企業にとってのイノベーションの大切さを強調するものでした。もちろん，イノベーションも大切ですが，小売企業は店舗で日々顧客と接するビジネスをしているため，まずは，日々の店舗運営をいかに効果的かつ効率的に行い小売サービスを生み出していくのかという課題に向き合わないと，日々の買い物をしに店舗へ来てくれる顧客に価値を提供できなくなります。顧客の日々の買い物に向き合うことで，イノベーションの種を見つけることもできます。

2 顧客価値

2.1 小売マネジメントモデル1.0

顧客価値という1つ目の視点を取り入れることから始めていきます。

従来の小売業態論的な見方では，商品・サービスを提供する小売企業側からの見方だけとなり，顧客が商品・サービスにどのような価値を認識して，小売企業が顧客と共に価値をどのように創造していくのかという視点が論じられることはほとんどありませんでした。

図表4-2　小売マネジメントモデル1.0

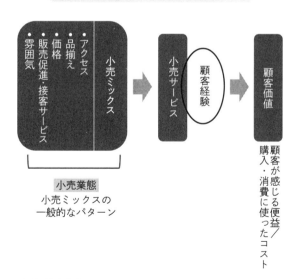

出所：筆者作成。

62 第Ⅱ部 小売マネジメント論の体系

　図表4-2のモデルは，図表2-3「小売マネジメントモデル0.0」（p.23）に，顧客経験と顧客価値の要素を組み込んだものになっています。

　小売ミックスの一般的なパターンとしての小売業態は，小売サービスを生み出しています。小売サービスから顧客が物質的・精神的に受けた（感じた）便益を，それを購入・消費に使ったコストで除したものが**顧客価値**と考えることができます。

　従来の小売業態論的な見方と異なる点は，小売企業が生み出す小売サービスを顧客がどのように意味づけるのかという，顧客の視点で小売企業が生み出すアウトプットである小売サービスを見ようとする点です。顧客の評価しだいとなるため，顧客価値を小売企業が直接コントロールすることは難しいことになります。ただし，全くコントロールができないということではありません。いかに顧客が価値を感じてくれるような小売サービスを生み出していくのかということが重要になります。

2.2　小売ミックス，小売サービス，顧客経験と顧客価値の関係

　図表4-3「**小売マネジメントの顧客価値モデル**」について説明をします。

　まず，小売ミックスの組み合わせにより，小売サービスが店舗で顧客に提供されます。第2章で，コンビニエンスストアを例にして説明をしました。コンビニエンスストアは，生活圏内にあり営業時間も長いために「アクセス」しやすく，「価格」は安くなく，「販売促進・接客サービス」はほとんどありません。店舗の「雰囲気」は清潔で明るい店内です。コンビニエンスストアは，このような「アクセス」「価格」「販売促進・接客サービス」「雰囲気」という小売ミックスの組み合わせを作り，顧客にすぐに必要な商品やサービスを買いやすく提供するという小売サービスを提供していると考えました。

　店舗で買い物をする顧客は，このような小売サービスの提供を受けて「**購買経験**」をします。みなさんは，コンビニエンスストアに入りいろいろな商品を見て，「あっ，こんな商品もあるんだ」とか，「この商品欲しいけど，今日は買うのをやめよう」「この商品は買っておこう」などと，売場に陳列されているさまざまな商品を見るという経験をしていますよね。それから，店舗の中の雰囲気や床がきれいだとか，照明が明るくていいということも。

　食品スーパーだと，最近は商品づくりをしている作業が顧客からも見えるようになっている店舗もあります。整然と綺麗に陳列された商品や落ち着いた色合いの店内で，みなさんは店舗の雰囲気を経験しています。さらに，店員が料理の提案をしていたり，商品の試食を提供していたりするところもあります。このよう

な店員とコミュニケーションをすることや，その販売のやり方を見るという経験もしていると思います。これらがすべて，店内での購買中の経験として「購買経験」になります。

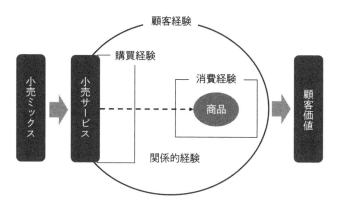

図表 4 - 3　小売マネジメントの顧客価値モデル

出所：筆者作成。

　店舗で買った商品は，途中で食べたり，自宅に持ち帰って商品を消費したりすると思います。これが，「**消費経験**」です。商品を食べて，「この商品とっても美味しい」というようなことは，みなさんが経験していることと思います。その時に，たとえば，店頭で「この商品はとてもおいしいですよ」と言われて買ったものであれば，消費するときに期待どおりの美味しさを考えて消費するのではないでしょうか。また，商品が綺麗に陳列されていた売場を思い出して，商品を消費したりすることもあるでしょう。売場で，ある商品とある商品を一緒に料理したら美味しいとの情報を得て，それらの商品を買って料理することもあるでしょう。つまり，消費経験は，商品を消費することから主に生まれますが，店舗の小売サービスによる購買経験が間接的に，この消費経験に影響を与えることもあると考えることができます。

　さらに，購買経験と消費経験以外に小売企業との接触による経験もあります。たとえば，買い物をしない時に店舗のイベント等に参加する場合が考えられます。このような購買経験でもなく消費経験でもないものは，ここでは「**関係的経験**」と呼ぶことにします。

　買い物をしていないときに，店舗の販促キャンペーンやイベントで小売企業のことを知る（関係的経験）と，その店舗で購入した商品を消費しているときにそ

のことが良いイメージとして頭に浮かび，その商品の消費（消費経験）も心地よいものになるかもしれません。また，販促キャンペーンを見て（関係的経験），買い物をしたい気分になり商品を購入する（購買経験）こともあるでしょう。

　このように，購買経験と消費経験と関係的経験は相互に影響を与えあっています。そして，購買経験，消費経験，関係的経験が「顧客経験」を構成するものと考えます。この顧客経験をそれらを得るために費やした金銭的，心理的なコストで割ると，顧客価値になります。同じような顧客経験であっても，それを経験するために大きな費用がかかった場合と，あまり費用がかからなかった場合は，後者のほうが顧客価値は高いものになると考えることができます[1]。

3 小売フォーマット

3.1　小売業態，小売フォーマット，小売企業の事業戦略

　次に，2つの目の視点である小売フォーマットの話に移ります。

　第2章で説明した小売業態とは，みなさんがよく知っているコンビニエンスストアや食品スーパーのような小売ミックスの一般的なパターンであると考えました。しかし，食品スーパーという同じ小売業態の中でも，簡素な店舗のつくりで商品を安く販売している店舗もあれば，おしゃれな雰囲気の内装で珍しい商品を少し高めで販売している店舗もあります。

図表4-4　小売業態，小売フォーマット，小売企業の事業戦略

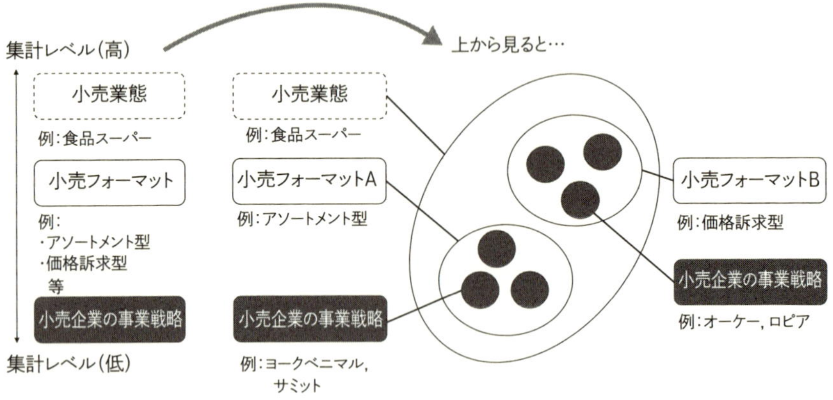

出所：筆者作成。

みなさんの普段の買い物では，食品スーパーとコンビニエンスストアといった小売業態の区別がつけば，目的の商品を買うことができたり，サービスを利用することができたりするので何の問題もないでしょう。しかし，小売マネジメントを考えるのであれば，小売業態の区別だけでなく，同じ小売業態の中でさらに分けて見る視点が必要になります。たとえば，価格訴求する食品スーパーと高級食材に特化した食品スーパーを，1つの食品スーパーという小売業態でまとめて考えることは適切ではありません。なぜならば，価格訴求する店舗とサービスを重視している店舗のマネジメントやチェーンストア組織は異なってくるからです。

 また，実際にも，小売業態内でのさまざまな小売フォーマットの競争は，以前にも増して激化しているという現実的な問題もあります。そのため，同じ小売業態であったとしても，他社と差別化された商品やサービスを提供していくことが大切になっています。

 このような理由から，1つの小売業態をさらに細かく分類して考えることが必要になります。そのとき，検討するものが，小売フォーマットです。**図表4-4**を見てください。集計レベルが一番高いものとして，小売業態があります。小売業態の下に，小売業態ほど集計レベルが高くないものとして，各社の事業戦略をパターン化した小売フォーマットがあります。さらに，小売フォーマットより下

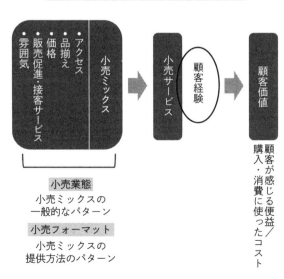

図表4-5　小売マネジメントモデル1.5

出所：筆者作成。

には，小売企業各社の事業戦略があると考えてください。

　小売企業の事業戦略で，たとえば，低価格訴求をする戦略を展開している企業群を小売フォーマットとして考えることができますし，サービスの提供に力を入れている企業群を別の小売フォーマットとして考えることができます。

　食品スーパーを例にして考えてみましょう。小売業態として，同じ日常の食材の買い物がしやすい小売サービスを提供していても，さらに細かく見ると，商品の価格の安さを全面的に訴求する食品スーパーもあれば，商品の価格は少し高いかもしれないけれども商品の種類も豊富で快適な買い物空間を提供している食品スーパーもあります。このような点を考慮したものが，「**小売マネジメントモデル1.5**」になります（**図表 4 - 5** ）。

3.2　事業戦略としての小売フォーマット

　小売企業の戦略には，全社戦略，事業戦略，機能別戦略，店舗戦略といった戦略の階層性があります。各々の戦略のレベルに応じて競争者や環境が異なってきます。この小売企業の戦略の階層のどこに小売フォーマットが位置づけられるのかについて整理をしておきましょう（**図表 4 - 6** ）。

　小売企業の全社レベルの戦略を企業戦略とか全社戦略と呼びます。たとえば，A社は，食品スーパーとドラッグストアを経営しているとしましょう。A社の全社戦略は，食品スーパーとドラッグストアをそれぞれ，または，一緒に出店することを考えたり，または，新たな小売業態を展開するかどうかを考えたりすることになります。

　事業レベルの戦略は事業戦略とか競争戦略と呼ばれ，A社の場合，食品スーパー事業やドラッグストア事業のレベルの話になります。たとえば，A社の食品スーパーとしては価格訴求型の小売フォーマットの戦略を展開していく，などということを考えます。ここでの小売フォーマットは，小売企業が展開する事業戦略（競争戦略）として位置づけることができます。

　もし，小売企業のB社のように，食品スーパー業態だけを運営しているのであれば，その小売企業の全社戦略と事業戦略は同じになります[2]。この事業戦略である小売フォーマットの下に，機能別戦略があり，商品戦略としてのマーチャンダイジングなどが当てはまります。さらにその下に，各機能別戦略が統合され顧客に小売サービスを提供する各店舗の店舗戦略があります。

図表4-6 小売マネジメントの戦略階層

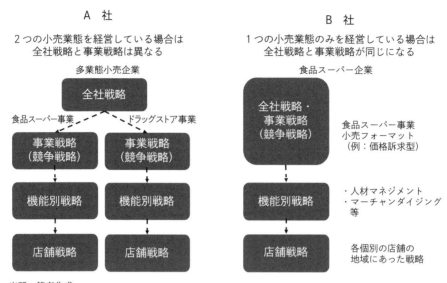

出所：筆者作成。

　ここまでの議論の内容を少しまとめて次の話につなげていきましょう。小売業態論に追加する市場戦略の視点として，顧客価値の視点と小売フォーマットの視点の2つを説明してきました。次からは，組織構造の視点について見ていきます。1つ目は，小売フォーマットとチェーンストア組織の関係について，2つ目は，小売ミックスの各要素を生み出す小売ミックス・システムについて話を進めていきます。

4　チェーンストア組織

4.1　小売フォーマットとチェーンストア組織

　第2章の業態盛衰のモデルの枠組みを使って，**図表4-7**のように小売フォーマットを大きく2つに分けて，それぞれの組織との関係性について考えてみたいと思います（**図表4-8**）。
　価格訴求型の小売フォーマットは，商品価格は安く，営業費用を抑え，サービス品質を抑えて品揃えは絞り込んでいます。店舗の運営コストを抑制するために低サービスの店舗運営を重視します。このような場合には，標準化された店舗を本部で中央統制する方法を通じてコスト削減が図られる傾向にあります。

ローコストオペレーションを追及するためには、権限の集中と中央統制による標準化されたオペレーションが必要となります。このようなチェーンストア組織の中で従業員への権限移譲はあまり行われず、ルーティン化された業務の遂行が重要になります。顧客に提案される価値は、商品の価格の安さであり、顧客がいかにお得感を感じることができるかということが大切になります[3]。

図表4-7　2つの小売フォーマット

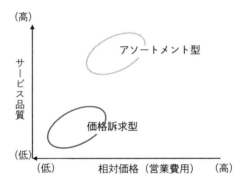

出所：筆者作成。

一方、商品の品揃えを広くして、独自商品の強化を行ったり、顧客対応を重視したりすることを通じて買い物の楽しさを演出するような売場の雰囲気づくりをしている店舗もあります。ここでは、この小売フォーマットに**アソートメント型**と名付けます。そのような店舗を展開するチェーンストア組織では、店頭で従業員が顧客に対して臨機応変に対応する必要があるため、本部でさまざま標準化を図りながらも、店舗に対してある程度の権限移譲を行うため、店舗主導の傾向が高まります。この小売フォーマットが顧客に提案する顧客価値は、売場での楽しさであったり、実際に商品を消費する食事の場面での提案だったりします。

ここまでの議論の流れを再度確認しておきましょう。小売フォーマットが異なると、チェーンストア組織の体制が異なることがわかりました。これで、戦略である小売フォーマットとチェーンストア組織の関係性が明らかになりました[4]。

次は、いよいよ最後の4つ目の視点、小売ミックス・システムについて考えていきたいと思います。

図表 4-8 小売フォーマットとチェーンストア組織

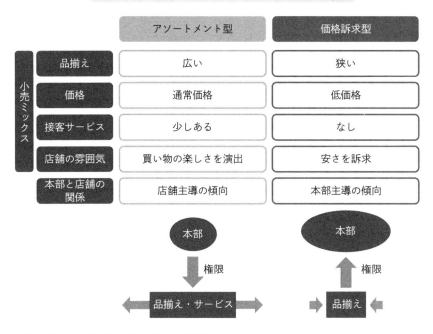

出所：東ほか編（2022）p.235を修正して筆者作成。

5 小売ミックス・システムと小売マネジメントモデル

5.1 小売ミックスの3要素と店舗オペレーション

　小売ミックスの要素は,「アクセス」「品揃え」「価格」「販売促進・接客サービス」「雰囲気」から構成されていると考えてきました。これらを,「商品」「人材」「店舗」の3つの要素にまとめて小売ミックス・システムとして整理します。

　「商品」には品揃えと価格と販売促進,「人材」は販売促進と接客サービスと雰囲気,「店舗」はアクセスと雰囲気というように分けることができます。販売促進の要素は,商品と人材のどちらにも分類され,雰囲気も人材と店舗のどちらにも入ります。この小売ミックス・システムの商品,人材,店舗という3要素が,店舗施設という物理的な空間の中で,店舗オペレーションによって結びつけられて小売サービスが生み出され,それが顧客に提供されることで,顧客経験を顧客と共に創造していると考えます。これが,「**小売マネジメントモデル2.0**」になります（**図表 4-9**）。

70　第Ⅱ部　小売マネジメント論の体系

図表4−9　小売マネジメントモデル2.0

人材
・販売促進
・接客サービス
・雰囲気

商品
・品揃え
・価格
・販売促進

店舗
・アクセス
・雰囲気

店舗オペレーション

小売ミックス

小売サービス

顧客経験

顧客価値

顧客が感じる便益／購入・消費に使ったコスト

小売業態
小売ミックスの一般的なパターン

小売フォーマット
小売ミックスの提供方法のパターン

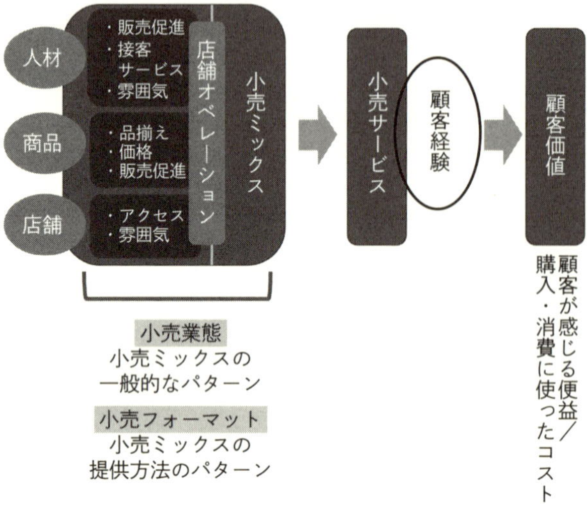

出所：筆者作成。

5.2　小売マネジメントモデル

　図表4−10は，「小売マネジメントモデル2.0」（**図表4−9**）に，小売ミックスの３要素を生み出すトップマネジメントと本部機能を加えて完成させた「**小売マネジメントモデル3.0**」です。小売サービスによって影響を受ける顧客経験が顧客価値になっていくプロセスについては，「**小売マネジメントの顧客価値モデル**」（**図表4−3**）（p.63）で詳しく説明したので，ここでは，小売サービスがトップマネジメントの構想からどのように生み出されることになるのか，説明していきます。

　店舗オペレーションが，小売ミックスの３要素を統合して小売サービスを生み出します。店舗オペレーション自体は，「商品」「人材」「店舗」の３要素を生み出すものではありません。生み出された「商品」「人材」「店舗」の３要素を融合して小売サービスを日々生み出していきます。

　小売ミックスの３要素である，「商品」はマーチャンダイジング，「人材」は人材マネジメント，そして「店舗」は店舗開発が作り出します。これらそれぞれは，第３章で見てきたように，「商品」は主に商品本部，「人材」は主に人事部，「店舗」は主に店舗開発部によって担当されています。

トップマネジメントが構想する小売サービスを実現するには，これら３つを統合した構想や企画，開発が必要になります。これが「**業態・小売フォーマット開発**」になります。この機能を担うのは，トップマネジメントと経営企画部になります。トップマネジメントが構想・企画する新たな業態・小売フォーマットを具体的に実現する企画を立案し組織として実行できるようにしていくのが，経営企画部の仕事になります。

理解を深めるために，今度は，顧客側からではなく，企業側の視点から整理してみましょう。まず，トップマネジメントが，わが社の店舗ではこのような顧客価値を顧客に提供したいと新たな小売業態・小売フォーマットを構想します。その構想を経営企画部が，具体的な事業としてできるように，それを実現するプロセスである経営計画を立案します。その経営計画をもとに，本部の商品本部，人事部，店舗開発部の各専門の部門にいったん分けて分担させ，それぞれで専門的に取り組み，再び店舗段階で「商品」「人材」「店舗」が店舗オペレーションによって不測の事態に対応しながら融合されてトップマネジメントが構想する小売サービスが生み出されることになります。

図表 4-10　小売マネジメントモデル3.0

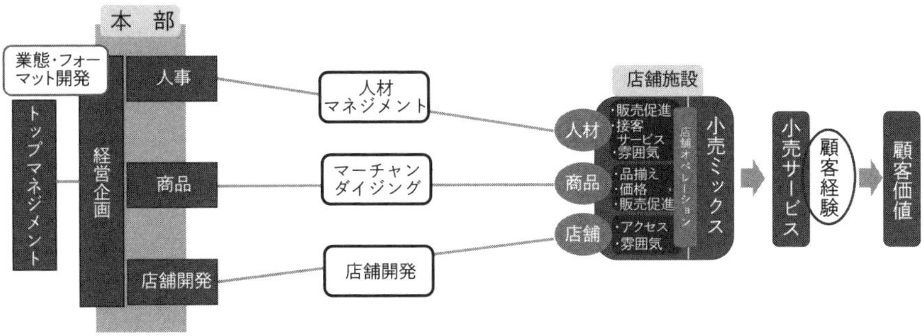

出所：筆者作成。

小売マネジメントは，トップマネジメントが構想する顧客価値を実現するために，長期的な計画の下，「人材」と「商品」と「店舗」を個別に深く掘り下げた後，それを日々の運営を確実に進める店舗という場で融合することで小売サービスを生み出すと同時に，このプロセスに関わる働く人々がいきいきと行動することで成果が上がるようにすることであると考えます。

トップマネジメントの長期的な思考が，本部レベルの中期的な思考となり，店

舗レベルの日々の超短期思考へと，だんだんと店舗に近づくほど，物事を考え実行する時間軸が短くなっていく特徴があります。

5.3　小売マネジメントの要素と組織図

(1)　トップマネジメント：業態・フォーマット開発構想

　トップマネジメントは，どのような顧客価値を顧客に提供していこうとするのかについて「**業態・フォーマット開発**」の構想を考えます。小売マネジメントは，このトップマネジメントがイメージする構想を実現するシステムであると考えることができます。トップマネジメントの商いに対する思想が可視化され具現化されたものが店舗の業態・フォーマットになります。

　この業態・フォーマットが，たとえば，アソートメント型なのか価格訴求型なのかという小売フォーマットの違いにより，チェーンストア組織の特性が異なってきます（第3章で説明しています）。

　業態・フォーマットの構想は，第3章の**図表3‒6**（p.50）の組織図では，トップマネジメントの中心人物である社長の仕事になります。

(2)　経営企画：業態・フォーマット開発企画

　トップマネジメントの構想を，どのようにして実現していくのかということを企画し実施に向けて活動するのが，この経営企画です。実現するために必要な商品は何か。トップマネジメントが構想する店舗はどのようなものか。これらを実現するための人材像はどのようなものか。全体を構想し，それを本部の各専門の部署が取り組むことができる課題に落とし込んでいきます。

　第3章の**図表3‒6**の組織図では，本部の経営企画部の仕事になります。

(3)　商品：マーチャンダイジング

　業態・フォーマット開発の企画を実現するための商品に関する，売場・商品開発の仕事を通じて，小売ミックスの「品揃え」「価格」「販売促進」といった商品に関わる要素を作り出します。第5章「マーチャンダイジング」で詳しく説明します。

　第3章の**図表3‒6**の組織図では，本部の商品本部の仕事になります。

(4)　人事：人材マネジメント

　業態・フォーマット開発の企画を実現するための人材に関して，人材開発を通じて，小売ミックスの「販売促進」「接客サービス」「雰囲気」といった人材に関

わる要素を作り出します。これまでの小売経営に関するテキストでは，ほとんど触れられなかった内容です。

　第6章「人材マネジメント」で詳しく説明します。第3章の**図表3-6**の組織図では，本部の管理本部の中にある人事部の仕事になります。

(5)　店舗開発：店舗開発

　業態・フォーマット開発の企画を実現するための店舗に関して，店舗開発の仕事を通じて，小売ミックスの「アクセス」「雰囲気」といった店舗に関わる要素を作り出します。店舗の出店戦略と考えることもできます。どのようなところに店舗を出店していくのかを考えたり，出店する店舗コンセプトや店舗設備について考えたりします。

　第7章「店舗開発」で詳しく説明します。第3章の**図表3-6**の組織図では，本部の管理本部の中にある店舗開発部の仕事になります。

(6)　店舗：店舗オペレーション（店舗運営）

　小売ミックスの「商品」「人材」「店舗」の3つの要素を融合して小売サービスを作り出すものが，**店舗オペレーション**です。小売ミックスの要素が店舗段階で揃ったとしても，それらが存在するだけでは小売サービスにはなりません。3つの要素を融合する店舗オペレーションにより，小売サービスを実現することができます。

　小売サービスを実現するために，どのような人が（正社員かパートタイマーか，自ら判断することが多い従業員かそうでない従業員か等），どのような商品を，店舗のどこで作業して，どこの売場にどのように陳列し，商品の管理をしていくのかということを計画し実行していきます。

　常に市場環境や組織内部からも影響を受けながらも，一定の小売サービスを生み出すように，状況に応じて柔軟に対応していくことが店舗オペレーションには求められます。

　第8章「顧客経験マネジメントと店舗オペレーション」で詳しく説明します。第3章の**図表3-6**の組織図では，店長を主軸にした店舗の仕事になります。

6　小売企業の社会貢献

　以下に説明する**社会貢献**とは，小売企業が長期的に存続していくために，短期的にはマネジメントにマイナスの影響を与えるかもしれませんが，長期的に考え

74　第Ⅱ部　小売マネジメント論の体系

図表4-11　小売マネジメントの社会貢献モデル

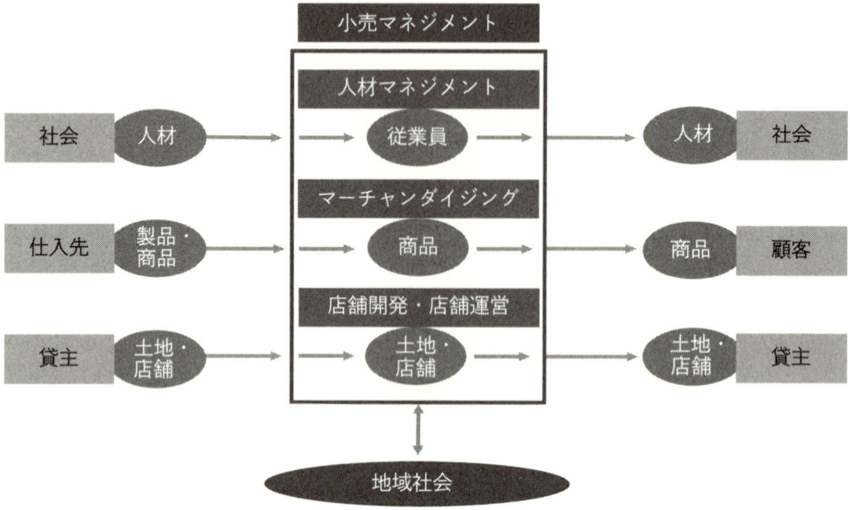

小売マネジメント

人材マネジメント

社会　人材　→　従業員　→　人材　社会

マーチャンダイジング

仕入先　製品・商品　→　商品　→　商品　顧客

店舗開発・店舗運営

貸主　土地・店舗　→　土地・店舗　→　土地・店舗　貸主

地域社会

出所：筆者作成。

るとプラスの効果を得られる可能性を期待した経営行動と考えています。

　小売企業は，人材，商品，土地・店舗といった資源を社会から借り受けて利益を獲得する事業を営んでいます。そのため，小売企業には，人材，商品，土地・店舗を利用している期間に借り受けている先等に対して責任が生じます。

　社会の資源をいったん預かって使わせていただいて利益をあげさせてもらっているという考えが根底にあれば，おのずと，人材，商品，土地・店舗に対する見方は，社会的な責任を意識したものになるでしょう。小売企業がそれらを所有しているときも，いずれは自社のものではなくなり，社会に戻すものだという意識です。

　小売企業のトップマネジメントは，人材，商品，土地・店舗を社会から借り，一時的に小売企業でそれらを所有して，効率的に有効な顧客価値を提供し，利益をあげることができる仕組みを作っていかなければなりません。

　小売企業を経営するためには，働いてくれる人材を雇うことになります。しかし，企業の勝手にどのような働かせ方をしてもいいというわけではありません。労働者は社会からの借り物で，いずれは企業をやめて転職か退職することで社会に戻ることになります。その間，小売企業で労働者の能力を十分発揮してもらえるようにすることが企業としての責任になります。

労働者にとって働きがいのある職場を作り，転職することも考え他の企業でも通用するような能力を開発することや，退職者に対しては，退職後の人生を有意義に送ることができるようなキャリア教育も必要になるでしょう。

商品をメーカーや卸売業者から仕入れ，それが顧客が望むような商品かどうかを見極める必要があります。

この仕入れて再販売する機能は，すでに説明したとおり，小売業の本質的な機能でもあります。小売企業は，収益を得るために商品を仕入れて販売していますが，それは，商品を媒介して利益をあげているということ，すなわち，社会から商品をいったん借りて，それを顧客に販売することで利益を得ているということです。

土地と店舗は，自社で所有するのではなく，借りて使う場合が多いでしょう。社会から営業できる場所を借りて，利益をあげさせてもらい，いずれは社会にお返しするという考え方です。店舗は，地域社会の中に位置づけられることになるため，店舗も地域社会のその土地を使わせてもらっているという意識です。店舗の周りの住民に迷惑をかけることがないように運営することは当然のことでしょう。

また，地域の文化の伝承や発展に貢献すること，食品スーパーであれば，地域の伝統的な食材や菓子などの販路として店舗の売場を提供することもあるでしょう。

その地域社会のインフラとして認識してもらえるような取組みも必要になってきます。日常的には，人が買い物で集う場所として，コミュニティや文化施設の役割が期待されるでしょうし，災害時には，地域社会のインフラとして商品の供給基地の役割や避難場所等の役割を果たすことが大いに期待されるところです。

また，店舗の採算が合わなくなり撤退の必要性が出てきても，地域社会から求められるのであれば，地域社会に対してきちんとした説明をする責任を果たすことが必要であり，できる限り安易な撤退は避けるべきでしょう。

コラム　アクシアル リテイリングの TQM

本章の小売マネジメントモデルでは，トップマネジメントの構想が，「人材」「商品」「店舗」といった小売ミックスに分けられ，各専門部署で業務が進められ，店舗段階で店舗オペレーションにより統合されることで小売サービスとして具現化され，顧客に提供される流れを見てきました。

この小売マネジメントの全体の仕組みを強化する取組みが，TQMであるといえます。TQMとは，Total Quality Managementの略で，日本語では，全社的品質管理と呼ばれています。この品質とは，小売企業の場合は商品やサービスの質がまずは思い浮かぶと思いますが，それだけではなく商品やサービスを生み出す経営の質，つまり，全社的なマネジメントの質も対象になります。

　小売業界でこのTQMの体制が一番優れているのが，数々の表彰を受け，2020年には小売業で初の品質改善賞（日本科学技術連盟）に輝いた新潟県長岡市に本部を構えるアクシアル リテイリング株式会社です。同社は，新潟県と群馬県を中心に原信，ナルス，フレッセイの店舗名で129店舗（2023年3月31日現在）の食品スーパーを展開しています。

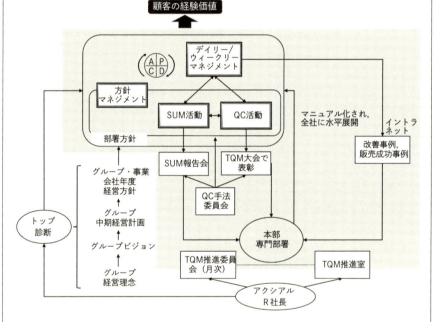

図表4-12　アクシアル リテイリングのTQM体制

出所：岸本（2022）。

　同社では，顧客の経験価値を向上させるべく「お客様満足の実現」を目的にTQMを経営の根幹に据えています（図表4-12）。TQMは改善活動を経営の根幹に据えるという経営理念の実現のために，全員がそれぞれの立場に応じて，よりよい仕事を継続的に行うための仕組みです。経営理念を実現させるため，

社長から明示されたビジョンの下，中期経営計画，さらに単年度の経営方針へと落とし込まれ，店舗レベルの部署方針が作られます。その店舗の部署方針を受けるかたちで，店舗には社長方針の実現を目指す活動として「方針マネジメント」があります。方針マネジメントは，QC手法などを使って改善に取り組む「QCサークル活動」や「SUM（サム：店長やバイヤーなどの専門担当による改善活動で，同社独自の呼称）」によって実現への取組みが行われています。部門単位のQCサークル活動は，毎週1回30分の会合を開き，QC手法を活用しながら年間4件のテーマを完結させています。

　TQM推進室の下，改善活動の成果は年4回の発表大会やSUM報告会で発表されています。また，QCサークル活動では取り上げられないようなアイデアや個人レベルのアイデア，さらに，売場での成功事例などをイントラネットで集め，社内で水平展開できるような仕組みを作っています。社長は「トップ診断」として，毎週店舗を巡回し，社長の出した方針の実現度合いや方針が現場の実情に合っていたのかについてチェックしています。

　以上のように，改善活動を経営システムの中に埋め込み，日常の活動との連携が図られていることが理解できると思います。日常の仕事と改善活動を別にしている企業が多い中で大変珍しい事例です。また，TQMの中核となるQCサークル活動は，現場の従業員任せにするのではなく，店長も自ら取り組む改善活動であるSUMによって，店舗全体で改善に取り組むという風土を醸成することができています。

　アクシアル リテイリングは，本部において全社的な強力な体制を構築すると同時に，店舗の現場が自主的に活動しやすいように権限移譲を進めています。実は，このようなTQM体制の在り方は，アソートメント型の小売フォーマットを展開する個店経営のチェーンストアにとっては，とても親和性の高いものとなっています（岸本　2022）。

●注

1　購買前・購買・購買後のように時系列で顧客経験を捉える枠組みもありますが，このモデルは，購買頻度がそれほど高くなく，1つまたは少数の商品を購買する時にある程度の意思決定を必要とする買回品や専門品に合っているでしょう。「小売マネジメントの顧客価値モデル」は，購買頻度が高く，商品に対する関心が低く，商品の値段が安い，購買点数が多い等の食品の購買行動の特性を考えて，日常のさまざまな経験のちょっとしたことに購買が影響を受けるものと考えています。

2　本書では，食品スーパー業態だけを運営している小売企業について考えていきますので，全社戦略と事業戦略を，同じものとして説明していきます。

3　価格訴求型の食品スーパーのイメージがわかないようであれば，第7章のコラム「**日本型**

HDを開発・展開するビッグ・エー」（p.131）を読んでみてください。
4 アソートメント型と価格訴求型の戦略を戦略論の理論として考えると，ポーター（1995）の差別化戦略とコストリーダーシップ戦略にそれぞれ該当するものになります。戦略と組織の関係については，ダフト（2002）のp.38を参照してください。

 やってみよう

- 図表4-10「小売マネジメントモデル3.0」のトップマネジメント，本部の経営企画，人事，商品，店舗開発は，図表3-6「コーポレートチェーン（食品スーパー）の組織図」では，どこに該当しているのか，確認してみよう。
- 小売企業の社会貢献活動について調べてみよう。

 参考文献

東伸一・三村優美子・懸田豊・金雲鎬・横山斉理編（2022）『流通と商業データブック―理論と現象から考える』有斐閣。
岸本徹也（2013）『食品スーパーの店舗オペレーション・システム』白桃書房。
岸本徹也（2022）「食品スーパーにおける改善活動」『日本産業経済研究』第22巻，pp.58-68。
髙嶋克義・髙橋郁夫（2020）『小売経営論』有斐閣。
宮副謙司・須田敏子・細田高道・澤田直宏（2013）『流通業のためのMBA入門』ダイヤモンド社。
リチャードL.ダフト著／髙木晴夫訳（2002）『組織の経営学―戦略と意思決定を支える』ダイヤモンド社。
M.E.ポーター著／土岐坤・中辻萬治・服部照夫訳（1995）『[新訂] 競争の戦略』ダイヤモンド社。

学びを深めたい人へ

髙嶋克義・髙橋郁夫（2020）『小売経営論』有斐閣。
宮副謙司・須田敏子・細田高道・澤田直宏（2013）『流通業のためのMBA入門』ダイヤモンド社。

第**5**章 マーチャンダイジング

○ Retail Management

学習のポイント
▶マーチャンダイジングの全体的な流れについて学びましょう。
▶商品構成の階層構造について理解しましょう。
▶マージンミックス（相乗積管理）の考え方を学びましょう。

キーワード
マーチャンダイジング，商品カテゴリー，マージンミックス，EDLP，
ハイアンドロー

1 マーチャンダイジングとは

1.1 食品スーパーのマーチャンダイジングを考えるうえで
　マーチャンダイジングは，小売ミックスの「商品」の要素を生み出すもので，
顧客価値を実現させるために品揃えを計画，実行，管理することです。つまり，
小売企業が商品を仕入れて，顧客に販売していくその一連の活動と考えてくださ
い。
　マーチャンダイジングを見ていく前に，食品スーパーでの買い物の仕方につい
て少し考えてみましょう。同じ食品を買う場合でも，コンビニエンスストアと食
品スーパーでは買い方が少し異なるのではないでしょうか。コンビニエンススト
アは，商品を買いたくなった時やちょっとした気晴らしに店舗に立ち寄るのでは
ないかと思うのですが，食品スーパーの場合は，日常的に食材を調達する場のよ
うなところがあり，どちらかというと義務的な買い物になりがちでしょう。した
がって，義務的な買い物であるため，なるべく効率よく買い物ができるようにと，
買い方もルーティン化されていて，店内で見る商品も限られているでしょう。食

品スーパーには，1万品目を超える商品が置かれていますが，いくつぐらいの商品を見ているでしょうか。

　食品スーパーで一度に買われる商品の数は平均10個ぐらいです。食品は1品当たりの値段が高くないことから，購買点数もファッション商品と比較して多いようです。そのため，追加で1品多く買ってもらいやすいのは食品でしょうから，ついでに買ってもらえるような品揃えや売場づくりが大切になります。義務的な買い物の中にも楽しさのような要素を提供できる売場であれば，顧客の買い物パターンを変化させて，いつもと異なる商品にも関心を持ってもらえるのではないでしょうか[1]。

1.2　マーチャンダイジングの流れ

　マーチャンダイジング全体の流れをここで確認しておきましょう（**図表5-1**）。本部の商品部において，店舗で取り扱う商品全体の販売をどのようにしていくのかについての中長期的（3年〜5年程度）な「商品計画」が考えられます。商品計画では，トップマネジメントや経営企画部の業態・フォーマット戦略（全社戦

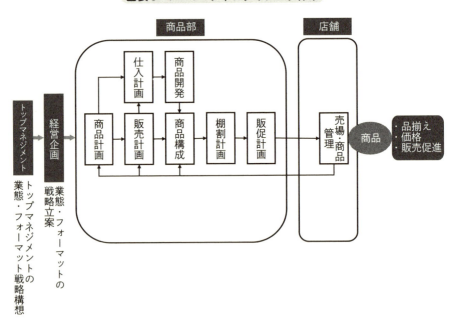

図表5-1　マーチャンダイジング体系

出所：筆者作成。

略や事業戦略）の方向性や市場環境分析から，中長期的に，主要な顧客層に適合するような商品構成について考えます。また，中長期的に，経済動向や消費者の購買行動の動向を予測し，求められる商品の構成も考えることになります。

その商品計画を受けて，年度単位の「販売計画」が考えられます。今年度の販売計画のテーマや販売活動で重視する点などを決定し，それを，1年間の52週に分けて，それぞれの週で，どのような商品を，どのように販売していくのかという活動計画に落とし込んでいきます。

商品計画と販売計画の方針を受け，方針に合うような商品を品揃えするために，「仕入計画」を立てます。商品はいろいろな仕入先が取り扱っていて，その仕入先にはさまざまなタイプがあります。商品に関する情報を多く持ち，価格も安くしてくれる仕入先もあれば，商品の販売方法の企画が優れていてさまざまな種類の商品を取り扱っている仕入先もあるでしょう。

基本的には仕入先から商品を仕入れて販売しますが，商品計画や販売計画の方針を実現するためには仕入先からの商品だけで難しいようであれば，「商品開発」でPBを開発していくことになります。

次に，売場でどのような品揃えにして価格をどのようにするのかということを決める「商品構成」を考えることになります。各商品ライン，商品クラスで，どのような品揃えの広さや深さにして，どのような価格を設定していくかを策定します。

「棚割計画」では，売場での具体的な商品の陳列方法を決めます。「販促計画」では，月単位の販売の方針や目標数値が決められます。

「売場・商品管理」では，販促計画に基づき，各店舗の状況を考慮したうえで，実際の売場を作ります。一度，商品を並べて，それで終わりではありません。顧客が商品を買っていくと，商品が減ります。また，陳列が崩れてくることもあります。そのような売場でみなさんは買いたくないですよね。一度，作った売場の状態を常に維持できるようにすることがとても大切なのです。実際に販売してみて，その状況を数値等で把握して，次の売場づくりにいかしたり，さらに，情報をまとめて来年度の商品計画にいかしたりすることになります。

2 商品計画

「**商品計画**」では，自社の業態・フォーマット戦略（企業戦略や事業戦略）の方向性や市場環境分析から，中長期的（3年〜5年）に，主要な顧客層に適合するような商品部門の商品構成について考えます。自社が顧客に提供したい顧客価

値や社会への貢献を考え，顧客の生活や買い物を支援するためには，どのような商品部門が必要か，さらに，それぞれの商品部門が目指すことも考えながら，商品部門の全体像の構想を練っていきます。業態・フォーマット戦略を実現するために必要な商品力や販売力を強化していく長期的な計画も同時に進めていくことになります。

業界以外のところで起こり，自社が影響を与えることができないような経済動向，社会構造・制度変化などのマクロ環境については，経済財政白書，国民生活基礎調査，食育白書，家計調査や民間の調査機関の資料等の外部情報を参考にして，PEST 分析[2] などを用いて整理することも有効です。

自社の業態・フォーマット戦略に直接影響を与えるミクロ環境（タスク環境，直接環境ともいわれます）については，3C分析（Competitor：競合企業，Company：自社，Customer：顧客）などを用いて競合企業の動きを理解し，相対的な位置関係を把握することが必要となります。自社分析としては，戦略に基づく具体的な今後の活動や過去の目標に対してどうだったのかを分析します。顧客分析に関しては，消費者の生活意識や購買行動がこの先どのように変化しそうなのかを分析します。

3　販売計画

「**販売計画**」は，小売企業によっては年間の商品計画や販促計画という名称で呼ばれることもあります。

まず，昨年度の売上高や粗利益高，1日の平均的な売上高や客数と客単価等の実績を，部門別，曜日別，月別等で確認し，全般の状況を振り返りながら考察を加えていきます。

その考察を踏まえて，外部情報や内部情報の収集を行います。外部情報とは，政府関係や民間の調査会社の各種統計データであったり，ネット上の情報や仕入先のメーカー，卸売業から得た業界動向，新製品や**売れ筋商品**[3] に関する情報，さらに競合店調査なども有用な情報になります。食品スーパーの場合だと，社会的な行事やイベント，年間の歳事によって，消費者の生活態度や食品の購買行動が変化するため，その変化を捉えて整理することも大切になります。

一方，内部情報とは，社内に蓄積されている，POSデータ，社内モニター，お客様の声などのことです。過去の販売動向にはなりますが，POSデータからは，どのような商品がいつ，いくつ，いくらで売れたのかがわかります。また，どのような商品とどのような商品が一緒に購買される傾向にあるのかを分析すること

もできます。このような POS データの分析結果を店舗間で比較することにより，立地や商圏の違いによる販売動向をつかむことができます。

　POS データのような量的なデータだけでなく，店頭での顧客の声は大変貴重なものになります。このような質的なデータをも含めて，取扱商品を決めたり，商品開発にいかしたりすることもできます。

　以上のような情報収集と分析から，本年度の政治，経済，社会，技術環境の状況について展望し，本年度の目標とする売上高や粗利益高等の数値目標やテーマを掲げて，それを達成するための売場づくり，価格政策，販促等の考え方および方針，そして，開催予定のイベントやコンテスト，広告・チラシ等の計画を固めて「販売計画」を策定します。

4 仕入計画

4.1 仕入れ商品と仕入先の管理と関係づくり

　商品計画や販売計画の内容を受けて，必要な商品を仕入れる計画を立てていきます。特に，主力商品（売上高や粗利益高に貢献する商品），特売商品（販促の対象になる商品），新規商品（新たに導入する商品）などは，しっかりとした**仕入計画**を立てておくことが肝要です。

　仕入先にはさまざまなタイプがあります。商品に関する情報を多く持ち，価格も安くしてくれる仕入先や商品の販売方法の企画が優れていてさまざまな種類の商品を取り扱っている仕入先もあるでしょう。

　仕入先を選定するポイントとしては，仕入先が倒産しては困るので，財務力があるかどうか，商品力や品揃え能力が強いかどうか，営業担当者の商品提案が優れているかどうか，注文した商品の期日を確実に守ってくれる物流力があるかどうか，商品を安くしてくれるかどうか，等々あると思います。

　このようないろいろなタイプの仕入先の中から，自社の戦略に適合する仕入先や商品計画や販売計画の方針に合致するような商品を供給できる仕入先を選ぶ必要があります。たとえば，低価格を特に訴求することを何よりも大切に考えている小売企業であれば，注文どおりの商品が確実に期日に届けることができない仕入先でも，とにかく商品の仕入れが安くできれば，その仕入先を使うこともあるでしょう。

　第 1 章で，小売業者は消費者の**購買代理**の機能を担っていると書きました。消費者に安全で安心してもらえる商品を仕入れることが小売業者の役割であり社会的な責任でもあります。したがって，産地や原材料の偽装，消費・賞味期限の偽

84　第Ⅱ部　小売マネジメント論の体系

装などを防ぐためにも，時には商品の仕入先の製造工程，衛生・品質管理体制の
チェックも必要となるでしょう。

　また，小売業者は仕入先に対しては商品を購入する側なので，どうしても優越
的な立場になりやすいことを肝に銘じて，良好な関係構築を心がけることが大切
です。ITとかDXとか言われている世の中ですが，やはり仕入先との信頼関係
づくりは今でもとても大切なものです。仕入先の人に仕事で困った時に助けても
らうこともあるでしょう。

4.2　仕入の種類

　仕入には，**図表5-2**のようにいくつかの種類があります。食品スーパーの場
合，ほとんどの商品が**完全買取仕入**となります。そして，本部の集中仕入がほと
んどです。第3章でチェーンストアについて説明したときに，本部で集中的に大
量に仕入れることで，バイイング・パワーを発揮できると書きました。ただし，
店舗で地場野菜を仕入れたり，地域に合わせるために店舗独自の商品を仕入れた
りしている企業もあります。

　完全買取仕入で仕入れた商品は，仕入企業，つまり，本書の場合は食品スー
パーが在庫や商品の保管を行います。みなさんも，自分が買った商品は，自分で
商品の数を管理し，きちんと保管すると思いますが，これと同じです。

　他の仕入の種類についても簡単に説明しておきます。**消化仕入**は，小売業者が
仕入先企業から商品を引き取った後も商品の所有権を持ちませんし，その商品の
在庫の管理も仕入先企業が行います。さらに，商品を仕入先から引き取った仕入
企業の小売業者は，その商品の保管の責任も持ちません。ところが，その商品が
売れたときに，一気に売れた分だけを仕入れて販売したことになる方式です。

　委託仕入は，メーカーや卸売業者が小売業者に商品を預け（委託して），販売

図表5-2　仕入の種類

区分	仕入の内容	在庫・管理責任
完全買取仕入	● 仕入れた時点で在庫・保管は仕入れた企業の責任 ● 返品できない仕入れ方法	在庫：仕入企業 保管：仕入企業
消化仕入	● 売場で売れた商品のみ仕入が発生 ● 在庫・保管の責任は仕入先企業	在庫：仕入先企業 保管：仕入先企業
委託仕入	● 在庫責任は仕入先，保管責任は仕入企業	在庫：仕入先企業 保管：仕入企業

出所：一般社団法人全国スーパーマーケット協会（2021）p.187を一部修正して筆者作成。

するように依頼します。商品の在庫の管理は仕入先の責任ですが，その商品の保管の責任は，仕入れた企業の小売業者にあります。小売業がその商品を販売したときに，その販売活動の手数料を仕入先企業が仕入企業の小売業に支払うという方式です。

5　商品開発

　商品計画や販売計画に基づいて，商品構成について考えます。基本的には仕入先から商品を仕入れて販売していますが，仕入れている商品だけでは実現できない顧客の価値を実現するために，自ら商品の開発に乗り出すこともあります。

　商品開発では，流通業者（小売業者，卸売業者）が自ら商品の企画をし，ブランド名をつけ，生産は多くの場合，製造業者に委託します。このような商品を**プライベート・ブランド（PB）**といいます。製造業者（メーカー）が作っている製品は，**ナショナル・ブランド（NB）**といいます。

　小売業がPBを開発する狙いは大きくは3つあると考えられます。1つは，NBよりも値段が安いPBを作り，価格訴求をしたい場合です。通常PBは，メーカーが行っているような広告費を大量にかける必要がありません。また，価格訴求を狙うPBは，すでにメーカーが販売していて売れている商品が対象になります。したがって，改めて費用かけて市場調査等をする必要がありません。NBよりも低価格でPBを販売しても儲かる理屈はここにあります。これが2つ目の理由となる収益の確保です。NBよりもPBを売ったほうが利益を得ることができるということです。

　3つ目は，他店舗との差別化や新たな顧客価値を提供できる点です。これは，メーカーのNBにはないような商品を開発することで，自店舗だけで扱うことになるために，他店舗との差別化をすることができます。

　小売企業にとって，PBの開発は，メーカーの製品開発と異なり，顧客と店舗で日々接することができるという小売業ならではの特性をいかしたものにすることが大切になるでしょう。PBの具体的な開発の方法は，第11章「PB戦略」で詳しく解説しています。

6　商品構成

6.1　商品構成とは

　販売計画の方針を受け，**商品構成**を考えることになります。商品構成要素とな

る商品は，仕入計画により仕入先から仕入れた商品と自社で商品開発したPBとなります。それらの商品を前提に，各商品ライン，商品クラスで，どのような品揃えの広さや深さにして，どのような価格を設定していくかということについて考えます。

たとえば，各商品部門間の部門共通の対策として，単身世帯の増加に対する少量化商品強化という方針が出ていれば，それに各部門が一緒に取り組む必要があります。その理由は，料理の多くは，各部門の商品の集合から成り立っているからです。特定の部門の商品が強いだけではだめということもいえます。まさに，品揃えが重要になります。

品揃えの重要な点は，商品部門間の関連性だけではありません。商品部門内でよく売れる商品，部門の特徴となるような商品，購買頻度の高い商品などは部門の核となる商品となり，その商品部門の品揃えの魅力にもなります。

現在，顧客の関心度や購買頻度は低いような商品でも，商品計画，販売計画をつうじて育てていきたい育成商品であるならば，将来の差別化できる主力商品とするためにも商品構成に加えておいたほうがいいでしょう。

6.2 商品構成の階層

商品構成について考えるうえで必要になるのが，**商品構成の階層**に関する知識です。図表5-3の商品構成の階層の図を見ながら読み進めていってください。

ここでは，食品スーパーの商品構成を例にしています。

図表5-3　商品構成の階層

出所：日本商工会議所・全国商工会連合会編（2020）p.111。

① **グループ**：衣料品，食品，住居関連という商品の区分単位になります。食品スーパーは食品グループがメインとなりますが，かつては利益率が高い衣料品を置いていた店舗もありました。今後は，医薬品が追加され，より健康に関心を高めた食品スーパーになっていくかもしれません。

② **デパートメント（部門）**：店舗の売上高管理の単位となります。食品スーパーの場合，青果部門，精肉部門，惣菜部門，グロサリー部門等となります。このデパートメント（部門）が，実際の店舗での部門と同じになっている場合が多いです。

③ **ライン（品群）**：グロサリー部門の中でいうと，たとえば，清涼飲料という商品の区分になります。グロサリーの多くはメーカーから仕入れた商品であるため，一般的に売れている商品をきちんと商品構成に加えることも必要ですが，一般的であるからこそ，このラインで異なる商品を入れて，競合店と差別化できる可能性もあります。

④ **クラス（品種）**：商品カテゴリーとも呼ばれるもので，清涼飲料であると，コーラ，コーヒードリンク，日本茶・麦茶ドリンクなどが該当します。通常，顧客はこの商品単位で商品を選んで購買する傾向にあるため，特に重要な単位となっています。

⑤ **サブクラス（副品種）**：クラスが日本茶・麦茶ドリンクの場合，日本茶・麦茶，玄米茶，抹茶オレなどがサブクラスになります。これを明確にすることが必要であり，この切り口で，商品カテゴリーのテーマ性がはっきりします。

⑥ **アイテム（品目）**：ブランドを単位としています。日本茶・麦茶の商品カテゴリー内には，「お～いお茶」「綾鷹」「爽健美茶」「伊右衛門」「生茶」などのブランドがあります。

⑦ **SKU（Stock Keeping Unit：商品管理の最小単位）**：日本茶・麦茶の中でよく売れているブランドの「お～いお茶」を取り上げて説明します。アイテムレベル（ブランドレベル）だと「お～いお茶」の1Lも500mlも同じものになってしまいますが，このSKUレベル（容量，サイズ，味など）で見ると別々の商品になります。SKUレベルで商品管理することを**単品管理**といいます。みなさんも，ちょっと喉が乾いたなと思ってコンビニでペットボトルのお茶を買うときは，1Lではなく500mlぐらいがいいですよね。

6.3　品揃えの広さと深さ

　品揃えの広さと深さについては，それを小売業態間の比較レベルで考えるのか，この章で議論している小売マネジメントのレベルで考えるのかにより違ってきま

す。**品揃えの広さ**について，小売業態間の比較レベルで考える場合，総合スーパーが食品スーパーよりも品揃えの広さが広いというときには，グループレベルで見ています。総合スーパーは，食品，衣料品，住居関連と広く，食品スーパーは，食品を中心にしていて品揃えの広さは狭いということになります。

　品揃えの深さは，品目（アイテム）で見ます。品揃えの充実を図っている食品スーパーは，総合スーパーよりも深い場合もありますが，価格訴求している食品スーパーは浅い傾向にあります。

　これが，小売マネジメントの実務レベルとなると，品揃えの深さに関しては，小売業態間の比較レベルと同じ品目（アイテム）ですが，品揃えの広さは，競合店との差別化という観点で考えることになるので，ライン（品群）やクラス（品種：商品カテゴリー）で見ることになります。

6.4　価格設定

　商品構成では，品揃えする商品の広さや深さを考えて商品の種類の分布を考えるだけでなく，商品の価格帯をどのようにするのかという商品価格の分布も考えなければなりません。自社の小売フォーマットが低価格を訴求したいのであれば，商品の価格が安いという印象を持ってもらうような価格の分布を作ることが必要になります。

　顧客は一般的に，この醤油とあの醤油ではどちらの商品が安いかなと比べます。

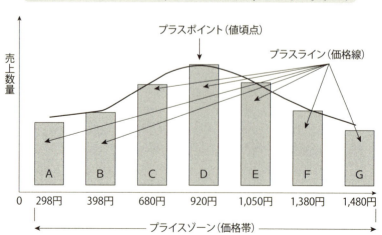

図表5-4　プライスゾーン，プライスライン，プライスポイント

出所：日本商工会議所・全国商工会連合会編（2020）p.154。

つまり，クラス（品種：商品カテゴリー）内の商品の価格の分布をどのように作っていくのかということを考える必要があるということです（**図表 5-4**）。

プライスゾーンは，商品カテゴリー内の価格の上限と下限の幅のことです。店舗内の各商品カテゴリーを商品単価に応じてプライスゾーンを同程度にしておけば，店舗としての全体の統一感が出ます。プライスゾーンは狭いほうが顧客にとって選びやすく買いやすくなります。

プライスラインは，商品カテゴリー内の売価の数になります。このプライスラインの数を絞り込み，少なくすることで，顧客は商品を選択しやすくなります。このプラスラインの数が多いと，顧客にとって選択が難しくなり，店舗の個性も出せなくなります。

プライスポイントは，陳列量が一番多く，一番売れているプライスラインになります。つまり，顧客が最も多く支持している価格であり，「値ごろ」ともいいます。このプライスポイントが同じでも，プライスポイントよりも高いプライスラインの陳列量が多いと，顧客には高いイメージを与えますし，プライスポイントよりも低いプライスラインの陳列量が多いと，顧客に安いイメージを与えることになります。

6.5　マージンミックス

マージンミックスとは，**相乗積管理**ともいわれ，売上構成比に粗利益率を掛け合わせたもので，この各部門や各商品カテゴリーの合計が店舗や部門の平均粗利益率に等しくなります。

図表 5-5 を見てください。ある食品スーパーの部門別の売上状況です。各部

図表 5-5　マージンミックス（相乗積管理）

部門	売上高構成比	粗利益率	相乗積
青果	20%	25%	5 %
鮮魚	15%	25%	4 %
精肉	15%	30%	5 %
惣菜	10%	30%	3 %
一般食品	40%	15%	6 %
合計	100%	—	22%

部門	売上高構成比	粗利益率	相乗積
青果	20%	25%	5 %
鮮魚	15%	25%	4 %
精肉	15%	30%	5 %
惣菜	15%	30%	5 %
一般食品	35%	13%	5 %
合計	100%	—	22%

出所：筆者作成。

門の売上構成比と粗利益率を掛け合わせて相乗積が計算されています。それぞれの部門の相乗積の合計は，22％となっていますが，これが，この食品スーパーの平均粗利益率になります。

このマージンミックスは，売上構成比と粗利益率をうまくコントロールしながら，ある部門は商品カテゴリーの商品を低価格にして安さ感を出しつつ，他の部門や商品カテゴリーで粗利益率を確保することで，全体として適正な平均粗利益率を達成することができるようになります。

図表5-5の左の表を見てください。現在の平均粗利益率は22％です。近くに低価格訴求する競合店が出店してきたとしましょう。自店舗は，価格競争に巻き込まれないように，惣菜を充実させるべく売場を拡張して商品を充実させることで，粗利益率は30％のまま，売上高構成比を10％から15％に増加させました。

ただし，価格競争を全く放棄するというわけにはいきません。日常の食品を販売する食品スーパーでは食品をまとめて買うことが多いことを考えると，価格訴求する競合店で食品をまとめて買われてしまい，自店舗の顧客を失ってしまうおそれがあります。そこで，競合店でも取り揃えているようなよく買われる商品を中心に値段を下げて，「このお店，安いな」という印象を持ってもらうようにします。たとえば，一般食品の粗利益率を15％から13％に落として低価格訴求できるようにし，その代わり，売れ筋に商品を絞り込み売上高比率を40％から35％に下げることで，全体の平均粗利益率を22％と従来通り維持することができます。

6.6 EDLP とハイアンドロープライス

価格設定のやり方で，ここまでは，商品カテゴリー内で価格分布を作るやり方や，部門や商品カテゴリー間で価格設定にメリハリをつけることで安さを訴求しつつ粗利を確保する方法について説明をしてきました。ここでは，価格設定を時間軸で変化させるかさせないかという方法を説明していきます（**図表5-6**）。

1つは，商品の値段を低価格にして，それをずっと継続していくやり方で，EDLP（Everyday Low Price）といいます。顧客に，いつも欲しい商品を低価格で買うことができる店舗というイメージを与えることができるので，安心してこの店舗で多くの商品を買って買い物を済まそうとしてくれるかもしれないですね。来店客数が平準化されるために，店舗オペレーションを効率化できるメリットもあります。

常に低価格で販売することになるため，SNSやチラシなどで顧客に知らせる必要がありません。しかし，特売をしないため，顧客の来店動機を作るのが難しいという面もあります。

図表 5-6　2つの価格政策

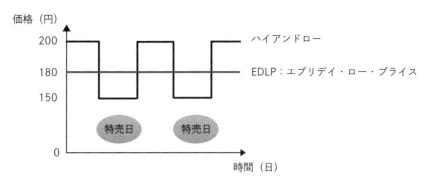

出所：筆者作成。

　EDLPを実行するためには，商品を絞り込み，特定の商品を大量に購入することで仕入原価を引き下げ，さらに店舗の運営をローコストで行う等の経営努力が求められるということが前提になってきます。

　一方，時間軸で価格を変動させるやり方は，**ハイアンドロー（High & Low）プライス**といいます。特売のときは価格を下げ集客を図るやり方です。

　特売で顧客の来店を促し，特売商品と同時に通常の価格を下げていない商品の購入も期待します。原価以下の売価を設定する「**目玉商品（ロス・リーダー）**」で顧客の呼び込みを狙うこともあります。しかし，特売商品だけに狙いを定めて購入していく**バーゲンハンター（チェリーピッカーともいう）**に好都合な価格政策でもあります。

　実際は，これら2つの価格政策を商品に応じて使い分けています。基本的な考え方としては，グロサリー部門の購買頻度が高い商品は，EDLPの価格政策が，季節商品や新商品，話題性のある商品などは，ハイアンドローの価格政策がとられる傾向にあります。

7　棚割計画

　どのような販売をしていくのか（販売計画），そのためには売場にどのような種類の商品を置き，価格はどうするか（商品構成）を決めてきました。次は，それを実現するために，店舗の売場・棚でどのように陳列をしていくのかについて考えます。これが「**棚割計画**」です。販売計画や商品構成では，企業の戦略に基づきながら，価格も含めいろいろと考えてきました。販売する商品と値段も決

まっているのであれば，今更何を決めないといけないのかと思いませんか。

実は，いくら販売計画や商品構成を決めても，店での商品の陳列の仕方で失敗するとうまくいかないんです。商品の陳列方法で売上が大きく違ってきてしまいます。その理由は，顧客は買う商品の8割をお店の中で決めているからなんです。あらかじめ買うと決めている商品はあまりなく，多くの商品を店内で，それも棚に陳列されているのを見て買っています。さらに，最寄品である食品スーパーの商品に対しては，それほど顧客の関心が高くありません。どうしても欲しいと思って買う商品は多くはないでしょう。そのため，一生懸命探して買うということがほとんどない商品なんです。したがって，商品をできるだけ見てもらえるような陳列が大切になります。

買うための関心が高くない商品であるために，商品を陳列する棚の位置で売上が変わります。このような最寄品の買われ方をよく理解しおいてください。棚割りの具体的な方法やさまざまな商品の陳列方法については，第8章2.1(4)「**シェルフ・スペース・マネジメント**」(p.141) で詳しく解説をしますので，そちらを参照してください。

8 販促計画

食品スーパーでの買い物は，特に買いたくて買うものではなく，日常生活の中で，食事を摂る必要があるために，義務的に購買するという側面があります。そのため，買い物のパターンがルーティン化されて，いつも同じような商品を購入している人も多くなります。食品を買っている人がみんな楽しそうに買っているかというとそういうわけではありません。

しかも，食品はセルフサービスで販売されているため，小売側から積極的に働きかけていかないと，義務的なルーティンと化した買い物パターンを変えて，もっと他の商品を見てもらったり，買ってもったりするのは難しいでしょう。

そこで，買い物パターン内にある商品以外の商品に感心を持ってもらえるように，顧客への働きかけを考えないといけません。それも，いつも同じ働きかけではすぐに飽きられてしまうので，催事に合わせたり，曜日で変えたりすることが必要になります。

話が長くなりましたが，最寄品の食品に感心を持ってもらうことはなかなか大変です。**販促計画**は，このような顧客を振り向かせ，購買を促進させる計画のことです。

販促のテーマについては，次のような切り口からを考えてくことになります。

年間の行事（元旦，バレンタインデー，母の日，クリスマスなど）や記念日（防災の日，まぐろの日など），生活関連（入学・新学期，夏バテ防止など），料理（四季の野菜・魚料理など），さらに地域の行事や学校行事などがあります。これらは一般的なテーマなので，是非，みなさんも顧客をワクワクさせるような販促のテーマを考えてみてください。

　販促計画は，年間の販売計画を受けて，年間52週にわたる販促計画，さらに月単位で決める週別の販促計画が立案されます。

　月単位の販促計画では，昨年同月の販売数値の状況や最近の商品の動きを把握しつつ，トレンドへの対応や競合店対策も盛り込みながら，全体で取り組む今月の販促ポイントを立て，それに合わせて各商品部門やライン別もしくは商品カテゴリーレベルでの販促ポイントを設定し，目標とする売上高，粗利益高，粗利率などを決めていきます。さらに，特に売り込む商品（アイテム）や新商品を訴求するためのエンド陳列（p.228）のイメージ図を作成したり，コトPOP（p.152,注2）の作成ポイントを決めていきます。

9　売場商品管理

　マーチャンダイジングは，顧客価値を実現するために，適切な商品を適切な価格で適切な場所で適切な時に適切な量を提供できることを目指しています。そのために，売場のスタンダードレベル（標準の水準）を決めて，常にそれが実現できるように売場を管理することが求められます。

　そのためには，本部の商品部が立案した販促計画を店舗の店長や部門長に伝えて，店舗で実現できるようにしていくことが大切となります。第3章1「一般小売店からチェーンストアへ」で，チェーンストアは，販売機能と仕入機能が分離してできた組織ということを説明しました。商品部は，商品を仕入れて販売計画や販促計画を立てます。それを実行するのが販売機能を持つ店舗です。

　本部と店舗は同じ組織内にありますが，部門として分かれていますし，物理的にも距離があります。商品部と店舗のコミュニケーションがうまくいかないと，商品部でせっかく良い販売計画や販促計画を立案することができたとしても，店舗で実現することが難しくなり，まさに絵に描いた餅となってしまいます。

　本部の商品部は，店舗で実現できるように，店長会議で，店舗の各部門で実現してもらいたい計画を説明し，その後，店舗の各部門の部門長ごとにさらに詳しく計画の説明をします。

　計画する売場を実際に実現できるかどうかは，第8章で説明する，**店舗オペ**

94　第Ⅱ部　小売マネジメント論の体系

レーションの能力にかかってくることも頭に入れておいてください。

　店舗で実現できているかどうかを，商品部の各部（青果部や惣菜部など）の**スーパーバイザー**（SV）が各店舗の部門（青果部門や惣菜部門など）を確認して回り，できていない店舗では指導していく体制をとっている企業もあります。

　店舗全体の売場の状況は，地区の店舗を束ねる**エリアマネジャー**（**エリアMG**）がマネジメントしている場合は，担当店舗を巡回して，時間帯別の品揃え，各部門に共通する行事やイベントやクリンリネス，月間の基本的な品揃えができているか等をチェックし，できていないところは，どのようにしたらできるのかについて，店長と相談しながら改善していきます。

　以前と比べて，人手不足から，多くの仕事の経験を積まないで店長になるケースも増えており，エリアマネジャーの支援が大切になっています。また，特に首都圏などでは，エリア内での競争が激化していることから，エリア内の各店の支援だけでなく，エリア内で他社とどう戦っていくのかというエリア戦略を立案しそれを実現していくことがますます重要になってきています。

　本部が計画した販売計画が，店舗の売場商品管理でうまくいったかどうかをPOSデータ等で検証し，それを次の売場展開となる販促計画にフィードバックしたり，さらに販売計画へフィードバックをすることで，改善をしていくことになります。

　顧客にとって魅力的な売場になるように，部門別に週間販売量，PI値，ABC分析等[4]を使い，売れ筋商品や死に筋商品を把握して，売場の改善につなげていきます。部門別の管理と同時に，SKUレベルの単品管理を実施し，的確に単品レベルで死に筋商品を撤去し，売れ筋商品に売場のスペースを割いていくことで，売場全体の売上効率を上げていくことを目指します。

コラム　　**3 COINS の VERSION UP!!!**

　みなさんの多くが好きだと思う，3 COINS。この会社の新しいマーチャンダイジング戦略を紹介していきます。3 COINS，最近，ちょっと変わったと思いませんか？　3 COINS のコンセプトは，「あなたの"ちょっと幸せ"をお手伝い」というものです。雑貨を通じて，なにげない日常生活の中で，値段の割に買ってよかったと思える，ちょっとした幸せを提供できる商品や店づくりを目指しています。

高価格帯雑貨市場でブランド価値を向上させる戦略へと転換を図っていくために，同社の新しいコンセプトは考えられました。今までは，均一価格店という小売業態論の枠組みの中に，自社のポジションを押し込めていて，均一価格店の他社とどのように競争していくかという発想になっていたようです。

　しかし，そこにこだわる必然性はありませんでした。同社の主要な客層は，30代～40代の女性であって，もう少し落ち着いた雰囲気が求められていました。以前は，色つきや柄のある商品が多かったのですが，ブランドカラーを変えて落ち着いた茶系のアースカラーの色合いに統一しています。

　店舗は，ブランドカラーにふさわしいナチュラル感を出すために木目調としました。新しいマーチャンダイジング（MD）[5] で作り出される商品をよりよく見せるような店舗にしています。では，その新しい MD の 3 つの特徴について見てみましょう。

①マーケット・イン

　現場の情報を商品開発によりいかすようにしています。今の時代の流れをつかむためには，やはり現場の店舗からいかに情報を吸い上げることができるかにかかっています。顧客層と近い年代の店員であれば，顧客が求めているものをより感覚としてつかみやすいようです。

②差別化

　顧客は，新しい商品のどこが進化しているのかと期待しているため，絶えずアップグレードした商品を出すようにしています。ただし，顧客が求めるものを商品化しても，小売業界ではすぐに模倣されてしいます。模倣されないために，素材や機能性で差別化された商品開発を目指しています。

③スピード

　これも，競争相手に対しての差別化の 1 つになります。商品開発のスピードを，今までの 2 倍にしています。従来は，新しい商品を出すには，8 週間かかっていました。それを，4 週間ごとに新しい商品を店頭に出せるように「4 週間 MD」体制をとっています。顧客にとっては，店舗に行くたびに新しい商品との出会いがあるので，いつも新鮮味を感じてもらえるのではないでしょうか。

　みなさんも，是非，新しい MD を 3 COINS の店舗に行って体感してください！

●注

1　石淵（2019）によると，顧客の快感情が高いと，連想や意識が活性されて創造的購買（関連購買等）が増加することを明らかにしています。

2　PEST分析とは，自社の外部環境を，政治 (Politics)，経済 (Economy)，社会 (Society)，技術 (Technology) の4つの要因に分けて，自社に影響する情報を引き出すことです。4つの要因の頭文字を取って，PEST (ペスト) 分析と呼ばれています。

3　売れ行きのいい商品を売れ筋（商品），ほとんど売れない商品を死に筋（商品）といいます。

4　週間販売額は，商品カテゴリー別，アイテム別，SKU別等の1週間の売上高です。PI値は，Purchase Indexのことで，来店客1,000人当たりの販売数量や販売金額のことです。詳しくは，第9章を見てください。ABC分析は，商品を売上高や販売数量などで多い順に，Aランク，Bランク，Cランクのように分けて把握する方法です。売れ筋と死に筋商品がわかるため，死に筋商品を排除し，新商品を入れることで，売上アップや売場の新鮮さを出すことができます。売れない売場には，死に筋商品が多く残っていて，新商品を入れるスペースがないことが往々にしてあります。まずは，死に筋商品を撤去することが大切です。

5　小売業の実務では，マーチャンダイジングのことをMD（エム・ディー）と呼ぶことが多く，特に商品づくりや店舗づくりの考え方を表現するときに使われているようです。

問題演習

問5-1　【中小企業診断士試験　運営管理（オペレーション・マネジメント）　令和元年度　第28問】

　　店舗Xのある月の営業実績は下表のとおりである。この表から計算される相乗積に関する記述として，最も適切なものを下記の解答群から選べ。

商品カテゴリー	販売金額 （万円）	販売金額 構成比（％）	粗利益率 （％）
カテゴリーA	500	25	20
カテゴリーB	300	15	20
カテゴリーC	200	10	30
カテゴリーD	600	30	40
カテゴリーE	400	20	50
合計	2,000	100	

〔解答群〕
　ア　カテゴリーA～Eの合計の販売金額が2倍になると，各カテゴリーの相乗積の合計も2倍になる。
　イ　カテゴリーAの相乗積は50％である。
　ウ　カテゴリーAの販売金額も粗利益率も変わらず，他のカテゴリーの販売金額が増加すると，カテゴリーAの相乗積は減少する。
　エ　カテゴリーBはカテゴリーCよりも相乗積が大きい。
　オ　相乗積が最も大きいカテゴリーは，カテゴリーEである。

第5章 マーチャンダイジング　97

問5-2 【中小企業診断士試験　運営管理（オペレーション・マネジメント）　平成30年度　第27問】
　　小売店の品揃え方針に関する記述として，最も適切なものの組み合わせを下記の解答群から選べ。
　　　a　売れ筋商品を中心に品揃え商品数を絞り込むと，店全体の在庫回転率を高めやすい。
　　　b　同じ商品カテゴリーの中で多数のメーカーの商品を品揃えすると，品揃えの総合化になる。
　　　c　競合店にない独自商品を品揃えすれば，品揃え商品数を増やさなくても差別化ができる。
　　　d　品揃えを専門化するためには，売れ筋商品に品揃え商品数を絞り込むことが重要である。
　　〔解答群〕
　　　ア　aとb
　　　イ　aとc
　　　ウ　bとc
　　　エ　bとd
　　　オ　cとd

問5-3 【リテールマーケティング（販売士）2級検定試験　模擬問題：『販売士』2023年6月号　マーチャンダイジング】
　　空欄にあてはまる答えとして，最も適当なものを選択肢から選んでください。
　　　商品カテゴリーごとに仕入れる商品の販売が，全体としてアンバランスにならないように調整することが，□を設定するねらいである。
　　　1．プライスライン　　　2．プライスライニング
　　　3．プライスポイント　　4．プライスゾーン

問5-4 【リテールマーケティング（販売士）3級検定試験　模擬問題：『販売士』2021年9月号　マーチャンダイジング】
　　空欄にあてはまる答えとして，最も適当なものを選択肢から選んでください。
　　　比較的狭い売場を持つコンビニエンスストアは，めまぐるしく変化する顧客ニーズに応えていくために，□の見直しが頻繁に行われている。
　　　1．品目構成　　2．在庫単位　　3．品種構成　　4．発注単位

 やってみよう

● 図表5-3の商品構成の階層に，具体的な商品を当てはめてみよう。

●商品を1つ決めて，その販売促進策を考えてみよう。

 参考文献

石淵順也（2019）『買物行動と感情』有斐閣。
木下安司（2008）『手にとるようにマーチャンダイジングがわかる本』かんき出版。
高嶋克義・髙橋郁夫（2020）『小売経営論』有斐閣。
一般社団法人全国スーパーマーケット協会（2021）『S検バイヤー級テキスト（新装版）』一般社団法人全国スーパーマーケット協会。
日本商工会議所・全国商工会連合会編（2020）『販売士ハンドブック（応用編）〜リテールマーケティング（販売士）検定試験2級対応〜―上巻―』カリアック。

 学びを深めたい人

高嶋克義・髙橋郁夫（2020）『小売経営論』有斐閣。
日本商工会議所・全国商工会連合会編（2020）『販売士ハンドブック（応用編）〜リテールマーケティング（販売士）検定試験2級対応〜―上巻―』カリアック。
日本商工会議所・全国商工会連合会編（2021）『販売士ハンドブック（発展編）〜リテールマーケティング（販売士）検定試験1級対応〜―上巻―』カリアック。

第**6**章　人材マネジメント

Retail Management

学習のポイント

▶人材マネジメントの本部と現場に分けられた全体構図について学びましょう。

▶食品スーパーの典型的なジョブ・ローテーションの意味について学びましょう。

▶現場の人材マネジメントが重要になる理由をチェーンストア組織の観点から学びましょう。

▶管理者に求められる3つの能力について理解しましょう。

キーワード

人材マネジメント，職能資格制度，目標管理，ジョブ・ローテーション，
管理者に必要な3つの能力，質的基幹化

1　人材マネジメントの全体構図

　小売ミックスの「人材」の要素を生み出すものが，**人材マネジメント**です。トップマネジメント，経営企画部が考える業態・フォーマット戦略（全社戦略や事業戦略）を実現するための人材を生み出していくことが求められます。そのような人材を育成し，従業員も満足しながら働くことができる仕組みについて学んでいきましょう。

　人材マネジメントの全体構図について説明しますので，**図表6-1**を見ながら読み進めてください。トップマネジメント，経営企画部が設定する人材像を受けて，本部の人事部は，人材マネジメントを考えていくことになります。

　必要な人材を労働市場から獲得する活動が「採用」です。みなさんにとっては，何年後かに待ち構えている就職活動になります。採用された従業員は，企業が従業員に求める能力により格付けをする「等級」によって区分されます。この等級

は，従業員のどのような側面に価値を置くのかについて明確にすることで，従業員へ企業が重視する価値を伝えていくことにもなります。

この等級をもとに，従業員を「評価」することになります。評価された結果に基づいて，「報酬」と従業員に必要な「能力開発」の内容が決まります。また，評価結果によっては，等級が変わることもあります。

評価制度自体を設計して運用を図っていくのは本部の人事部ですが，店舗等の現場の従業員を実際に評価するのは，店舗等の現場の部門長や店長になります。彼らが，評価される従業員のモチベーションの向上につなげられるように，きちんと評価できることがとても大切になります。

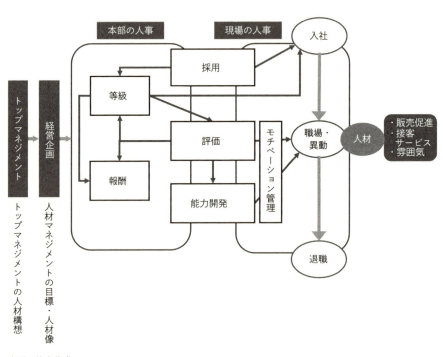

図表6-1 人材マネジメントの全体構図

出所：筆者作成。

評価は，等級づけをして報酬を決めるだけに使われるわけではありません。従業員の仕事の能力レベルを見て，その従業員が伸ばすべき能力を明らかにする役割もあります。その能力を向上させるための仕組みが，能力開発になります。

第6章　人材マネジメント　　101

　能力開発は，やはり人から押し付けられるだけでは難しいものがあります。現場の人材マネジメントの要となるものが，従業員の働く意欲を向上させる「モチベーション管理」ではないでしょうか。

　従業員は，他の職場にも異動することで，さまざまな仕事を経験しながら能力をつけ，等級が上がっていくことになります。キャリアの途中で会社を辞めて転職する人もいることでしょう。ずっと同じ会社で働いた人も，ある一定の年齢になると定年になり，退職して会社を去ることになります。

　繰り返しになりますが，人材マネジメントは，本部の人事部だけの仕事ではありません。この本部の人事と現場の人事を分けている所に，この**図表6-1**の特徴があります。特にチェーンストアの場合は，多くの店舗が地理的に分散しています。本社の人事部が店舗を回って従業員の評価や能力開発，さらにモチベーション管理をすることはほとんど不可能です。本社の人事部に代わって，現場のマネジャーがとても大きな役割を果たすことになります。

　以上のような人材マネジメントの各構成要素が整合的に連携して展開されることで，優秀な人材が育ち，働きがいのある組織を作ることができるでしょう。

2　等級

2.1　等級の必要性

　等級とは，人材マネジメントの目標や人材像に込められた考え方を実際の人材マネジメントの全体構図の中に浸透させることを考えて作られている，従業員の格付け制度のことです。従業員をある基準によっていずれかの等級に格付けし，従業員はこの等級に基づいて評価をされ，報酬や仕事の内容が決まってきます。つまり，等級は，人材マネジメントに関する施策や活動を根底から支えるものであり，まさに「骨格」になっているということです。

2.2　等級の種類

　等級には，「人」を基準とするものと「仕事」を基準にするものがあります。人を基準にする考え方には，その人の学歴，年齢や勤続年数を見る方法と何ができるかという能力を見て従業員を格付けする方法があります。一方の，仕事を基準する考え方は，その人が何をしているのか，という企業が考える仕事の価値を見て従業員を格付けします。

　人を基準にするものとして，古くは学歴や年齢が使われていたこともありましたが，現在，多くの企業で使われているのは，その人は何ができるのかという，

その人の能力を見る方法です。この能力で従業員を区分する等級の考え方を「職能資格制度」といいます。一方，人が携わっている仕事はどのようなものかという視点で従業員を区分する等級の考え方は「職務等級制度」といいます。

職能資格制度は，人の職務能力を評価するので，社内の異動で仕事をいろいろと変わっていったとしても，仕事の違いで評価や給与が基本的に下がることはありません。企業としても，従業員を会社の事業の都合で職場の異動をさせやすくなります。時代や事業環境の変化に合わせて新しい仕事ができた場合，その新しい仕事に人材を異動させやすいということになります。

職能資格制度では，その人の職務遂行能力（職能と呼ばれます）により格付けをしますので，従業員は，自身の能力開発に励むようになります。企業としては，従業員の能力開発を重視するという能力開発主義の考え方を打ち出すことにもなります。

職務等級制度は，人が従事している仕事により等級で区分するため，社内における業務の価値づけがされている必要があります。他の業務に変われば給与が減る可能性もあります。したがって，同じ職務を続けたいと従業員は考えるかもしれません。この制度は，特定の専門的な能力を向上させることができるという利点もありますが，会社の事業の都合で従業員を柔軟に配置転換させることが難しくなるという欠点もあります。

職務等級制度は特定の専門的な能力を持った人を作りやすい制度で，職能資格制度は，企業内のさまざまな仕事ができる人を作りやすい制度といえるでしょう。日本では，職能資格制度が多くの企業に普及しており，小売業でもこの制度が多いようです。

2.3　職能資格制度

図表6-2は架空の例ですが，実際の企業が使っている職能資格制度はこのようなものになります。この例では，資格等級が大きくは管理職，監督職，一般職の3段階に分けられ，それぞれがさらに3段階に分けれていて，資格等級は9段階となっています。

職能資格制度は，人が業務を遂行する目には見えない能力について区分する考え方なので，その欠点として，さまざまな仕事を行ううえで共通して必要とされる能力を見る視点が，抽象的で具体性に乏しいものになる傾向にあることです。そのため，このままでは制度の具体的な運用が難しいということがあります。

そこで，この問題を解決する方法として考えられたものが，仕事をいくつかに分類して，それを役割とすることでした。**図表6-2**の職能資格制度の例では，

大きく総合職と専門職に分け，総合職の中に，管理部門，店舗運営部門，商品部門と役割を設けています。さらに，店舗運営部門はその中に，生鮮部門，非生鮮部門，レジ部門を設け，商品部門の中には，商品調達・開発，店舗指導と役割を分類しています。

図表 6-2　職能資格制度

資格等級		正社員						
		総合職						専門職
		管理部門	店舗運営部門			商品部門		
			生鮮部門	非生鮮部門	レジ部門	商品調達・開発	店舗指導	
管理職	9等級	部長	GM			商品部長		
	8等級	部長代理	店長（大型店，小型店を含む）			チーフバイヤー	チーフSV	
	7等級	課長				バイヤー	SV	マイスター
監督職	6等級	課長代理	副店長（専任及び兼務）			アシスタントバイヤー	アシスタントSV	インストラクター
	5等級	係長	主任	主任	主任	アシスタントバイヤー	アシスタントSV	
	4等級	主任						
一般職	3等級	主任代理	主任代理	主任代理	主任代理			
	2等級	担当	担当	担当	担当			
	1等級	担当	担当	担当	担当			

出所：日本コンサルタントグループ（2023）。

　たとえば，同じ5等級でも，監督職ということで基本的には期待される基本的な能力は同じなのですが，管理部門，生鮮部門，非生鮮部門，レジ部門，商品調達・開発部門，店舗指導部門と，役割によって職務内容が異なってくることから，基本的な能力以外でその役割に応じて期待される能力が違ってくるということです。

　みなさんが，この図表6-2の職能資格制度を持つ食品スーパーに大卒で就職することになったと想定してみましょう。大卒なので，一般職の2等級からスタートすることになると思います。高卒だと，一般職の1等級からのスタートになるでしょう。

　食品スーパーの場合，生鮮部門の青果，鮮魚，精肉，グロサリー，惣菜などに役割が分けられています。大卒新入社員は，一般的に，店舗のどこかの部門に配属になります。その後，その部門で2～3年働き，3等級に上がり主任代理とな

104 第Ⅱ部 小売マネジメント論の体系

るでしょう。その後数年で4等級になり，主任となり，部門長になります。

　このように何年間か店舗の部門で仕事をします。やはり，他の仕事でもそうですが，顧客と接する現場の仕事は，今後のキャリアにとって貴重な経験になります。店舗での現場経験を積んだ後は，本部に異動となり，商品部のアシスタントSVかアシスタントバイヤーの仕事をする人もいるでしょう。ただし，店舗の青果部門に配属された場合，その後も，青果の部門長，本部のバイヤーも青果のバイヤーというように商品に特化した能力開発が現状では行われています。

3　評価

3.1　評価の必要性と目的

　等級に基づいて従業員を査定していくことが**評価**です。この評価により，報酬が決まったり，必要な能力開発の内容が決まったりします。また，評価により昇格して等級が変わることもあるでしょう。さらに，職場の異動にも影響を与えることになるため，等級と共に人事制度の中核になるものです。

　評価には3つの目的があるといわれています[1]。1つ目は，公平感のある処遇の分配です。処遇の分配は，限られた企業の利益を従業員が公平感を持てるように，評価の高い従業員には多く配分し，評価が低い従業員にはそれほど多く分配をしないということです。ようするに，評価が高ければ給与が高くなり，評価が低ければ給与が低くなるということです。

　公平とは，等級をもとにした考え方で，従業員を同等に処遇するということではなく，評価によって差をつけるということです。こうすることで，企業が高く評価する従業員はさらに評価を上げようとしてがんばるでしょう。評価が低かった従業員は，企業が求めている等級にそって努力することが期待されます。

　2つ目は，従業員の活用と育成です。従業員を等級の職務能力に基づいて評価することで，その従業員の職務遂行能力で優れたところや能力が足りない部分がわかります。優秀な能力部分を活用できるような仕事を担当して，その能力を発揮してもらうこともあるでしょう。また，足りない能力については，能力開発で，その部分を伸ばすように育成していくことになります。

　3つ目は，企業文化の醸成です。企業文化とは，従業員の間で共有されている行動の背後にある価値観や信念のことです。評価により，どのような人や能力を持った人が評価されるのかがわかります。従業員はその方向性が企業にとって大切な価値であることを認識するようになるでしょう。このように，価値観が企業内に浸透していくことで，その企業の文化が醸成されていくことになります。

その価値観を持って仕事に取り組むことで，抽象的な価値観が人の行動を通じて目に見えるようになります。そうすると，その行動と企業が評価する価値観が結びついてくるので，同じような価値観を持ち同じような行動をする従業員が増えるでしょう。そうなると，従業員同士のまとまり，一体感が出てきます。特にチームで仕事をすることが求められる店舗の業務では，大切なものになります。

3.2　評価の対象

　評価の考え方は，能力主義的評価と成果主義的評価に大きく分けることができます。能力主義的評価は職能を対象にし，成果主義的評価は仕事の成果を対象にします。

　この成果と職能の評価割合は，一般職の場合，成果の部分もありますが，ほとんどが職能で評価されます。監督職になると，成果の割合が一般職よりも多くなりますが，割合は，職能が多くを占めています。管理職になると，事業や企業全体の経営に関わることになるため，成果と職能は同じぐらいになりますが，9等級にもなると成果が少し多くなる傾向にあります。

　職能と成果の割合を変化させていく意味は次の点にあります。仕事を始める若い頃は，結果よりもそれに至るプロセスが大切で，仕事ができるようになると仕事の結果で評価するということです。仕事の成果は，個人の能力もあるでしょうが，偶然性の要素もあります。みなさんのように若い人は，偶然性に左右されやすい結果だけを求めるのではなく，良い結果に結びつくような職務遂行能力というプロセスをしっかりと鍛えることが大切になるというメッセージが込められています。

3.3　評価方法

　評価の仕組みは人事部が作りますが，実際に従業員を評価するのは現場の管理者になります。実際に人を評価することはとても難しいことです。評価表に基づいて同じ従業員を評価したとしても，多くの場合，評価する人が異なると同じ評価にはなりません。

　評価には，バイアスがつきものです。主な評価バイアスとしては，次のようなものがあります。「ハロー効果」は，優れた点や劣っている点に，他の点が影響を受けます。「寛大化傾向」は，評価者が評価に自信を持てないために甘めな評価になります。「中心化傾向」は，優劣の評価を避けて評価が中央に集まります。このような評価バイアスの存在を認識することで，評価するときに役立つものとなります[2]。

評価には公平感が必要です。他の従業員と比較して感じる分配の公平感と評価の内容とプロセスが透明であるという手続きの公平感です。評価の内容に公平性を持たせることは，先に評価にバイアスはつきものと説明したように，同じ評価表を用いたとしても人により評価が異なるために非常に難しいことです。しかし，手続きの公平感は実現の可能性があります。評価をする上司による丁寧なフィードバックや，部下の意見を真摯に聞こうという姿勢が評価者にあれば公平感は向上します。

この上司と部下のコミュニケーションを評価に取り入れているのが，これから説明する目標管理になります。この目標管理は他にも役割があり，職能資格制度という能力主義を補うために成果主義の要素を取り入れた制度にもなっています。

3.4 目標管理

目標管理とは，組織目標と個人目標とを整合させることを目的に，社員1人ひとりが組織目標に基づく具体的な目標を設定し，その達成に向けて主体的に行動することにより，組織目標達成と個人の成長を共に実現するための「自主管理による目標マネジメント」のことです（**図表6-3**）[3]。

スタートは，社員1人ひとりが個人目標を設定することから始まります。まず

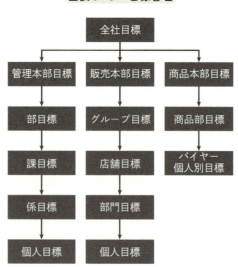

図表6-3　目標管理

出所：日本コンサルタントグループ（2023）。

は，1人ひとりの社員がベクトルを合わせ，共通の目的に向けて行動することです。その個々の目標は，組織方針・目標と整合性を持ち，具体的な行動として設定されること（連鎖性），設定された目標はあるべき姿を目指した改善・強化が表現されていること（変革性），そして設定された目標の実践を通じてやりがいを感じられること（主体性）が求められます。さらに，チャレンジ性を持たせることも大切です。目標マネジメントは組織目標を達成するための手段であると同時に，達成に向けた活動を通じて，部下（被評価者）の業務遂行力や仕事レベルを高める人材育成の重要な手段でもあります。困難な目標にチャレンジし，それをやり遂げてこそ「人」は組織にとってかけがえのない「人材」へと大きく成長します。

　目標管理は，定量的な業績と定性的な業績の双方を踏まえて従業員1人ひとりの仕事内容に応じた評価を行うために，評価者と被評価者の間で業績目標についてあらかじめ合意をとり，その達成度を可視化するものです。①評価の仕方の透明性を上げることで公平性を確保し，②職能資格制度で能力主義に傾いた等級や評価制度の中に成果主義を入れることができ，③上司がきちんと企業の目標を理解し，それが達成できるように部下と仕事の目標を設定することができれば，企業目標と個人の目標がつながり，従業員のモチベーションの向上も期待できる制度になっています。

4 報酬

4.1 報酬の体系

　図表6-4の報酬の体系について説明します。**報酬**は，労働基準法という法律で支払いが決められている賃金と，法律では決めれていない褒賞に分けられます。さらに，賃金は，毎月支払われる給与とボーナスといわれる賞与，そして退職時に賃金の後払いとされる退職金からなっています。

　給与の中身は，給与の特性を決める基本給と，仕事内容に応じて支払われる手当，そして，残業代や通勤費の補助が含まれる基準外賃金からなります。ここでは，給与の基本的な特徴を決める基本給に絞って説明をしていきます[4]。

4.2 基本給

　基本給は，最も重要な給与の構成要素になります。この基本給の金額が基礎になり，賞与，退職金，手当等を算出することが広く行われています。この基本給には，職務給，職能給，属人給と主に3つのタイプがあります。

108　第Ⅱ部　小売マネジメント論の体系

図表6-4　報酬の体系

報酬						
賃金						褒賞
給与				賞与	退職金	
基準内賃金			基準外賃金			
基本給	手当					
● 職務給 ● 職能給 ● 属人給	● 役職手当（店長手当） ● 職務手当（生鮮手当） ● 資格手当（生鮮技能手当） ● 家族手当 ● 住宅手当		● 時間外手当 ● 深夜勤務手当 ● 通勤手当	● 夏季賞与 ● 冬季賞与	● 退職慰労金 ● 企業年金	● 永年勤続 ● 各種コンテスト

出所：筆者作成。

職務給は，担当している職務の企業における重要度やその業務を行う困難度などによって決まります。等級のところで説明した職務等級制度に基づく給与になります。担当している職務と給与が連動しているため，職務に対する意識づけができ，その職務を遂行する専門能力を磨きやすくもあります。しかし，職務を変えることに抵抗感が出てくることから，人員の配置を柔軟に行うことが難しくなります。

職能給は，職務を遂行する能力によって給与が決まります。等級のところで説明した職能資格制度に基づく給与になります。企業内にはさまざまな仕事がありますが，どのような仕事をしているかではなく，その仕事の遂行能力を評価します。そのため，仕事が変わったとしても，給与が下がることは基本的にはありません。したがって，人員配置を柔軟に行うことができます。

属人給は，仕事や職務の能力ではなく，年齢や学歴，勤続年数等その人の属性に基づいたものです。年齢や勤続年数を属性に使えば客観性があり良いところもあるのですが，年数が経てば経つほど仕事の能力に関係なく給与は上がっていくことになり，年功的な給与になってしまいます。また，仕事の能力を上げていこうというインセンティブがなくなっていくのではないかという懸念もあります。

実際の基本給は，これら3種類をミックスして決められます。また，この3つのタイプの構成割合により，基本給の性格も決まります。

5 能力開発

5.1 能力についての考え方

　能力開発について考える前に，管理者にはどのような能力が求められるか，まずは，このことから考えてみましょう。

　カッツ（Katz）によると，管理者には3つの必要な能力があるといいます。1つは，**テクニカル・スキル**です。業務上必要となる能力であり，「業務の遂行能力」といえるでしょう。2つ目は，**ヒューマン・スキル**です。人と協力関係を構築する力で，「対人能力」とか「人間関係能力」とも呼ばれています。3つ目は，**コンセプチュアル・スキル**です。諸活動を統合する力で，抽象化能力，構想力であり，「課題設定能力」「問題解決能力」とも呼ばれています。

　図表6-5を見てください。マネジャーとは管理者のことであり，その管理者を，3つの層に分けています。**図表6-2**「職能資格制度」に対応させると，下から**ロワー・レベル**は監督職，**ミドル・レベル**は管理職，**トップ・レベル**は，トップマネジメントや9等級の上級管理者になるものと考えてください。

図表6-5　マネジャーに求められる3つの能力

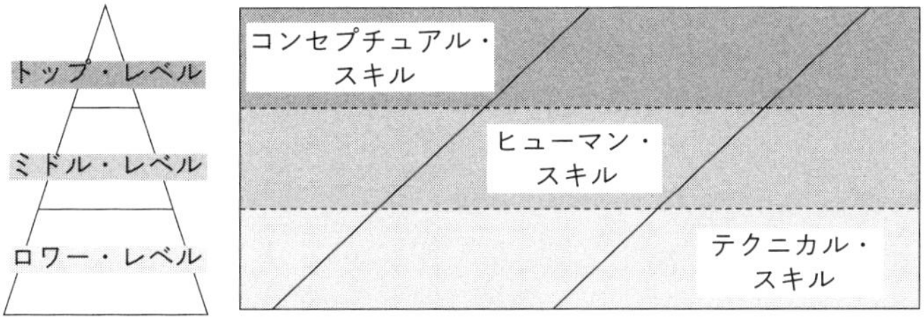

出所：岩出編著（2020）p.51を修正して筆者作成。

　ロワー・レベルの監督職とは，部門の係長や主任，店舗では部門長などです。部門の業務を確実に遂行するテクニカル・スキルの割合が高くなっています。ヒューマン・スキルも，部門内をチームとしてまとめるためには，積極的にコミュニケーションをとったり，部下との関係の構築に力を入れたりするために求められます。特に，ロワー・レベルは，チェーンストアで近年特に重要になっている現場の人材マネジメンを担っています。7「現場の人材マネジメント」で話をする部下の仕事のモチベーションを上げて持続させていくためには，この

110　第Ⅱ部　小売マネジメント論の体系

ヒューマン・スキルは欠かせないものです。部門内の業務改善や新しい販促の提案といった構想力となるコンセプチュアル・スキルも必要になりますが，ミドルやトップほどには求められません。

　ミドル・レベルの管理職は，店長や本部のバイヤー，SV などです。このミドルレベルになると，戦略的な観点が重要になります。つまり，店長であれば他店舗とどのように戦っていくのか，バイヤーであれば，担当する商品戦略についての全社レベルでの判断が求められることになります。しがって，戦略的な構想力を生み出すコンセプチュアル・スキルの割合が増えてきます。テクニカル・スキルとしては，たとえば，店長であれば店舗のマネジメントの知識をはじめとして，各部門の業務についても精通していないと管理できなくなります。ミドル・レベルは，ロワー・レベルを監督や指導し，そしてトップ・レベルとは，構想を確実に実行に移すために綿密なコミュニケーションをとることも必要になってくるでしょう。このような意味で，ミドル・レベルでは，特にヒューマン・スキルの割合が高くなっています。

　トップ・レベルは，企業戦略や新しい業態・フォーマットを構想するなどの企業や事業のあるべき姿を描くことができるコンセプチュアル・スキルが特に求められます。その反面，自分自身が具体的な業務をするのではなく，それを部下にやらせる立場にあるので，テクニカル・スキルの割合は減ります。また，トップの構想を本部の専門部署や全社員に向けてわかりやすく説明をしていくことが求められるでしょう。時には，店舗を回り現場の従業員に直接伝えることも大切になります。このようなことから，ヒューマン・スキルも大切な能力になっています。

5.2　能力開発の種類

　能力開発の方式には，OJT，Off-JT，自己啓発（Self Development：SD）支援があります。これらをうまく組み合わせることで，原理原則と経験をつなぐ能力開発を実行することができます。

　OJT とは，On the Job Training の略で，職場内訓練と呼ばれているものです。日常の業務を通じて，管理者や先輩の従業員が各担当者に業務の目的を教えて，実際に業務の手本を見せ，実際にやらせてみるということを繰り返しながら，その業務に習熟させる訓練法です。大学だと，ゼミでの研究活動をイメージしてみてください。研究を具体的に進めながら，先生や先輩からその都度，教えてもらうことになります。各個人の業務の習熟度や能力に応じて，実際の業務をやりながら，きめ細かく指導でき，すぐに業務にいかすことができるというメリットがあります。さらに，次に説明する Off-JT という集合研修のように職場を離れる

ことなく，また，従業員を一同に集めるコストもかかりません。

Off-JT は，Off the Job Training の略で，業務を離れての集合研修のことです。Off-JT は OJT よりも訓練の即効性は落ちますが，OJT で学んだことをより大きな業務の中に位置づける知識や，今の業務と直接関係を持つことはないものでも，仕事をするうえで知っておくべき原理原則的なことなどを学ぶことができます。大学だと，通常の講義のようなものです。この Off-JT は，監督職，管理職のような組織の階層別に行う階層別教育と，業務の種類別に行う職能別研修があります。みなさんが会社に入ると，まずは，新入社員研修という階層別研修を受けることになるでしょう。

自己啓発支援は，個人が自分自身で学ぶことを支援する制度のことで，会社側が用意する通信教育の中から受講したい講座を選んだり，外部の資格取得講座の費用を会社側が負担したり，外部のセミナーへの参加費用を会社が負担するなどして，個人の学習を支援するものです。大学だと，自主勉強といったところでしょうか。みなさん，やっていますか？

6 採用・異動・退職

従業員の新規獲得活動である「採用」による「入社」，社内の従業員の地位や勤務地，部署を変える「異動」，従業員が会社を辞める「退職」までを，一般的に雇用管理といいます。

従業員を新規に獲得する**採用**には，新卒採用と中途採用があります。新卒採用は，みなさんのような大学を卒業する実務経験のない学生を採用する活動です。中途採用は，他の企業で実務経験を積んだ人を採用する活動になります。

みなさんにとって，また小売企業の人事担当者にとって難しい問題は，新卒採用者の早期離職の問題でしょう。就職後数年で，短ければ1年以内で退職するケースも増えているようです。就活のときにあまりよく考えずに，給与が高いからとか，有名企業だからとか，家に近いからなどの安易な理由で選んでしまうと，実際に入社して仕事をしてみると，自分が考えていたのとは違うということになってしまうかもしれません。

これは何も就職活動をする学生だけの問題ではなく，企業の採用側にも，学生との接触回数が少なかったり，接触時間が短かったりするといった問題があります。新卒採用ということになると，採用の基準が一般的な能力や人間性を重視することになり，かなり抽象的になるため，採用する担当者により評価も異なってくる傾向にあるのではないでしょうか。

異動は，企業戦略の観点からや部門の活性化を狙ったもの，退職者が出たための欠員補充のようなものと，人材育成や能力開発を目的にしたジョブ・ローテーションがあります。具体的な例として，2.3「職能資格制度」の最後に，食品スーパーでのジョブ・ローテーションについて少し書きました。これから経験することなので，少しでもイメージが湧くといいのですが。

退職については，定年年齢を迎えての定年退職と，途中，他の企業等に転職する離職があります。みなさんにとっては，定年退職はまだまだ先のことですね。しかし，就職した後，途中で離職することは，そう遠くない将来に起こり得ることかもしれません。転職を勧めているわけではありませんが，いつでも転職できる能力をつけることを意識して仕事をすることで，レベルの高い仕事ができると思います。

7 現場の人材マネジメント

この章の冒頭で説明した**図表6-1**の人材マネジメントの全体構図は，本部と現場を分けた構図になっていたと思います。そこが，チェーンストア形態の食品スーパーだけでなく，店舗を展開している小売企業全般の特徴を表現しているところで，特に現場の人材マネジメントが重要になるということを強調しています。

小売企業の店舗は顧客の購買経験に影響を与えます。店舗では，価値を創り出し，顧客にその価値を提供する場になっています。曜日や時間帯により顧客も変わります。天気の急な変化などにも対応することが求められます。

さらに，店舗という現場は，顧客が商品を購買するところだけなく，その顧客の購買行動を間近で見ることができるので，顧客の反応を直に感じることができる場でもあります。感じるだけでなく，顧客とコミュニケーションをする機会もあるでしょう。つまり，顧客からのフィードバックを得ることができる場でもあるのが店舗という現場です。

このような店頭の状況に臨機応変に対応できる人材が必要になります。そのためには，現場従業員のモチベーションを高めておかないと難しいでしょう。また，自己肯定感を高めるためにも，小売業の仕事の意義や大切な意味をしっかりと伝えることも必要でしょう。このような意味から，店舗の従業員を見守り，尊厳欲求を満たすような現場の人材教育はとても大切なのです。

つまり，現場は，特に若手の育成の場にもなっているということです。職能資格制度のところで話をしたことですが，食品スーパーのキャリアルートは，まずは，店舗の部門から始まります。店舗によっては，忙しいために，新入社員が

ほったらかしの状態になっているところも決して少なくありません。店長や部門長の仕事は大変だとは思うのですが，できるだけ声をかけてほしいと思います。新入社員は，気にかけてもらっているということが嬉しいものです。ただひたすら商品を品出しする作業が続けば，頭では，この今やっている仕事の経験は大切なんだとわかっていたとしても，やはり，永遠に続くのではないかとネガティブに考えてしまう傾向にあるようです。

　若手が濃密な経験ができる場が店舗だと思います。先ほど説明したように，店舗から本部に異動になると，顧客と直接接する機会は減ります。店舗で仕事をしている間に，顧客価値を創造し，顧客からのフィードバックを得ることができる現場での体験を作れるようにすることが大切でしょう[5]。

　以上のように，顧客価値を創造する場，顧客のフィードバックを得ることができる場，人材を育成する場ということから，店舗という現場の人材マネジメントが重要な理由になります。

8　パートタイマーの人材管理

　食品スーパーにとって，**パートタイマー**[6]は必要不可欠な存在です。食品スーパーがパートタイマー，特に女性の主婦を中心とするパートタイマーを必要としている業務の特性について考えてみましょう。

　小売業全般的な傾向として，食品スーパーは他の製造業などと比べて，①利益率がとても低く，②価値を創造している店舗では急な需要変動があり，③地域の食生活に関する情報を必要としているという点を挙げることができるでしょう。1つひとつ見ていきましょう。

①**利益率が低い**：食品スーパーの営業利益率は，約2～3％です。製造業の場合，非常にさまざまな製品を作っている企業がありますが，平均すると，約4～6％ぐらいでしょうか。商品の値段の安い最寄品を販売している食品スーパーの利益率は非常に低いので，人件費を抑えたいという動機があります。

②**急な需要変動**：製造業は，工場で主要な価値を生産していますが，食品スーパーは，店頭で最終的な価値を創り出しています。製造業の工場では，急な需要の変動の影響を直接受けることはないでしょう。しかし，食品スーパーの場合だと，店頭の需要変動が直接，生鮮加工の作業に影響を与えます。曜日や時間帯による需要の変動もあります。人件費を抑えたいということもあり，作業計画（3.2「作業割当表の作成」p.148）のところで説明するように，

114　第Ⅱ部　小売マネジメント論の体系

せて人が必要になったり必要でなかったりするため，短時間で働くパートタイマーが必要になります。

③**地域の情報**：さらに，小売業の中でも特に食品スーパーは，地域性の強い食品を販売しているので，その地域の食生活をよく知る女性の主婦を従業員として採用することは重要になります。

　このような理由から，食品スーパーにおいて，女性のパートタイマーは不可欠な労働者なのです。したがって，正社員の若手同様に，店長や部門長の気配りやちょっとした声がけが大切になります。

　パートタイマーに期待されることは，小売フォーマットの違いにより異なるということも押さえておきたい点です。ローコスト型は，決められたことを確実にこなす正社員の補助としての役割が期待される一方で，アソートメント型では，正社員に近い業務内容を遂行する，まさに戦力化されたパートタイマーの役割が期待されます。

　したがって，**量的基幹化**は，ローコスト型，アソートメント型ともに進んでいますが，**質的基幹化**はアソートメント型で進んでいます[7]。これは，企業体質とか企業理念の違いということではなく，食品スーパーの小売フォーマットという戦略の違いによるところが大きく影響しています。

コラム　**ヨークベニマルに見るパートタイマーの人財育成**

　福島県郡山市に本部を構える株式会社ヨークベニマルは，福島県を中心に宮城県，山形県，栃木県，茨城県の5県で食品スーパーを展開しています。同社は，業界内でも組織能力の高い企業として評価されており，同社の目指す姿として，「個店経営・部門経営の推進」「地域で生まれ育ったパート社員で運営する店づくり」を掲げています。

　同社を，第4章の小売フォーマットで見ると，アソートメント型に当てはまるでしょう。このアソートメント型の組織は分権的なチェーンストアでした。同社は，このことを，「個店経営・部門経営」と表現しています。さらに，分権的なチェーンストアの店舗では，正社員だけでなく，パートタイマーがとても重要な戦力になります。このことも，同社の目指すべき姿に含まれており，「地域で生まれ育ったパート社員で運営する店づくり」が目標とされています。同社のパートタイマーを戦力化する人材マネジメントの核となるところを見て

みましょう。

　食品スーパーの店舗は，1日の中でも時間帯によって顧客層が異なります。立地によっても異なりますが，一般的に朝は年配者が多く，午後からは20代〜中年齢層の主婦層が増えます。夕方になると独身者の姿が目に付くようになります。地域の顧客に密着した生活提案のできる店舗を目指しているため，この変化する顧客層に合わせて時間帯で売場を変えています。

　基本的にパートタイマーは，その地域に生まれ長く住んでいるため，地域の食生活の情報に詳しく，その情報を売場づくりにいかすことができます。地域のイベント情報（学校行事等）についても，地域に住むパートタイマーから情報を収集したほうが効率的でもあります。

　時間帯に応じた計画的な売場づくりだけではありません。予期せぬ天気の変化や競合店の値下げなどで商品の売上が落ちてきた場合，売場を変えたり，少し値段を下げたりすることなどの対応も必要になります。店舗運営では，このように正社員や部門長が実行できる作業量や情報量を遥かに超えたものが求められるため，パートタイマー1人ひとりが考えながら作業をしてもらうことが必要になるのです。

　同社では，このように作業を考えながら行えるようになることを人財の育成目標にしていて，作業改善活動を人財の育成につなげています。従業員が日頃行っている店頭の業務は繰り返しの業務が多く，その作業に慣れてくると，ただその作業を何も考えないでこなしているだけになりがちです。作業に慣れること自体は必要なのですが，同時に，慣れるということはモノを考えないようにもなってしまいます。日々の忙しさに追われていると余計にそうなってしまいます。

　しかし，作業改善の取組みを行うことで，普段当たり前だと思っていたことを改めて考えてみたり，少し違った視点から同じ作業を見ると，違って見えてきたりします。その違う視点に気づくことで，作業が改善されると同時に，その視点に気づいた従業員も能力を向上させていることになります。人を大切に思っているからこそ，単純労働の繰り返しによる喪失感を抱かせないようにしています。作業改善活動は，人間を尊重する人づくりにつながり，人財の能力を引き出すことにつながっています。

　本章で説明した，会社の目標と個人の目標がリンクする「目標管理」も導入しています。自分の目標がどのように部門の目標，店舗の目標，そして会社の目標とつながっているのかがわかることで，仕事に対してのモチベーションの向上に寄与しています。

　また，1人ひとりが目標達成に向かうことのできる，「目標設定カルテ」が

準備されています。このカルテで，自分の能力や技能を自己チェックによって診断できるようになっています。評価基準は部門ごとに約100項目あり，部門長と本人が面談して評価を決定することで，納得と理解が得られるようになっています。能力項目で足りなかったところを伸ばしていけるように，何をどのようにやっていくのか，について話し合いながら決めていきます。このような評価者と非評価者の信頼関係はとても大切であることは，本章で説明したとおりです。個人の評価は部門ごと店舗ごとにまとめられ，店長や部門長はこれをチェックすることで，自店舗または各部門との目標に照らし合せ，自部門の能力や技術水準で不足している点を確認することができ，今後の店舗や部門の目標設定に役立ちます。

　部門ごとに個人別育成計画表を作成し，誰に，いつ，何を教育するのかを決め日々のどの時間で教育するのかを明確にしています。小売業の現場では，OJTは，日常の忙しさにかまけて実施されていない傾向にあります。同社のこのような施策は，現場で確実にOJTが実行される仕組みになっています。

●注

1. 評価の目的については，坪谷（2020）を参考にさせていただきました。
2. 評価のバイアスに興味を持った人もいるのではないでしょうか。そんな人は，参考文献の岩出（2020），坪谷（2020），平井・江夏（2018）などを読んでみてください。
3. 目標管理についての説明は，日本コンサルタントグループのセミナー資料を参考にさせていただきました。
4. 基本給以外の手当や残業代，それから退職金などに興味を持った人は，岩出（2020）坪井（2020）などを読んでみてください。
5. 体験をしておけば，後で原理やスキルなどを学んだときに，自分の過去の体験を再解釈して，気づきやさらに学びにつなげることができますが，肝心の体験がないとそれができません。
6. ここで，パートタイマーとは，雇用期間に定めがあり正社員の勤務時間よりは労働時間の短い短時間労働者を想定しています。
7. 量的基幹化とは，業界や企業で非正社員の数や比率が増加するという意味です。質的基幹化とは，業界や企業で，非正社員の仕事内容や責任の重さが正社員のそれに近づくことを意味しています。詳しくは，平野・江夏（2018）を見てください。

問題演習

問6-1 【オリジナル問題】
　人材マネジメントに関する記述として，正しければ，○を，間違っていれば，×をつけてください。
　　ア　ジョブ・ローテーションを実施することで，高度な専門能力を持つ人材育

成ができる。
イ　職能資格制度を採用している食品スーパーでは，入社時に配属された店舗の部門からの人事異動がしにくく，人材の流動性が低くなる。
ウ　昇格とは，課長から部長になるように，より上位の役職へ異動することである。
エ　評価は，報酬を決めることのほかに，従業員の能力開発を行うことを目的に実施される。
オ　目標管理の制度は，組織全体としての目標を考えつつも，本人の主体性を尊重することが重要になる。
カ　職能給が主体の基本給の場合，業務内容が異なる部門への人事異動でも給与が下がらないというメリットがある。
キ　OJT は，従業員の能力に応じた指導が可能になる。
ク　OJT は，教育を担当する上司や先輩従業員の知識や経験の影響を受けやすい。
ケ　OJT は，業務知識や技術を体系的に習得することができる。

 やってみよう

● 企業で仕事をするために，マネジャーに 3 つの能力が求められるのであれば，学生のみなさんは，大学の時にどのような学びをすればいいのでしょうか。
● 質的基幹化がアソートメント型で進んでいる理由を考えてみてください。

 参考文献

岩出博編著（2020）『従業員満足のための人的資源管理』中央経済社。
坪谷邦生（2020）『図解　人材マネジメント入門』ディスカヴァー・トゥエンティワン。
平井光俊・江夏幾多郎（2018）『人事管理』有斐閣。
日本コンサルタントグループ（2023）「スーパーマーケットにおける人事制度の構築と運用」『人事制度セミナー資料』。

 学びを深めたい人へ

宮副謙司・須田敏子・細田高道・澤田直宏（2013）『流通業のための MBA 入門』ダイヤモンド社。
小林二三夫・伊藤裕久・白鳥和生編著（2017）『ようこそ小売業の世界へ（改訂版）』商業界。

118　第Ⅱ部　小売マネジメント論の体系

Retail
Management

第7章　店舗開発

学習のポイント

▶チェーンストトとして店舗数を増やすことの意味について学びましょう。

▶小売業にとっての立地の重要性について学びましょう。

▶商圏設定モデルについて理解しましょう。

▶店舗開発のプロセスについて学びましょう。

キーワード

店舗開発，ドミナント出店，商圏，ハフモデル

1　店舗開発とは

1.1　店舗数を増やすメリット

店舗開発とは，小売ミックスの「店舗」の要素を生み出すもので，店舗を適切な場所に出店して店舗運営を軌道に乗せていくことです。前章までの復習も兼ねて，チェーンストアが店舗を増やす意味について少し考えてみましょう。

チェーンストアは，その店舗数を増やすことで，さまざまな能力を獲得することができます。まず，店舗数が増えると，全体の作業量は増えますが，まとめて共通する作業を行うことで1店舗当たりや1商品当たりの作業の費用が低下する規模の経済性[1]を発揮できるようになります。

店舗数が増えることで商品を大量に販売する力をつけることもできます。その販売力を背景として大量の商品を買い取るバイイング・パワーとなり，大量購入を条件に仕入先から商品の1品当たり単価を安く仕入れることができるようになります。商品を大量に購入することができる力というのは，要するにメーカーが生産した大量の製品を買い取ることができるということなので，小売業のプライ

ベート・ブランド（PB）の生産をメーカーに受託してもらいやすくなります。メーカーはある程度のまとまった生産量にならないと，個別の小売業のために特別にお金をかけて生産ライン等を変更することはしません（PBに関しては，第11章で説明しています）。

　店舗数が増えることのメリットはまだあります。店舗数が増えて商品の販売量が増えると，販売情報の精度が上がります。どのような顧客がどのような商品を購買しているかというデータの分析精度も上がります。店舗数が増えるということは，さまざまな店舗面積の店舗や立地の店舗が増えます。そうすると，たとえば，駅前立地で売れている商品がデータ分析でわかった場合，他の駅前立地の店舗でも扱うと売れる可能性があるということがわかります。

1.2　立地の重要性

　以上のように，前章までの復習も兼ねながら，チェーンストアが店舗数を増やすことの意味について書いてみました。ただし，だからといって，やみくもに店舗数を増やすことはできません。出店は，店舗の売上とコストに影響を与えます。売上が上がりそうな場所は出店するコストが高いでしょうし，逆に売上があまり望めそうにもない場所は出店するコストが安いでしょう。自社の経営の考え方や店舗に合うような立地を，売上とコストのバランスを考えながら選ばなければなりません。

　また，出店するときは，土地や店舗設備は借りる場合が多いのですが，それでも多額の資金を投入することになるため，いったん出店するとうまく売上が上がらないという理由ですぐに撤退することは難しくなります。したがって，出店する立地はとても重要になります。

　さらに，出店する場合，既存の店舗のことも考えながら，どのように店舗を配置していくかということも大切な問題です。特に，最寄品を販売しているコンビニエンスストアや食品スーパーなどは，ある特定の地域に集中して出店する**ドミナント出店**を行っています。

　ドミナント出店することの意味はいくつかあります。まず，多くの店舗を展開しているチェーンストアは，店舗をある地域に密度高く集約することで，商品をまとめて配荷することができるので，配送効率を高め物流コストを削減することができます。広域に店舗を散らばせて出店すると，物流センターからの距離や店舗間の距離が長くなるために物流コストがかかってしまいます。

　ドミナント出店することで，店舗運営のサポートをする販売本部のエリアマネジャー（エリアMG）や店舗の売場を巡回指導をする商品本部のスーパーバイ

ザー（第3章5「チェーンストアの組織」を参照）が訪問しやすくなります。このことは，複数の店舗を管理する店長にも当てはまりますし，店舗従業員や商品などを店舗間で融通し合うときにも便利になります。

さらに，ドミナント出店することで，店舗を高密度化させることになり，店舗の知名度を高め既存の競合他店舗に対して優位になることから，この地域への競合他店の参入を躊躇させることになります。

最後に，立地が重要なのは新たに店舗を出店するときだけではありません。すでに営業している店舗の立地条件は，商圏人口の変動，生活様式や交通機関の変化，競合店の出店や撤退などにより変動するため，立地の状況の見直しを継続的に行っていくことが大切になります。

それでは，次に，出店する場合にとても大切な商圏という考え方を詳しく説明していきます。

2 商圏

2.1 商圏とは

商圏とは，単独の店舗や商業集積さらに都市において，顧客を引き寄せることができる可能性のある範囲を指し，その範囲を距離や時間で表したものです。ある店舗の商圏，ある商店街やショッピングセンターの商圏，そしてある都市の商圏と，3つのレベルがあるということになります。たとえば，あるショッピングセンターの商圏は，おおよその距離で20km，時間で30分ほどと表します。

本書ではチェーンストアの小売マネジメントを扱うので，多くの場合，店舗の商圏という意味で使っています。小売業態としては食品スーパーを扱っているので，その商圏は，距離でいうと約1.5キロメートルで，時間では5分〜10分（徒歩，自転車，車）と考えられています。

2.2 商品類型と商圏

商圏は，商品の種類により，その広さが違ってきます。最寄品よりも買回品，買回品よりも専門品の商圏が広くなります。

最寄品は日常的に買われる商品であることから，買回品や専門品ほど消費者によって買われる商品に大きな違いはありません。また，消費者は最寄品を買うためにわざわざ遠くまで出かけて行くことはせず，できるだけ近場ですまそうとすることから商圏は狭くなります。食品スーパーの店舗を選ぶ理由として各種調査で一番目か二番目ぐらいにあがってくるのが，この近くて便利という要因です。

このようなことから，最寄品を販売する店舗は，近場の多くの消費者に共通して買われるような商品を揃える必要があります。つまり，地域で求められる商品を品揃えすることが重要になるということです。コンビニエンスストアや食品スーパーがこれに該当します。

一方，買回品や専門品については，最寄品と異なり，消費者は購買するための努力をある程度払います。消費者は，時間や交通費を使っても買いに行きます。つまり，それらを扱う店舗は，広範囲から消費者を引き付けることができるため，商圏は広くなります。こちらは，誰にでも共通して必要な最寄品とは異なり，特定の消費者の好みに合うような商品を品揃えしたとしても，商圏が広いことから商圏内には多様な消費者が多くいるため，店舗の経営も成り立ちます。専門店などがこれに該当します。

2.3　商圏設定モデル

商圏の範囲はどの程度になるのでしょうか。それを計算する方法があります。ここでは，代表的な2つのモデルを学んでいきましょう。

まず，商圏モデルに共通する基本的な考え方から説明します。モデルの基本的な考え方は同じです。実は，両方とも万有引力の法則の考え方が応用されているんです。万有引力の法則とは，あらゆる物体と物体は互いに引き合い，その引き合う力は，両物体の質量に比例して距離に反比例するという法則です。

ちょっと難しそうですね。次のように説明をするときっと実感を持ってわかってもらえると思います。**図表7-1**の左の図を見てください。たとえば，みなさんの自宅から，規模が大きく魅力的なA店と規模が小さく魅力を感じないB店という店舗があり，どちらに行く距離（時間）も同じなら，より規模の大きな魅力的な店舗のA店に行く傾向が高いのではないでしょうか。

この場合，A店のほうが小売吸引力があるといいます。では，今度は**図表7-1**の右の図を見てください。AとBの店舗のどちらも同じぐらい魅力的で，Aのほうが自宅からの距離（時間）が短かったら，A店に行く傾向が高くなりませんか。この場合も，A店のほうが小売吸引力があります。

以上のことをまとめてみると，人がある店舗に行く可能性は，店舗の魅力度（規模等）に比例して，その店舗までの距離（時間）に反比例するということがわかります（**図表7-2**）。このように，みなさんが普通に考えていることが商圏設定モデルの基本的な考え方なのです。

これから数式も出てきて表面的には難しそうですが，基本的な考え方は，みなさんが実感できるような理屈で考えているだけです。この考え方を頭の中に置い

図表7-1 商圏モデルの基本的な考え方

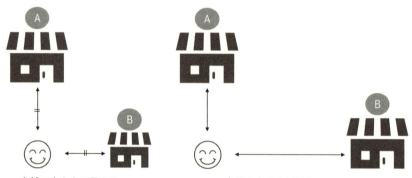

・店舗の大きさは異なる
・店舗までの距離（時間）は同じ

・店舗の大きさは同じ
・店舗までの距離（時間）は異なる

出所：筆者作成。

図表7-2 商圏モデルの基本的な考え方

$$人が店舗に行く可能性 = \frac{店舗の魅力（規模等）}{店舗までの距離（時間）}$$

て，まずは，ライリーの法則から見ていきましょう。

(1) ライリーの法則

ライリーの法則とは，ある地点から2つの都市A，Bへ流れる購買力の比は，AとBの都市の人口に比例し，その地点からAとBへの距離に反比例するというものです。

都市の人口が多ければ，商業施設をはじめとするさまざまな施設があることを前提にして，その都市の魅力度が高いと考えています。

(2) ハフモデル

ハフモデルも，基本的にはライリーの法則の考え方と同じですが，異なるところは，ライリーの法則は，2都市間の顧客の吸引について考えていますが，ハフモデルは，複数店舗の顧客の吸引について考えているところです。複数の店舗が競合している場合，顧客が店舗に行く確率は，店舗の売場面積に比例して，店舗までの時間に反比例すると考えるモデルです。

図表7-3 ライリーの法則

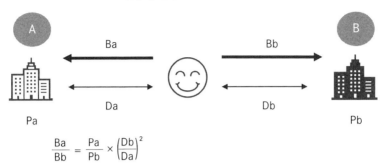

$$\frac{Ba}{Bb} = \frac{Pa}{Pb} \times \left(\frac{Db}{Da}\right)^2$$

Ba：都市Aが中間都市から吸引する小売取引
Bb：都市Bが中間都市から吸引する小売取引
Pa：都市Aの人口
Pb：都市Bの人口
Da：中間都市から都市Aまでの距離
Db：中間都市から都市Bまでの距離

出所：青木（2024）p.102を参考にして筆者作成。

　ハフモデルの場合，顧客の店舗までの距離は，物理的な距離ではなく，時間で考えられています。具体的な店舗を選ぶことになるので，ライリーの法則とは異なり，より顧客の店舗選択の考え方を取り入れているのでしょう。みなさんもある店舗に行くときに，「あの店まで5分ぐらいかな」と考えるのではないでしょうか。「あの店まで500メールトルぐらいかな」とは考えないのではないでしょうか。ある店まで行くことを考える時，時間のほうが実感に合うのではないでしょうか。

　先に，商圏の範囲は商品類型で違ってくると説明しました。顧客の自宅の近くで複数店舗が競合するような状況は，買回品や専門品の店舗ではなく，普通は食料品などの最寄品を販売している店舗になると思います。つまり，このハフモデルは，食品スーパーのような店舗に合っているということです。

　このハフモデルは，実際の店舗開発でも修正を加えられて使われているモデルになります。**図表7-4**のハフモデルの数式を見てください。この数式を見ると，とても複雑で理解できそうにないと思うかもしれません。

　図表7-4の数式ではわかりにくいので，**図表7-5**を見てください。ハフモデルは，ある特定の店舗へ顧客が行く確率を求めています。仮にA店としましょう。**図表7-5**には3店舗しか書いていませんが，実際はもっと多い場合もあります。

図表７－４　ハフモデル

$$Pij = \frac{\dfrac{Sj}{Tij^{\lambda}}}{\displaystyle\sum_{j=}^{n}\dfrac{Sj}{Tij^{\lambda}}}$$

Pij ：i地区消費者が j 施設に行く確率
Sj ：小売施設jの規模
Tij ：i地区からj施設までの時間的距離
λ ：パラメータ（距離抵抗を示す値）
n ：小売施設数

図表７－５　ハフモデルが意味するところ

A店が顧客を引き付ける確率＝$\dfrac{\text{A店が吸引する力}}{\text{(A 店が吸引する力) + (B 店が吸引する力) + (C 店が吸引する力)}}$

出所：筆者作成。

図表７－５の下の式の分子は，このＡ店が顧客を吸引する力で，それはＡ店の売場面積に比例して，居住区からのＡ店までの時間に反比例すると考えています。この考え方は何度も出てきていますよね。分母は，Ａ店，Ｂ店，Ｃ店のそれぞれが顧客を店舗へ吸引する力を足し合わせたものです。つまり，Ａ店へ顧客が行く確率は，競合する３店舗のそれぞれが顧客を引き付ける力の合計のうちに，Ａ店が顧客を引き付ける力が占める割合で計算しているということです。

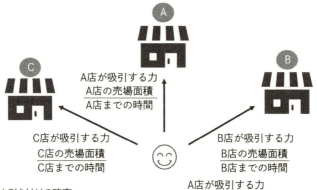

3 店舗開発のプロセス

　実際に小売企業が店舗を出店するときの業務の流れについて見ていきましょう。本章の初めで，復習も兼ねて，小売業にとって店舗を出店していくことの重要性について書きました。この小売企業のマネジメントに大きな影響を与える店舗出店という重要な業務は，いくつかの段階に分けて，それぞれの段階で意思決定をしながら，実際の出店，そして出店した店舗の運営を軌道に乗せるまでのプロセスを経て遂行されます。トップマネジメントが自ら出店する現地の視察をすることも少なくなく，トップマネジメントの意思決定も多くからんでくる，とても重要なプロセスになります。

　トップマネジメントが構想する業態・フォーマットを，経営企画部がその実現に向けて企画を立案し，店舗開発に関することが店舗開発部に託されます。では，出店のプロセスについて段階を追いながら見ていきましょう。

図表7-6　出店のプロセス

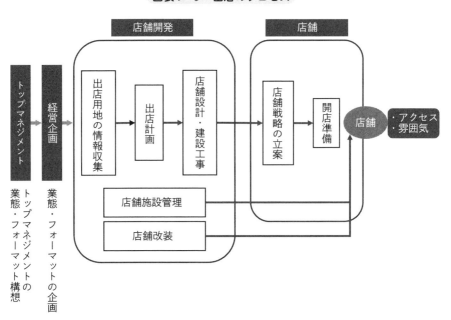

出所：筆者作成。

3.1　出店用地の情報収集

　店舗を出店するときは，自社で土地や店舗の建物を買い取ることはせず，ほとんどは土地と店舗は賃貸借契約を結んで借りています。

　良い立地の物件はほとんど不動産の市場に出ることはありません。良い立地の物件は，店舗が撤退を決定した後，貸し手が水面下で次の借り手を探します。貸し手は信用できる借り手に貸したいと考えているからです。そのため，店舗開発担当者は，店舗の出店場所の情報を得るために，日頃から不動産会社，不動産の仲介業者，銀行等とコネクションを作り，アンテナを張り，不動産情報を収集しています。

　不動産業者等からの物件情報は大変重要なものですが，不動産業者等は小売業の専門家ではないため，店舗の立地に適しているかどうかまでの判断は難しいです。そのため，店舗開発担当者が小売業の専門家として，物件を判断することになります。店舗開発担当者も，日頃から街を歩き良い立地を探しています。

　どのような場所に出店するのかということは，小売業態や店舗の規模，そして企業の戦略によって変わってきます。食品スーパーの場合は，多くが住宅地の立地となります。日常の食材を提供することが，食品スーパーの小売サービスの内容でした。この日常の食材を購入する人の行動範囲は，時間でいうと5〜10分ほど，距離にして約1.5キロメートル以内になります。

　食品スーパーの場合だと，ドミナント出店をすることが多くなるでしょう。店舗への商品の配送は物流センターからとなるため，その物流センターから商品を店舗の作業時間に間に合うように届けられる範囲内に出店する必要があります。そのために，特定の地域に集中的に出店するというドミナント出店が必要になります。

　したがって，既存の店舗と遠く離れた場所ではないということが物件選びの前提となります。このような自社の事業戦略や店舗戦略に合うような物件という観点を持っていないと，膨大な不動産情報の中から良い物件を見つけることはできません。

3.2　出店計画

　企業の事業戦略や店舗戦略に合うような物件が見つかると，商圏分析や売上高の予測，さらに，そこに店舗を出店してどれだけの採算が見込まれるのか等について考えながら，具体的な店舗や売場の概略までを計画していきます。

第7章　店舗開発　127

(1) 商圏分析

　商圏分析は，出店する地域を広い範囲でとらえたときに売上に影響を及ぼす**マクロ要因（商圏要因）**と，その地域の中でも店舗が立地する周辺の狭い範囲で売上に影響を及ぼす**ミクロ要因（立地要因）**の分析からなります。

① マクロ要因（商圏要因）

　立地を判定するうえで最も重要なのが，**商圏の規模**です。これは，来店可能な範囲にどれだけの人がいるかということです。来店者はそこに住む住民だけではありません。通勤者や通学者，他の用事で流入してくる人もいるでしょう。そのため，統計データでは，人口の規模（夜間人口）のほかにも，小売販売額や昼間人口，そして最寄り駅の乗降客数なども調べる必要があります。地域住民をターゲットとする場合は，そこに住んでいる人の数である夜間人口が重要な指標となります。

　商圏の規模の次に大切なのは，**商圏の質**です。これは，商圏内の人々の属性です。住民については，年齢構成や世帯数，世帯所得，消費性向などです。また，流入してくる人については，会社員か学生か，買い物目的は何かといったことになります。

　一般的に，住宅地に立地する食品スーパーの場合は，食料品という最寄品を販売しているため，遠方からわざわざ来店することはほとんどありません。したがって，商圏内の住民の数と属性が重要になります。世帯所得が高い場合と低い場合，また単身世帯の多さや年齢などで品揃えする商品も変わってきます。これが，買回品や専門品を販売する店舗になると，商圏も広がり，住民というよりも住民以外の人々の属性が重要になるでしょう。

　他の店舗との競合についても考えないといけません。近年では，同じ小売業態同士の競合も激しいですが，他の小売業種や小売業態との垣根が低くなり，コンビニエンスストアと食品スーパーが競合するといった，いわゆる**異業態間競争**[2]も激しさを増しています。

　競合も，ドミナント出店をしているコンビニエンスストアや食品スーパーの場合，自社の他店が競合になる可能性もあります。近隣の自社の他店舗と顧客を取り合うことにならないか，商圏設定モデルで紹介したハフモデルなども使い，店舗同士の影響を考えなければいけません。

② ミクロ要因（立地要因）

　立地要因は，顧客の店舗に対する「行きやすさ」「わかりやすさ」「入りやすさ」がポイントになります。

　「行きやすさ」とは，店舗へのアクセスのしやすさのことで，人々が住んでい

128　第Ⅱ部　小売マネジメント論の体系

る場所，たとえば，高層マンション，団地，住宅地があることや，人が集まるような施設，たとえば，商業施設，駅，オフィスビル群，工場などに接近している店舗は，大きな需要を期待することができます。

「わかりやすさ」は，視認性です。通行人やドライバーから見えるか見えにくいかの評価です。店舗の看板が樹木や他店等によって遮られないか，チェックが必要です。

「入りやすさ」とは，店舗や敷地への入りやすさという接近容易性のことです。店舗の間口が狭いと心理的にも入りにくさを増幅させてしまうでしょう。

③　商圏分析の必要性

商圏の範囲を把握していなければ，ダイレクトメール等の販促を重点的に実施する範囲を特定できなかったり，店舗の品揃えが顧客と合わなかったり，競合店を正しく把握できない等の問題が生じる可能性があります。

また，もちろん出店計画段階では，正確に商圏を把握することはできません。実際の商圏は出店後にわかることになります。しかし，出店するか否かの判定をするためには，出店前に商圏の把握は必要です。そして，出店後に実際の商圏と比較して，どのような事前の想定が合っていたか，また何が間違っていたのか，検証作業をすることで，次の出店計画につなげていくことができるでしょう。

(2)　売上予測，投資回収

出店場所がいくつかに絞られてくると，その候補となる立地について売上予測を行います。商圏全体に対して，出店する店舗が何％のシェアを取ることができそうかについて予測します。食品スーパーでは，よくハフモデルが用いられています。(1)でみたように，商圏分析により，出店を考える商圏規模を計算します。

次に，この商圏内の競合する店舗をピックアップして，出店予定の自店舗も含めてハフモデルを用いて小売吸引力を分析します。前述のハフモデルの説明では，店舗の魅力度として売場面積の広さをとりましたが，実際はこれに，駐車場の台数，売場の魅力度等の売り場面積以外の要因を数値化して加味します。

また，店舗へ行くことを妨げる要因としては，時間だけでなく，立地要因もあります。たとえば，人が集まる駅や役所からの距離，あるいは，坂道の場合は抵抗係数を掛けて時間や距離を延ばす，川があると橋を渡るルートの場合にかかる時間や距離を計算しています。このようにして，出店予定の自店舗と競合店の吸引力を計算することができるので，ここから，出店予定の自店舗へ来る顧客の確率を計算することができます。その確率を，上記(1)①の商圏規模に関するデータ等を使うことで，売上高の予測値として算出します。

また，出店計画においては，投資回収の計画についても考えます。投資回収とは，店舗の開店前に支出した費用や店舗の設備費等を，店舗の開店後に借りた土地や物件に対する賃料を払いながら，毎年利益を得て回収することです。投資回収の期間が短いほど，立地条件が変化したときに，店舗を閉鎖して他の立地へと移転しやすいでしょう。
　以上のようなことを考えて，出店を決めていきます。

(3) 店舗・売場イメージ

　出店する候補地が決まると，さらに出店する店舗の規模，売場レイアウト，売場のイメージ，テナント候補，売上高の見込み，投資計画などをトップマネジメントも出席する経営会議で審議します。
　また，異業態を含めての競合店の調査や顧客になると思われる地域住民へのインタビュー調査，出店候補地周辺の道路や坂，川などの地理的状況なども調査します。
　出店が決定すると，店舗の具体的な設計作業に入り，その後，建設工事へと進みます。店舗設備だけでなく，駐車場や駐輪場の配置も重要になります。なぜなら，出入りしやすい駐車場や駐輪場が顧客から求められますし，駐車・駐輪できる台数が売上高に大きな影響を与えるからです。

図表7-7　売場のゾーニング

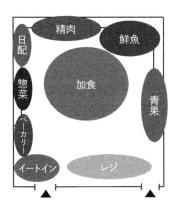

出所：筆者作成。

　出店計画の段階では，店舗のゾーニングまで考えます。その際，店舗内の売場構成を用途・機能別に考え，商品の配置，顧客の動線や作業動線などを考慮しま

す（**図表 7 - 7**）。ゾーニングでは，各売場が何を販売しているのかをわかりやすく区分することが大切です。また，売上高にみあった売場のスペース配分をします。つまり，売上高の多い商品は売場面積を大きくしたほうが，全体の売上高も増えます。

顧客が歩きやすく，回遊性を高めるゾーニングについてどのように考えるのかは，第 8 章の ISM についての記述で詳しく解説します。

次の段階である「店舗設計・建設工事」についての説明は割愛します。

3.3 店舗戦略の立案

出店計画を決めてから，具体的に店舗を開店するまでに，2～4 年ぐらい経過している場合もあります。そのため，計画段階の途中で，改めて，さらに細かく商圏調査をすることが必要になることもあります。

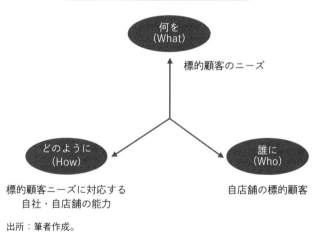

それでは，新店の店舗戦略の立案について説明します。

まずは，新店の周辺に住む顧客へのグループインタビューを実施したり，座談会を開いたりして，「普段どこで買い物をしているか」「どんなお店に出店してほしいか」等を調査します。異業態も含め競合になりそうな店舗についても調べます。それらの調査結果を踏まえ，商品本部の各商品部に売場のコンセプトの作成を依頼します。各商品部からのコンセプトや各種調査の結果を踏まえ，店舗コンセプトの 3 要素（**図表 7 - 8**）から店舗コンセプトを明確にし，それを実現でき

る新店舗の店舗戦略を決定します。

3.4 開店準備

新しい店長の下，パートタイマーの採用を開始します。採用後は，パートタイマーの教育研修が始まります。開店の半月前ぐらいには，既存の店舗で出店準備のために研修していた正社員メンバーが集まり，開店準備のために各部門で業務の流れなどを確認します。

3.5 出店後

出店後は，店舗が正常に運営できるように日々メンテンナンスを行います。日々店舗から，雨が漏れている，壁に穴が開いた等々修繕依頼があり，それらへの対応業務に追われることになります。

店舗が時の経過とともに競争力を失い，業績が悪くなることもあるでしょう。定期的な店舗改装や増床も必要になるかもしれません。店舗の業績が不振になってもすぐに撤退を考えないで，立地条件の見直しをすることも必要です。店舗の立地条件も人口の変動や生活様式，交通機関の変化，競合店の状況により変化していることでしょう。定期的に立地の状況の見直しを行うことが大切になります。

> **コラム　日本型 HD 店舗を開発・展開するビッグ・エー**
>
> 　ビッグ・エーは，東京都板橋区に本社を置く，食料品・日用品を販売するハードディスカウントストア（HD）を展開している小売企業です。HD とは，ドイツのアルディが1952年に開設した，購買頻度の高い加工食品に品揃えを絞り込んだ小型の店舗のことです。同社は，日本型 HD を目指し，「安全・新鮮な食品で健康的な食生活を送りたい」「毎日無理なく買える高品質な商品が欲しい」という顧客価値の実現に力を入れています。
>
> 　一般の食品スーパーの売れ筋の中で 2 割の生活必需品に品揃えを絞り込み在庫も少なくすることで，商品回転率を高めています。一時的な特売をなくし販売数量を平準化することで無駄な在庫や廃棄，食品ロスを減らしています。
>
> 　小規模な店舗なので出店する投資コストが少なく，日々の店舗運営に必要な人件費や水道光熱費などの省人化，省力化につながっています。また，自社で物流を担うことにより，売場，通路別に商品の納入が可能となり，毎日一定の時間に各店へ納品することで，店舗作業の軽減，生産性の向上を図っています。

132　第Ⅱ部　小売マネジメント論の体系

店舗では，単純化・徹底化・標準化を貫き，徹底したローコスト・オペレーションにより，「根拠のある安さ」を達成しています。

　この「安さ」へのあくなき追求は，日本型HDにおいて絶対に必要なものです。これに，店舗への「来やすさ」「入りやすさ」，売場の「見やすさ」「買いやすさ」，商品の「選びやすさ」そして「安さ」をプラスします。これらの「〜やすさ」が加わることで，同社の目指す「安全・新鮮な食品で健康的な食生活を送りたい」「毎日無理なく買える高品質な商品が欲しい」という顧客価値を実現しています。

　それと同時に重要となるのが，企業文化です。同社のやるべきこと，やらなくてよいことを明確にし，1人ひとりが安さの根拠を積み上げていく「凡事徹底」です。そして，この「凡事徹底」を積み重ねている仲間を敬い，感謝し合える「凡事感謝」の価値観を持つ企業文化を醸成しています。

　以上のような同社の取組みを，本書の小売マネジメントモデルでまとめてみましょう。トップマネジメントの構想は，安全・新鮮な食品で健康的な食生活を送るために，毎日無理なく買うことができる価格で商品を購入できるという顧客価値です。その構想の下，日本型HDという業態・小売フォーマット開発を目指しています。

　同社の日本型HDは，第4章で説明した，ローコスト型の小売フォーマットに該当するものと考えることができるでしょう。本部主導型で店舗設備や作業を単純化，標準化し，店舗の品揃えを絞り込み，運営コストをかけないローコスト・オペレーションを展開しています。これで，小売マネジメントモデルの「商品」と「店舗」の要素がわかりました。

　残りの「人材」については，当たり前のことを当たり前に日々確実にチームワークで実行し，そのことを従業員同士で敬い，感謝し合える人材像を掲げて人材マネジメントを行っていることが理解できます。

●注

1　規模の経済性とは，メーカーなどで，製品を多く生産するほど，製品を1つ作るコストが低くなることや，小売業などで，商品を多く扱うことで，商品1品当りの作業コストが低くなることです。たとえ話をしましょう。あるメーカーが，A製品を生産する時，1,000万円の機械を購入したとしましょう。この機械で，A製品を1つ生産した場合，単純に投資した元手を回収しようとすると，このA製品をいくらで販売すればいいでしょうか。利益やその他の費用等は考えないでください。答えは，ちょっとありえないですが，1,000万円ですね。このA製品の生産量を増やしてみましょう。100個だと，10万円で販売すればいいですね。では，1,000個作ると，1万円で販売してもいいですね。このように製品を多く生産すればするほど，製品1個当たりのコストは低減していきます。同様に，小売業が扱う商品も，作業がある程

度標準化されているという前提で，大量に扱うほうが，商品1品当たりの作業コストは低くなります。

2　異業態間競争とは，異なる小売業態間の競争のことです。たとえば，食品スーパーとコンビニエンスストアは，小売サービスは異なっていますが（コンビニは即時消費する商品・サービス中心で，食品スーパーは料理の食材が中心です），弁当やお菓子，飲料などの食品では同じような商品を取り扱っていますよね。したがって，違う小売業態ですが，競争をしています。

問題演習

問7-1　【中小企業診断士試験　運営管理　平成30年度　第23問】
　商圏分析として，A市およびB市がその中間に位置するX町から吸引する購買額の割合を，ライリーの法則に基づいて求めたい。その計算に必要な比率として，最も適切なものの組み合わせを下記の解答群から選べ。
　　　a　「A市の人口」と「B市の人口」の比率
　　　b　「A市の面積」と「B市の面積」の比率
　　　c　「A市とX町の距離」と「B市とX町の距離」の比率
　　　d　「A市とX町の住民の総所得の差」と「B市とX町の住民の総所得の差」の比率

〔解答群〕
　　ア　aとc
　　イ　aとd
　　ウ　bとc
　　エ　bとd

問7-2　【リテールマーケティング（販売士）3級検定試験　模擬問題：『販売士』2023年9月号　マーケティング】
　空欄にあてはまる答えとして，最も適当なものを選択肢から選んでください。
　　小売業が新たに出店する目的は，おおむね(1)有望エリアへの出店による売上高の拡大，(2)真空エリアへの出店による新たな市場の開拓，(3)既存エリアへの集中的・継続的出店による□□□，のようなことにある。
　　1．商圏範囲の測定と設定　　2．ストアアロケーションの選定
　　3．ドメインの明確化　　　　4．ドミナント形成

問7-3　【リテールマーケティング（販売士）3級検定試験　模擬問題：『販売士』2021年9月号　マーケティング】
　空欄にあてはまる答えとして，最も適当なものを選択肢から選んでください。
　　小売業が立地戦略を練る際に，特に重要な事項は，(1)採算性，店舗規模に見

合った立地特性，(2) 企業理念，経営戦略と合致する立地特性，(3)□の確立に適合する立地特性，である。
 1．ストアコンセプト　　　2．テーマカラー
 3．データベース　　　　　4．サプライヤー

●次のような状況にあるとき，ハフモデルの考え方を使って計算してみましょう。みなさんの自宅の近くに食品スーパーが3店舗あるとしましょう。A店の売場面積は2,300㎡で，10分かかります。B店の売場面積は2,000㎡で，5分かかります。C店の売場面積は2,500㎡で15分かかります。ハフモデルの考え方によると，みなさんはどの店舗に一番よく行くことになりますか。
●Googleマップで，自宅の近くや学校近くのコンビニを検索してみよう。意外と近くなのに，まだ行ったことがない店舗もあるのではないでしょうか。なぜ，そこに店舗があるのかを考えて，実際に行ってみましょう。いろいろと気づくことがあるかもしれません。

青木均（2024）『小売マーケティング・ハンドブック（第2版）』同文舘出版。
榎本篤史（2017）『すごい立地戦略』（PHPビジネス新書）PHP研究所。
髙嶋克義・髙橋郁夫（2020）『小売経営論』有斐閣。
林原琢磨著／林原安徳監修（2020）『実践！「繁盛立地」の判定・分析・売上予測』同文舘出版。

林原琢磨著／林原安徳監修（2020）『実践！「繁盛立地」の判定・分析・売上予測』同文舘出版。
日本商工会議所・全国商工会連合会編（2021）『販売士ハンドブック（発展編）〜リテールマーケティング（販売士）検定試験1級対応〜―下巻―』カリアック。

第**8**章 顧客経験マネジメントと店舗オペレーション

Retail Management

学習のポイント

▶購買経験，関係的経験，消費経験の相互関係について学びましょう。

▶食品スーパーにおける買物行動の特徴について理解しましょう。

▶インストア・マーチャンダイジングの目的と体系について学びましょう。

▶小売サービスと小売ミックスと店舗オペレーションがどのような関係にあるのかについて理解し，店舗オペレーションの役割について学びましょう。

キーワード

購買経験，関係的経験，消費経験，インストア・マーチャンダイジング（ISM），店舗オペレーション

1 顧客経験マネジメントと店舗オペレーション

第2章で説明をした購買経験，消費経験，関係的経験から成る顧客経験に働きかけるマネジメントが，**顧客経験マネジメント**です（**図表8-1**）。顧客経験は，小売企業からの影響だけでなく，他の顧客や他の企業，それからネット等々からも，もちろん影響を受けますが，ここでは，特定の小売企業が影響を与えることができる可能性のある要因に限定して考えていきます。

本書では，**インストア・マーチャンダイジング**（以下，ISM（読み方：イズム）と表記することもある）と広告・FSP等から成る非購買時のプロモーションをまとめて，顧客経験マネジメントと呼びます。インストア・マーチャンダイジングは主に購買経験に，非購買時のプロモーションは主に関係的経験に影響を与える可能性があると考えます。

ISMとは，店内のスペースを最大限活用して，最も効果的な売場や棚割（プ

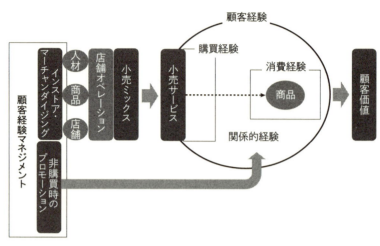

図表8-1　顧客経験マネジメント

出所：筆者作成。

ラノグラム）を作り，販促を行い，顧客の購買を促進する活動のことです。この活動を小売サービスにつなげる役割を果たすのが，店舗オペレーションです。

店舗オペレーションは，店内や店外の状況の変化に対応しながら，一定の小売サービスを提供するために，人材，商品，店舗（売場）の小売ミックスの各要素を融合して購買経験に働きかけるものです。ISMとともに店舗で実行されるため，店長の担当となります。

関係的経験に影響を与えることができると考えられるのが，非購買時のプロモーションです。この活動は，基本的には本部の販売促進部門が担当することになります。本書の小売企業の例の場合は，第3章の**図表3-6**にある，販売本部の「販売促進部」になります。

2　顧客経験マネジメント

小売企業は，直接，消費経験に影響を与えることはほとんどできません。店舗での購買経験や関係的経験に影響を与えることで，間接的に消費経験に影響を与えることができるのです。購買経験にはISMが，関係的経験には**非購買時のプロモーション**が影響を与えることができると考えられます。

このことを，売上高の構成要素との関係で見ることもできます。売上高は，客

数×客単価×来店頻度で構成されています。購買経験に影響を与える ISM は客単価の増加に，関係的経験に影響を与える非購買時のプロモーションは客数と来店頻度の増加に影響を与えることができると考えられます。

まず，購買経験に影響を与える活動として，ISM について見ていきましょう。

2.1　インストア・マーチャンダイジング

ISM の仕組みや販売方法は，店内の消費者の購買行動に基づいて考えられているので，まずは，それを確認してから先に進みましょう。

(1)　店内の消費者の購買行動の特徴

第1章で説明したことを覚えていますか。食品スーパーで販売されている商品の多くは最寄品であり，顧客の関心は低いと説明しました。つまり，商品自体への関心はそれほどありません。そのため，購買するときに事前にしっかりと情報探索をしませんし，商品の値段も安いので，買って失敗してもそれほどの痛手ではないことから，買うかどうかは商品を買う時点で決める傾向にあります。このような，店舗内で買う商品を決めることを**非計画購買**といいます。

反対に，買う商品を事前に決めて買うことを**計画購買**と呼びます。計画購買には，ブランドを決めて買うブランドレベルの計画購買と，商品カテゴリーレベルの計画購買とがあります。通常，計画購買とはこの商品カテゴリーレベルのことを指しています。第1章で非計画購買が約8割と書きましたが，これも商品カテゴリーレベルのことです。

また，購買頻度が高く関心が低い商品を購買することになるので，買物パターンは習慣的になり，新たな商品の探索行動は少なく限定的となります。そのため，買物行動はルーティン化されていて，ほぼ決まった商品を買う傾向にあります。

少し注意をしておきたいのは，買物パターンが習慣的になっても，計画購買をするとは限らないということです。特に何を買うかを決めず，店内でいつも買うような商品を決定する，つまり非計画購買をするということがあるからです。

以上のような消費者の店内における購買行動の特徴に合った売場づくりについて，これから説明していきます[1]。

(2)　インストア・マーチャンダイジングの目的と体系

ISM の目的は，店内における非計画購買の個数を増やし，計画購買の商品を確実に買ってもらうことで，来店客1人当たりの買上げ金額（客単価）の最大化を目指すものです。**図表8-2**に ISM の体系を示しています。

ISMは，売場の生産性向上を目指すスペース・マネジメントと短期的な売上増加を目指すインストア・プロモーションから構成されます。**スペース・マネジメント**は，顧客に商品をきちんと見てもらえ，選びやすいように商品の配置や陳列を考えます。一方の**インストア・プロモーション**は，商品そのものの特徴や低価格設定により顧客に訴求します。

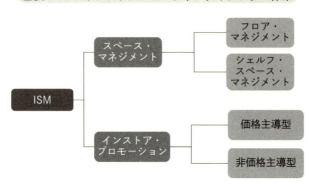

図表8-2 インストア・マーチャンダイジングの体系

出所：流通経済研究所編（2016）p.11を参考に筆者作成。

(3) フロア・マネジメント

フロア・マネジメントは，スペース・マネジメントの1つで，店舗のフロア内における商品の売場の位置に焦点を当て，売上や利益の最大化を図ろうとするものです。

① 効果的な売場のレイアウトと動線長

図表8-3を見てください。縦軸は顧客が店内で買い上げる総購買個数で，横軸は動線長です。**動線長**とは顧客が店舗内を回遊する軌跡の長さです。このデータを見て，みなさんは，総購買個数を上げるために何をすればいいのかわかりますか？ そうですね，動線長を長くすると，計画購買個数と非計画購買個数が増えますね。特に，非計画購買個数が増えます。

では，なぜ，特に非計画購買個数が増えるのでしょうか。みなさんも経験ありませんか。店舗内を歩いているうちに，「あっ，これいいな」「安いから買っておこう」なんて，ついつい商品を買ってしまうことが。食品スーパーでは，非計画購買が約8割でした。このように店舗内を歩き，店舗の売場に陳列されている商品につい目を留めることで買ってしまう経験は多くの人にあるはずです。

図表 8-3 動線長と総購買個数の関係

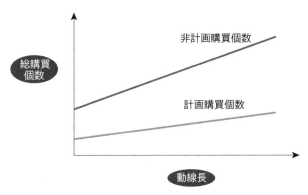

出所：流通経済研究所編（2016）p.63を参考に筆者作成。

　注意してもらいたいのは，やみくもにこの動線を長くしてもだめだということです。それはみなさんの買物経験でもわかることではないでしょうか。もちろん，限度はありますが，限度内であれば長いほうがいいのです。では，どうやったら，この動線長を長くすることできるでしょうか。

② パワー・カテゴリー

　パワー・カテゴリーとは，よく買われる商品で，計画購買されやすい商品の種類のことをいいます。食品スーパーであれば，豚肉，鶏肉，食パン，卵，牛乳などです。先ほどの動線を長くすることと，このパワー・カテゴリーとは関係がありますが，わかりますか？

　このパワー・カテゴリーは，計画的によく買われるわけですから，この商品を売場の一箇所にまとめて置くのではなく，**図表 8-4**のように，離しておきます。このように配置することで，あるパワー・カテゴリーの商品を買ったら，次のパワーカテゴリーの商品を買うために，そちらに歩く必要が生じます。その途中に，よく非計画購買されるような，スナック，チョコレート，生菓子などを陳列しておくことで，顧客はつい手を伸ばしてしまいます。みなさんもきっとこんな経験はあるのではないでしょうか。

　顧客に売場を回遊してもらうためには，主動線となる売場の外周を長く歩いてもらうことが必要になります。

140　第Ⅱ部　小売マネジメント論の体系

図表8-4　動線とパワー・カテゴリー

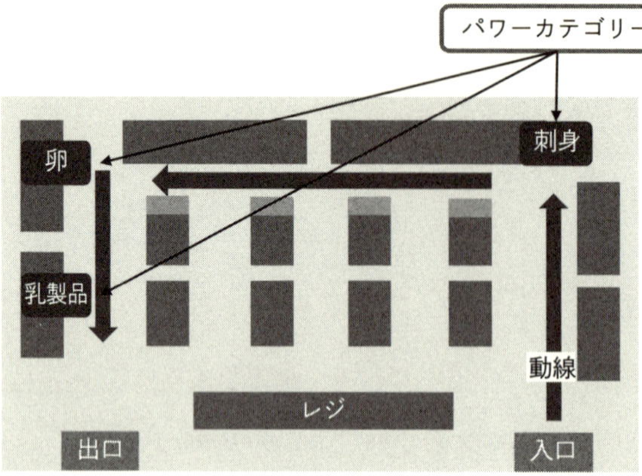

出所：筆者作成。

③　野菜の売場の位置

　ほとんどの食品スーパーの入口は，野菜・果物売場から始まっています。どうしてだと思いますか？

　これには理由があります。野菜は，肉料理，魚料理のどちらにも使用される食材であり，使用頻度が高いことから常に冷蔵庫の中にストックしておきたい食材なんです。そのため，まずは材料を補充することから買い物を始めてもらい，今日の献立を想像してもらい，買い物にリズムをつけます。

　また，野菜・果物は肉や魚に比べ，見た目が鮮やかで，売場としての彩も表現しやすいということがあります。四季折々に旬の食材があるため季節感を出せることや，香りも良いことから，顧客の購買意欲を刺激する効果もあります。

④　売場ごとのスペース配分

　たくさん売れる売場には多くのスペースを配分することが大切です。あまり売れない売場に均等にスペースを割くよりも，全体の売上高は増加します。不思議ですね。しかし，これには店舗内の顧客の購買行動の特徴が出ているのです。

　商品に対する関与度が低い，つまりあまり関心がないので，その場で非計画購買することが多いですよね。ということは，その場で目立つ，目につく商品を買いやすいということなんです。計画購買されるような商品であれば，一生懸命探すでしょう。しかし，関心が低い商品に対してはそのようなことはしません。目に入った商品に手を伸ばします。つまり，見られないと買われないのです。これは，次に説明するシェルフ・スペース・マネジメントでも同じです。

(4) シェルフ・スペース・マネジメント

シェルフ・スペース・マネジメントとは，棚の商品の陳列スペースや陳列の位置をコントロールすることによって，売上や利益の最大化を図ろうとするものです。

① 買いやすい陳列

顧客が買いやすい陳列は，「見やすく」「探しやすく」「触れやすく」「選びやすい」ということが大切になります。

「見やすく」「探しやすく」は，商品の正面（フェイス）を顧客側に向けて商品名を確認しやすくするとか，商品の大きさを揃えたりすることで，とにかく顧客の目に留まるようにすることが大切です。それは，何度も説明していますが，商品に対する関与度が低く非計画購買が基本なので，とにかく見えないと購買されないためです。

「触れやすく」は，商品を高く積み上げすぎたり，商品を詰めて並べたりしないことです。せっかく商品を見てもらったとしても，それをいざ取ろうとする時に取りづらければ，購買が中止されてしまいます。実際，コンビニのリーチインクーラーでは，扉を開けて奥の方からは商品を取り出しづらいため，売れるのは扉を開けてすぐのところにある商品です。

「選びやすい」とは，商品を顧客が選ぶ基準できちんと分類されていることです。たとえば，用途別や機能別，価格帯別やデザイン別，ブランド別などの基準で陳列することです。

コンシューマー・ディシジョン・ツリー（CDT: Consumer Decision Tree）という考え方があります。これは，顧客が商品を選ぶ時にどのような優先順位で要素を見ているかというもので，CDT に従った順番に陳列することで，顧客にとっては選びやすくなります。

ペットボトルのお茶を例にして説明しましょう。たとえば，価格，サイズ，ブランドの順で買う商品を決めるのであれば，まず，商品の陳列を価格別にして，その次に同じ価格帯の中をサイズ別でわけ，その中をさらにブランド別に分けて陳列すると，顧客にとって選びやすい商品陳列になるということです。

② ゴールデンゾーン

商品の陳列位置で，商品が売れやすい位置があります。目線の下，手を伸ばして届くあたりです。ここを，**ゴールデンゾーン**といいます。まさに名前のとおり，この位置に商品を置くと売れるのです。そこにたまたま売れる商品を置いているということではありません。別の商品に入れ替えても売れるのです。なぜだと思いますか。これも，店内の顧客の購買行動の特徴から説明することができます。

説明する前に、たとえば、みなさんの推しのアイドルのグッズが棚の上から下まで陳列されてあったらどうでしょうか。棚の上から下までくまなく見ますよね。これだと、棚の位置によって売上は変わらないでしょう。しかし、思い出してください。食品は関心度が低いのです。ですから、推しのアイドルのグッズのように一生懸命に商品を見て買おうとはしないでしょう。目に入って手に取りやすい商品を買うでしょう。このような理由で、食品の売場ではゴールデンゾーンというものが生まれるのです。

③ フェイス効果

フェイスとは、商品の顔のことで、商品名が書かれているパッケージ面のことです。商品をいくつどこに陳列するかということを、**フェイシング**といいます。そして、**フェイス効果**とは、フェイスの数が売上高に対して及ぼす影響のことをいいます（**図表 8-5**）。

なぜ、商品を多く陳列していくと売上高が上がるのか、わかりますか？ ゴールデンゾーンというよく売れる商品陳列の位置が生まれるのは、食品に対する関与度の低さが原因としてありました。同様に、この商品に対する関与度の低さにより、フェイス効果という現象が生じます。つまり、商品の陳列数が少ないと目立ちません。この陳列数が増えることで、顧客の目に留まりやすくなります。

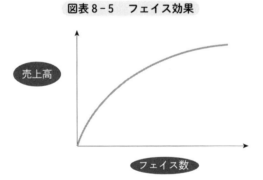

図表 8-5 フェイス効果

出所：流通経済研究所編（2016）p.106 を参考に筆者作成。

コンビニエンスストアなどで、同一の新商品がずらっと並べられているところを見たことがある人もいるのではないでしょうか。あれだけたくさん商品を陳列すると目に留まりますよね。

商品の陳列に関するお話はこれで終わりです。店舗にはさまざまな商品の陳列の方法があります。ここには書ききることができないので、是非、学修資料①陳

第8章　顧客経験マネジメントと店舗オペレーション　　143

列方法を見てください。さまざまな陳列方法があって，それぞれに名前がついています。

(5)　インストア・プロモーション

　インストア・プロモーションとは，インストア，つまり店内でのプロモーション，すなわち店内の顧客に情報を提供して購買を働きかける活動のことです。インストア・プロモーションには，主に商品の価格を下げることで，その割安感から商品の価値をアピールする方法である「**価格主導型**」と，商品の価値を情報提供等の何らかやり方で気づいてもらうようにする方法である「**非価格主導型**」があります。

①　価格主導型

●値引き・特売

　値引き・特売は，第5章「マーチャンダイジング」の価格設定のところで説明した，ハイアンドローです。ある一定期間，定番価格を下げて顧客に商品の安さを訴求します。一定期間が過ぎるとまた定番価格に戻すことから，顧客に対して，今，買う必要性があると購買を迫るものでもあります。

　気をつけなければいけないのは，あまりにも過度な値引き・特売をすると，顧客の内的参照価格を下げることになってしまいます。**内的参照価格**とは，顧客が自身の購買経験をもとにしている商品価格の相場感です。つまり，「この商品って，だいたいこれくらいの値段よね」という感覚です。この内的参照価格が下がると，この商品は，値引き・特売をしないと売れなくなってしまいます。

●バンドル販売

　1つ当たりの商品の値段を安くし，商品を複数個まとめて販売する方法です。いろいろな味を楽しみたいような商品であれば，さまざまな味の商品をバンドル（bundle：束）にします。特定のブランドが顧客に効果があるのであれば，同一ブランドをバンドルにして販売すればよいでしょう。

　バンドル販売だと，1つの商品価格が安くなっていることに気づきづらいため，商品に対する内的参照価格の低下を抑えることを期待できます。

②　非価格主導型

●POP

　POPとはPOP（Point of Purchase）広告のことです。売場で商品の割り引いた値段や説明が書かれているものです。店員の手書きのPOPなども見たことがある人はいるのではないでしょうか。もしかすると，アルバイトで，POPを手書きで作ったことがあるよ，という人もいるかもしれませんね。

複数のブランドに対してロイヤルティを持つ傾向にあるとされるドレッシングなどには，商品の特徴をわかりやすく書いたPOPにしたり，この商品を使って楽しい食事をイメージできるような「コトPOP」[2]も有効になるでしょう。

● クロス・マーチャンダイジング（クロスMD）

　食品スーパーの売場は，基本的には，商品の物理的な特性や商品管理の温度帯によって分けて売場が作られています。つまり，カレーのルーとニンジンや牛肉は，別の売場になっています。しかし，カレーを作るときには，カレーのルー，ニンジンや牛肉のほかにも玉ねぎも必要になるかもしれません。

　商品が使われる利用シーンに必要な商品を一緒にした陳列があると，顧客も買いやすいですし，何よりも，顧客に対して販売したい商品の提案をすることができます。このような陳列方法を，**クロス・マーチャンダイジング**といいます。よくクロスMDといわれています。アパレル業界では，コーディネート陳列と呼ばれています。

　小売業の特性について第1章や第2章で見てきましたが，その1つは，さまざまな商品を消費者が買いやすいように品揃えするところにありましたね。まさに，クロスMDとは，この小売業の特性をいかしているプロモーションであるといえるでしょう。

● デモンストレーション販売

　販売担当者が，店内で商品を実際に顧客に使ってもらったり，商品を使った料理を作り顧客に試食をしてもらったりすることで，商品を売り込んでいく販売方法です。略してデモ販と呼ばれたり，実演販売と呼ばれたりします。

　顧客に直接商品の特性を実演して知らせることができるため，効果の高い販売方法です。デモンストレーション販売を担当するのは，小売企業の店頭の従業員かメーカー等から派遣される販売員ですが，いずれにしろ，人的なコストがかかる販売方法となります。

　新商品が発売された時など，顧客にその商品を認知してもらう働きかけとして効果を発揮するものとなります。

● サンプリング

　試供品を顧客に提供するプロモーションです。新商品などで，商品の特徴を説明しづらい場合，実際に使ってもらうことで，今回の購買ではなく，次の購買に結びつけていくことを狙いとしています。

　商品に対して興味はあるがなかなか購買に踏み切れない，という顧客の背中を押すようなことができます。化粧品売場でよく見かけるのではないでしょうか。

●プレミアム

プレミアムとは景品のことです。ノベルティとも呼ばれます。ペットボトルの飲料のキャップのところにキャラクター・グッズが付いているものを見たことがある人も多いでしょう。これは，ベタ付きプレミアムとか総付景品ともいいます。

この商品に付ける景品は，景品表示法により限度額が決められています。ちなみに，商品の取引価格が1,000円未満の場合は，景品の限度額は200円となっています。

●クーポン

顧客に特典の提供を約束するチケットを発行し，そのチケットと交換で，商品の割引や試供品を提供するプロモーションです。

たとえば，次回来店時に利用できるクーポンを発行することで，再来店を促すことができます。客単価の向上を期待して，「3,000円以上のお買い上げで10％OFF」のようなクーポンを発行しています。

2.2 非購買時のプロモーション

顧客経験のうち，購買や消費を行っていない日常生活の中で情報を提供する活動です。これは，消費経験へはもちろんのこと，直接，顧客の商品購買時への働きかけでもありません。関係的経験への働きかけが購買経験や消費経験に間接的に影響を与えることを期待した活動です。

(1) フリークエント・ショッパーズ・プログラム

フリークエント・ショッパーズ・プログラム（Frequent Shoppers Program：以下，FSP）は，自店舗で多頻度購買する優良顧客を優遇して，自店舗の顧客を固定客化するための施策です。FSPは，すべての顧客に平等に接することを基本としながらも，購入金額や来店頻度の高い顧客には個々に特典やサービスを提供することで，優良顧客を維持することを狙いとしています。

FSPは，長期的な視点で顧客との良い関係を構築して，**ストアロイヤルティ**（Store Loyalty：店舗に対する忠誠）を向上させ，来店頻度の増加を狙います。食品スーパーは最寄品を扱っていることから商圏範囲が狭いので，この商圏を拡大することはなかなか難しいです。したがって，商圏内の顧客をさらに開拓して，固定客化を図るためにも，このFSPは重要な仕組みとなります。

みなさんの中には，優良顧客に絞り込んで店舗経営できるのか，と疑問に思う人もいるのではないでしょうか。FSPを正当化する根拠となるのは，2：8法則です。これは，売上金額上位2割を占める顧客で，店舗全体の8割の利益をも

たらす，という経験則のことです。

　FSP は，優良顧客に対する単なる割引の手段ではありません。顧客 1 人ひとりに合った丁寧な対応をしていくことです。そのためには，クレジットカードやポイントカードなどで顧客を個人単位で把握し，顧客が，いつ，何を，何と一緒に，いくらで買ったのかという購買行動をデータベース化します。そして，データ分析から，顧客が買う確率の高い商品を勧めるような販促につなげていきます。

　FSP を包含する顧客との関係づくりを目指すものが，**CRM**（Customer Relationship Management：顧客関係管理）になります。顧客データの体系的な管理により，顧客との良好な関係を継続していこうとするデジタルなものが出発点ですが，章末の**コラム「サミットの『案内係』」**のように，顧客 1 人ひとりを，購買行動だけでなく生活行動まで含めて識別することで，アナログ的な人と人とのつながりができています。このような顧客とのつながりは，日々顧客と接することのできる "売場" を持っている小売業だからこそ，できることです。

(2)　広告
①　新聞折込広告

　新聞に折り込んで新聞と一緒に配達される広告です。新聞折込広告はエリアを特定できるので，ターゲットに効率的に届けることができます。以前は，有効なメディアとされていましたが，最近は，新聞無購読世帯が増えていることから，デジタルの施策や商圏内でチラシを投函するポスティングを進めています。みなさんの中でも，新聞を読んでいる人はかなり少ないのではないでしょうか。

②　SNS 広告

　SNS 広告は Web 広告の一種で，Instagram，X，LINE などの SNS のプラットフォームに出す広告のことです。チラシやキャンペーン情報の掲載などにも利用されています。おすすめ商品の紹介や店舗内の売場の情報や商品についても発信しています。店舗ごとの LINE アカウントで，店舗のチラシを参照できます。また，ユーザーの属性や嗜好に沿った広告を届けることができる点が大きな特徴です。

(3)　消費者参加イベント，コンテスト

　消費者参加のイベントは，店舗での集客を目的に，消費者に参加してもらう企画を実施するプロモーションです。簡単なゲームや餅つき大会などがあります。地域の行事に合わせて，たとえば，お花見の季節は，近隣の公園の桜の見頃情報を得ながら，近くの神社でのお祭りにちなんだイベント企画などを考えます。こ

の時，イベントに関連する商品を売場で展開してイベントと売場を連動させる場合もあります。

コンテストは，あるテーマを設定して応募者を募り，入賞者に賞金や賞品を提供するプロモーションです。食品スーパーでは，対象商品を使った料理のレシピのコンテストがあります。よくあるのは，母の日や父の日の子供による似顔絵コンテストでしょう。

消費者参加のイベントもコンテストも，単なるプロモーションと捉えず，商売抜きで地域住民の方々と触れ合うことができる場にすることで，地域の拠点としての位置づけを確立していくようにすることが大切です。

(4) 消費者教育

消費者教育は，消費者に対して購買を促すようなプロモーションではなく，商品知識や商品の利用方法などの情報を提供し，商品に対する理解度を高めてもらい，自店舗に対する好意の醸成と顧客との関係構築を目的にしているものです。具体的なものとしては，子供を対象にした食育や料理教室などがあります。

食品スーパーにとって，食文化を維持発展させていく施策を長期的な観点から考えていくべきであると考えます。顧客と日々接することができる小売業だからこそできることで，食に対する関心度を日常生活の中で低下させず，向上させていく必要があります。

食品に対して関心度が低くなると，コンビニエンスストアの加工食品で十分だということになってしまい，生鮮食品や店内で作った惣菜など，食品スーパーの強みをいかした鮮度の良い商品が売れなくなってしまいます。

3 店舗オペレーション

3.1 店舗オペレーションとは

店舗オペレーションとは，人材，商品，店舗（売場・作業場）の３つの要素を結びつけて，店舗内外の変化に対応しながら一定の小売サービスを作り出す活動です。トップマネジメントが描く小売企業が顧客に提供したい顧客価値を最終的に実現するためには，事前に予測不可能なことの発生に対して対処する店舗オペレーションがとても重要になります。

事前に予測できないことは，外部と内部の要因に分けられます。外部の要因とは，競合店の販促，天気の急変による顧客の動き，生鮮食品の作況や産地状況，気象状況などであり，それらの変化に対して臨機応変な販売計画の修正を行わな

いといけない場合があります。内部要因としては，従業員の急な欠勤，作業上のトラブル等の要因を考えることができます。

　どのような人が，どのような商品を，店舗のどこで作業して，どこの売場にどのように陳列し，商品の管理を行っていくのか，これを統一よく行うことで，小売企業が提供したいと考える小売サービスを継続して生み出すことができます。急な変化に対応することが求められるからこそ，事前に計画できるところはきっちりとした仕組みを作っておくことが必要です。

3.2　作業割当表の作成

　店舗オペレーションを効果的に実施するためには，誰が（人），何時から何時まで，どこで（売場・作業場），何の作業を行うのか（商品），ということをあらかじめ計画し，それを誰が見てもわかるようにしておくことが必要になります。これらをまとめたものが，**作業割当表**になります。店舗には常に部門長や店長がいるとは限りません。部門長や店長がいない場合でも，滞りなく店舗運営ができるように作業割当表が作成されます。

図表8-6　作業割当表

	出勤者	出勤	退勤	合計	7:00	8:00	9:00	10:00	11:00	12:00	13:00
1	Aさん	8：00	20：00	11：00		開店準備　督付	指示・売場管理		その他　発注	休憩	計画
2	Bさん	8：00	13：00	5：00		鮮身	パック		仕掛	整理　加工	
3	Cさん	8：00	17：30	8：30		督付　督付	品出し				
4	Dさん	8：00	12：00	4：00							
5		：	：	：							

出所：サミット社内資料を参考に筆者作成。

　現在，食品スーパーでは作業計画として，LSP（Labor Scheduling Program）を導入しているところが増えています。**LSP**は，必要な作業量を分析し，その作業量に必要なだけの人時で店舗を維持・管理していくコスト管理の手法です。

　従来の作業計画と異なる点は，仕事を単純化，分業化，標準化することで，人に仕事をつけるのではなく，仕事に人をつけるところにあります。

　作業割当表は，通常，1週間あるいは1日単位で編成されます。**図表8-6**の作業割当表を見てください。Aさんの作業内容とそれを何時から何時まで行うのかが作業割当表の一番上の行に示されています。担当者が行う作業には，販売数

量や入荷数量により作業時間が変動する変動作業と，販売数量や入荷数量に関係なく時間が定まっている固定作業があります。

たとえば，鮮魚部門を例にすると，固定作業には，開店前準備作業，清掃，発注作業等があり，変動作業には，刺身，盛付，パック作業，値付，品出し等があります。

LSPの作業割当表の前提となるのは，店長による店舗の需要予測です。店長は，昨年度実績の日別売上，午前午後の天気，気温，客数といった実績データをもとに日別の売上予測を出します。日別の売上高予測値をもとに，部門別の実績値から青果，鮮魚等の各部門の比率を計算して各部門の売上高の予想金額を算出します。その値を参考に競合店の動向などを加味して売上目標値を設定し，売上目標値と当該月の出勤予定者の労働時間表から日別売上目標値を達成できる人時が確保できているかを確認し，人時の過不足を調整します。

開店時では100％の品揃えという方針から，たとえば，開店時までに鮮魚売場で刺身を何パック作る必要があるのかが明確にわかります。商品化作業にかかる時間を工程別に測定した標準作業の所要時間（RE: reasonable expectancy）が設定されているため，1人の作業者の1時間当たりの作業量を計算することができます。したがって，実際の作業に何人が何時から何時まで入る体制を組めばいいのかが計算可能となり，これに基づいて勤務シフトが組まれます。

もちろん，この作業割当表どおりに作業ができるとは限りません。上記に書いたとおり，どんな予測不能なことが起こるのか事前にはわかりません。メーカーの工場であれば，外部の変動を直接受けてすぐに対応する必要性はほとんどないでしょう。しかし，小売業の場合は違います。店内の作業場のすぐ近くに売場があるため，顧客の動きの変化を直接受けることになります。

このような急な変動に対して，小売業の組織は対応力を持つことが必要なのです。その対応力の1つとして，過去のデータに基づき作業計画を事前に立てること，そして，従業員1人ひとりがさまざまな業務を担当することができるように多能工化することが求められます。従業員がさまざまな業務をすることができると，急な変動に対して臨機応変に対応できるようになります。

3.3　日々の業務を支える活動

(1)　クリンリネス

クリンリネスとは清潔という意味で，店内や店舗周辺は，言うまでもなく，いつもきれいにしておく必要があります。店内が汚れていたり，店舗周辺にゴミが散らかっていたり，空の容器などが散乱していると，いくら商品が良くても，顧

客は不快な気分になり，望ましくない顧客の購買経験となってしまいます。

(2) 朝礼とミーティング

　店舗の1日の仕事は朝礼から始まるといわれています。従業員の意欲を高め，本日の売上目標などを確認し，顧客のより良い購買体験を実現できるように意識を統一する目的があります。通常の朝礼では，小売企業の経営理念や経営方針の確認，昨日の業務の成果と反省点，本日の販売目標の確認，服装・身だしなみのチェックなどを行います。

　朝礼は店舗全体で行われることが多いですが，ミーティングは，部門別に従業員が集まったり，部門長が集まったりと，一部の関係者が基本的には当日の業務に関する打合せを行うものです。

　食品スーパーの最小の組織単位は部門です。部門内で個人が単独で業務をこなすことはできません。部門内でコミュニケーションをとりながら，チームワークで業務を進めることが不可欠です。そのためにも，コミュニケーションの場となる日々のミーティングは重要なのです。

(3) 接客サービス

　食品スーパーは基本的にはセルフサービス販売を行っています。しかし，売場で商品の品出しをしている時などは，従業員は顧客とかなり近くになることも多いでしょう。その時に，何も言わないで黙々と，顧客が邪魔だと言わんばかりのオーラを出している店員を見かけませんか。みなさん，その時どう思いますか？ひと言，「いらっしゃいませ」と店員から元気よく笑顔で挨拶をされると，顧客は良い気持ちになるのではないでしょうか。このちょっとした行動が，顧客にまたこの店舗で買い物をしようと思わせるのではないでしょうか。

　また，最近は，顧客対応専門の店員を配置している食品スーパーもあります。顧客と顔なじみになり，顧客から商品の使用感など，さまざまな情報を得ることを役割とされた人員です。顧客の購買体験の中で，顧客の消費経験に影響を与え，さらにその消費経験の情報を得ることができている事例を下記の**コラム**で紹介します。

🔵 コラム　**サミットの「案内係」**

　サミット株式会社は，東京都杉並区に本社を置き，食品スーパーを展開する

小売企業です。同社は，「スーパーマーケットの概念を超える」という目標を掲げ，食品スーパーのとにかく商品を売り込むことに固執した考えを打ち破ろうとさまざまな施策を打ち出しています。

　その1つとして，他の食品スーパーでは，まだほとんど導入されていない「案内係」という，売場の案内や商品の要望，料理方法の質問を受けることなどができるように店内を巡回する専任の従業員を配置しています。この案内係は，売場の作業はしません。顧客への売り込みもしません。このような案内係がなぜ配置されるようになったのか，その経緯から見ていきましょう。

　案内係は，2015年3月，東中野店の改装オープン時に導入されました。最初の導入の目的は，新店舗の売場が以前の売場とかなり違った場所に移動したことで従来からの顧客が戸惑うことがあるのではないかと懸念されたため，新しい売場を案内するというものでした。

　改装店のオープン当時は，予想どおり，商品を探している顧客への対応が多かったものの，ある程度，新装開店に伴う案内が落ち着き，日が経つうちに，案内係の新たな役割が見えてきました。それは，単なる案内ではなく，顧客とのコミュニケーション機能でした。たとえば，「おすすめの商品を教えて」「これはどうやって食べればいいの」と顧客から声をかけられるようになったのです。

　さらに，顧客の不満も見えてくるようになりました。たとえば，品揃えが競合他店より少なくPOSデータ上の売上も少ないため，必要ないものと思っていた商品を置かなかったことが，実は顧客の不満につながっていた，というようなことがわかりました。このような顧客の小さな不満や要望などが，話しかけやすい案内係がいたからこそ，顧客側から発信されたといえるでしょう。レジのチェッカーにファンがついて，他のレジが空いていてもその人のレジに並ぶことがあるように，案内係にもファンができるようになっていきました。

　当初，案内係にはベテランの店長経験者であるシニアの男性がふさわしいのではないかという考え方もありました。しかし，それでは顧客が話しかけづらいだろうということで，今では，顧客層と同じ母親で子育てをしているような女性を案内係にしています。

　2017年度から，案内係の目的を「サミットファンづくりと情報の有効活用」として，改装店舗だけでなく，既存店への配置を本格的に開始しました。現在は，124店舗中85店舗に案内係が配置されています。1店舗に1人〜3人で，ほとんどがパートタイマーです。

　案内係の1日の仕事は，朝出勤後にチラシのチェックをして，掲載されている商品の陳列場所，チラシ以外の特売商品，エンド陳列されている商品を確認

152　第Ⅱ部　小売マネジメント論の体系

することから始まります。その後は，常に店内を巡回して，顧客の様子をながめながら接客をします。勤務時間の終わりに，顧客との会話内容を報告書にまとめて仕事は完了です。

　案内係は，商品の丁寧な説明で顧客の「購買経験」に，料理方法を伝えることで「消費経験」に，ファンになってもらうことで「関係的経験」に影響を与え，客単価や来店頻度の向上につながっているようです。売場という場が，顧客に小売サービスを提供する場だけでなく，顧客からの情報のフィードバックを受ける場にもなっています。

　食品スーパーもそろそろ，いかに商品を販売するかということを考えるだけでなく，顧客がどのように商品を使い，それに満足しているのかどうかといった顧客の声に耳を傾けることをもっと真剣に考えないといけない時にきているのではないでしょうか。

●注

1　食品の多くが店内決定されるとなると，メーカーは，何もできないのか，と考えた人もいるのではないでしょうか。もちろん，限定はされますが，メーカーは，商品のパッケージが目立つように工夫したり，TVのCMやSNS等で顧客に情報を提供したりします。また，メーカーは，一定期間の取引金額などに応じて小売業の仕入れ金額の一部を割り戻すリベート（割戻金）や，小売業の販促活動に対してメーカーが支払う手数料であるアローワンス（販売奨励金とか協賛金などと呼ばれることもある）を用いて，小売業の販売活動に影響を与えようとしています。これらにより，売場を確保することや，キャンペーンで大量陳列や特売コーナーの設置の実現を図っています。

2　コトPOPは，商品の価格とか特徴や機能を顧客に訴求する従来の「モノ」POPとは異なり，商品を使った消費体験やどのように役立つのかといった商品を使ってわかることを訴求するPOPです。

問題演習 —

LESSON

問8-1　【中小企業診断士試験　運営管理　平成26年度　第31問】

　インストアマーチャンダイジングに関する次の文中の空欄AとBに入る語句の組み合わせとして，最も適切なものを下記の解答群から選べ。

　客単価を上げるためには，インストアマーチャンダイジングを実践することが有効である。たとえば，　A　ためにはマグネットポイントの配置を工夫することが重要である。また，棚の前に立ち寄った客の視認率を上げるためには　B　ことが重要である。

[解答群]
　　ア　A：買上率を高める　　　　　B：CRM を実施する
　　イ　A：買上率を高める　　　　　B：プラノグラムを工夫する
　　ウ　A：客の動線長を伸ばす　　　B：CRM を実施する
　　エ　A：客の動線長を伸ばす　　　B：プラノグラムを工夫する

問8-2　【中小企業診断士試験　運営管理　平成25年度　第29問】
　　消費者の内的参照価格の低下を防ぐインストアプロモーション（ISP）の方法として，最も不適切なものはどれか。
　　ア　クーポンを発行し，レジで商品の価格を割り引く。
　　イ　商品を購入した人にキャッシュバックを実施する。
　　ウ　特売価格を設定し，通常価格と併記して販売する。
　　エ　バンドル販売によって複数の商品を購入した場合に価格を割り引く。
　　オ　ポイントカード会員に，購入金額の一定割合のポイントを発行する。

問8-3　【リテールマーケティング（販売士）3級検定試験 模擬問題：『販売士』2023年12月号 マーケティング】
　　空欄にあてはまる答えとして，最も適当なものを選択肢から選んでください。
　　　小売業やメーカーは，カスタマーリレーションシップマネジメント（CRM）に着眼し，すべてのビジネスの起点は，企業中心から□□へ変化しつつある。
　　　1．商品そのものの価値　　2．顧客中心　　3．商品中心　　4．売上志向

問8-4　【リテールマーケティング（販売士）3級検定試験 模擬問題：『販売士』2023年12月号 ストアオペレーション】
　　空欄にあてはまる答えとして，最も適当なものを選択肢から選んでください。
　　　LSP導入上の留意点は，（1）作業をシステム化すること，（2）作業を□□すること，（3）作業の発生をどこまで予測できるようになるか，の3点である。
　　　1．集中化　　2．標準化　　3．個別化　　4．分散化

やってみよう

● 自分の経験を振り返り，「購買経験」「消費経験」「関係的経験」の相互関係の具体例をまとめてみよう。
● どのような特徴を持つ店舗で接客サービスは行われているでしょうか。特徴とその理由を書き出してみよう。

参考文献

岸本徹也（2013）『食品スーパーの店舗オペレーション・システム』白桃書房。

公益財団法人　流通経済研究所編（2016）『インストア・マーチャンダイジング（第2版）』日本経済新聞出版社。

宮下雄治（2023）『新時代のマーケティング－デジタル経済を動かすキーワード』八千代出版。

学びを深めたい人へ

岸本徹也（2013）『食品スーパーの店舗オペレーション・システム』白桃書房。

公益財団法人　流通経済研究所編（2016）『インストア・マーチャンダイジング（第2版）』日本経済新聞出版社。

第9章 小売マネジメントの成果と効率測定

Retail Management

学習のポイント
▶小売業の計数管理の重要性について理解しましょう。
▶複数の計数管理の手法について理解し，各々の適用方法を考えましょう。

キーワード
計数管理，売上高，利益，人時生産性，売場効率

1 計数管理の重要性

　小売企業の経営を行っていくうえで，経営者は経営資源であるヒト，モノや資金を投入して，売上高や粗利益などの成果目標を追求していきます。この場合，経営資源をどれだけうまく利用して目標を達成できたのかを数字で確認する必要があります。この点で，客観的な数字の裏づけによる経営，つまり「計数管理」が重要となります（上保　2006）。

　もちろん経営を行ううえで，数字を見て判断し，経営をコントロールするのは人間であり，とりわけ意思決定の責任は経営者に帰することは当然のことです。

　一方，もし経営者が計数管理を活用しないで，勘だけを頼りにした経営をした場合にはどのようになるでしょうか。確かに，マネジメント層の1人ひとりが長年にわたって蓄積した経験や培われた勘で経営の方向性を洞察して，判断を導くことも大きな役割を果たしているといえます。しかし，経営者が勘だけに頼りきった経営をしてしまうと，勘がさえている場合にはよいかもしれませんが，勘違いが起こった場合には経営上のリスクが生じてしまいます。そのため，経営者といったマネジメント層だけではなく，管理職や現場の人たちも数字の意味をきちんと理解して経営に参画することが大切になってきます。小売企業の経営に関

わる従業員1人ひとりが計数感覚を持つことで，"自分で考えて行動できる"ようになります。また経営上の数字の意味を理解すれば，日々の業務が行き当たりばったりになることが少なくなり，計画的に行えるようになるでしょう。さらに，小売企業で何かの改革や改善に取り組む場合にも，特定の計数をもとにして複数の部門で議論や検討を進めれば，数字という客観的な基準で1つの方向性を導くことができるかもしれません。

このように，従業員1人ひとりが計数の能力を高めて日々の業務の改善を地道に行うことで，企業に利益をもたらすことになります。たとえば，「昨日はたくさん売れました」という言い方と，「昨日は20万円の売上高になりました」という言い方ではどちらが具体的といえるでしょうか。当然，後者の20万円という数字を用いた表現のほうが具体的ですし正確であるといえます。このように数字を使用すると，従業員間のコミュニケーションがスムーズにいきます。

小売業の計数には，売上高，利益，商品，売場面積や従業員の生産性などに関するものがあります。

計数管理においては，数字が経営の実態を示すものです。そして，その示された数字を用いて経営活動を行っていくためには，3つの段階があります（徳永1967）。

---

① 経営の実態を表す数字を正確に理解する。
② 経営の実態を表す数字を適切な方法で処理して経営活動の実態を観察する。
③ 観察した数字を活用して，経営計画を策定し，実行し，統制する。

まず①は，日々の売上高，仕入，経費の収支状況，在庫などの動きの記録になります。このうち売上高に関しては，1日の合計額だけではなく，商品別や部門別の売上高などに分類して計算します。続いて②は，経営実態を表す数字をもとに経営分析や統計分析を行うことで，その計数の傾向を理解し，経営の長所や問題点を見出します。最後の③は，②で観察された数字を用いて経営計画を策定し，実行し，統制することです。具体的には，③では予算統制や経営計画に関わることになります。

そこで本章では，小売マネジメントの体系に基づいて，主要な計数管理についてみていきます。ここでは，まず，①小売企業の成果目標の指標，②商品に関する指標，③人に関わる指標，③店舗の指標，そして④店舗における顧客経験（買物経験）の成果としての指標を紹介していきます（上保　2004，2006；河野2010；清水　2015）。

第 9 章　小売マネジメントの成果と効率測定　　157

> ●小売マネジメントの体系に基づく主要な計数管理の指標
> ①　成果目標の指標（売上高，利益，キャッシュフロー）
> ②　商品についての指標（商品回転率，交差比率，ABC 分析）
> ③　人に関わる指標（労働分配率，人時生産性）
> ④　店舗の指標（売場効率）
> ⑤　買物経験の成果としての指標（PI 値）

2　小売企業の成果目標の指標

2.1　売上高

売上高とは何でしょうか。

ある店舗で豆腐が15個売れました。15個は販売数量です。15個という販売数量をさらに細かく考えてみましょう。木綿豆腐のA商品は350円で10丁売れ，絹豆腐のB商品は，200円で5丁売れました。合計は4,500円（350×10＋200×5）です。つまり売上高とは，小売企業が顧客に商品やサービスを販売することで獲得した金額を意味します。売上を金額で捉える場合には，

売上高＝販売価格×販売数量

になります。計算式にするとわかるように，売上高は販売価格に販売数量を掛けたものです。

他方で，

売上高＝客数×客単価

で捉える見方もあります。客単価は，1人の顧客が1回の買い物で購入する金額を表します。売上高を客数と客単価に分けることで，顧客の増減やその動きを知ることができます。たとえば，A店とB店は両方とも売上高は500万円でした。しかし，A店の客数は500名，B店の客数は100名です。客単価で考えれば，A店の客単価は1万円，B店のそれは5万円です。このことから，2つの店では商品の売れ方や顧客の特徴が違うことがわかります。

そして，客数と客単価の変化を時系列的に見ると，店舗が繁盛しているのか，衰退しているかがわかります。たとえば，A店は昨年3月では客数が6,000名，

客単価が1,000円でした。つまり，A店の売上高は600万円になります。今年の3月では客数が5,800名，客単価が1,200円になりました。つまり，売上高は696万円です。今年と昨年の3月を比較すると，売上高は増加したわけですし，客単価も上昇しました。しかし，客数が減少したことは問題点として発見できます。

　売上高を増やすための方策の1つとして，買上客数を増やすことがあります。この買上客数は，来店客数に買上率（購入確率）を掛けたものになります。来店するお客の数は来店客数，実際に商品を購入したお客の数は買上客数と呼ばれます。小売企業の側からすると，来店客数が多くても実際に購入してくれる客の数が少なければ，売上目標の達成は困難になります。そのため，来店客数を増加させるだけではなく，買上客数も増加させる必要があるでしょう。

　また，買上率は，買上客数÷来店客数×100％で表されます。買上率を使うと，店舗間の比較が可能になります。たとえば，A店は来店客数が400人で買上客数は300人，B店は来店客数が200人で買上客数は180人だとします。一見すると，A店はB店よりも来店客数が多いので繁盛しているように見えます。しかし，買上率で比較すると，A店は75％，B店は90％となります。

　すでに述べたように，売上高は客数×客単価で構成されます。さらに分解して考えると，客単価は，1人当たりの買上点数と平均購入単価に分けることができます。1人当たりの買上点数は1人の顧客が1回の買い物でいくつの商品を購入したかということ，平均購入単価は1回の買い物で購入した商品の平均単価になります。

　企業の成果目標としての売上高を上げるためには，客数か客単価のどちらか一方か両方を上げる必要があります。逆に売上高が下がっている場合は，客数か客単価のどちらか一方か，両方が下がっていることを意味しています。さらに客数と客単価について考えてみましょう。客数は既存顧客（リピート客）と新規顧客からなります。客単価は平均購入単価×1人当たりの買上点数からなります。たとえば，売上高が減っている場合，その原因として，客数については，新規顧客が増えていないとか，リピート顧客が減っている，といった事実を把握することが大切になってきます。また客単価については，1人当たりの買上点数が減っているのか，平均購入単価が減っているのかといった事実を把握し，これらの数値を分析することが大切になってきます（河野　2010）。

2.2　利益

　小売企業は私たち最終消費者に商品を販売して利益を獲得しています。しかし，小売企業は商品を販売するだけ，つまり売上高を上げるだけで成長するといえる

第9章　小売マネジメントの成果と効率測定　159

のでしょうか。

　小売企業を経営していくには，人件費や地代，広告宣伝費などの経費がかかります。経費は，小売店舗を経営するために必要な費用のことで，人件費，販売費そして管理費の3つに大別されます。

---
① 　人件費…役員報酬，給与手当，賞与，福利厚生費など
② 　販売費…広告宣伝費，景品費，包装費，支払手数料，配送手数料など
③ 　管理費…通信費，旅費交通費，接待交際費など

　前節では，成果目標としての売上高について見てきましたが，商売は「儲け」つまり「利益」が大切です。上記の経費を考慮しないで価格設定をしてしまうと，たとえ売上目標が達成できたとしても，利益を獲得することが難しくなってしまいます。

2.3　値入高

　続いて“計画上の利益”としての「値入高」，“実際に実現できた利益”としての「粗利益（荒利益とも称されます）高」について考えていきます。

　たとえば，あるジャムの販売価格を設定する場合（売価設定），このジャムの利益をいくらにするかを考えてみましょう。このジャムを店舗で販売しようとする場合には，商品を仕入れなければなりません。商品を仕入れるのであれば，仕入先企業に仕入代金を支払わなければなりません。この仕入にかかる金額を仕入高または仕入値といいます。このジャムは，仕入先企業から300円で仕入れるとします。そして，仕入原価の300円に自店の利益を加えて，売価を450円とします。この「売価を決めること」を値入といい，その値入の金額（この場合は150円）を値入高といいます。つまり，売上高から仕入高を差し引くと値入高になります。

　　値入高＝売上高－仕入高

　ただし，値入高は実際に実現した利益ではなく，「計画上の利益」を意味します。実際には値引きしたり，販売上のロスがあるために値入高は実際の利益を示すものではありません。つまり，ジャムをセールで売価を変更したりする場合には，売上高から仕入高を引くだけではなく，さらに値下げした金額である値下高も引いた金額が「儲け」を意味する「粗利益高」になります。

　　粗利益高＝値入高－値下高
　　粗利益高＝売価－仕入高－値下高

160　第Ⅱ部　小売マネジメント論の体系

　また，食料品の場合には「ロス」が起こることがしばしばあります。ロスは消費期限を超えた商品を廃棄した分（廃棄ロス）などを意味します。したがって，粗利益高は実現された利益を意味するので，値下高に加えてロス高（ロス分の金額）を引く必要があります。

　　粗利益高＝値入高－値下高－ロス高

　このように，値入高は小売企業が「期待する儲け」を意味しています。各商品を売ることでどれくらい儲かるのかは，一般的に「値入率」というパーセントで表されます。たとえば，仕入原価300円のものを売価600円で販売した場合，値入率は50％になります。

　　値入率＝（売価－仕入原価）÷売価

　商品の値入率はそれぞれに異なります。つまり儲かる商品もあれば，あまり儲からない商品もあるということを意味しています。

2.4　売上原価

　小売店では仕入れた商品のすべてが売れるわけではありません。商品のうちいくつかは在庫として残ります。その在庫は資産として計上されます。そのため，利益を計算するときには，「売上原価」という考え方を使います。売上原価は売上高のうちの商品の原価を意味します。売上原価は，

　　売上原価＝期首商品棚卸高＋当期商品仕入高－期末商品棚卸高

によって計算できます。

　たとえば，200万円の売上を達成したときに，商品の原価（売上原価）は120万円だった場合，粗利益は80万円になります。粗利益は売上総利益とも呼ばれます。

　小売企業の経営では，日々の営業活動は粗利益を創出するために行っているものであり，粗利益は重要な利益の考え方になります。上記の粗利益は80万円でした。これを粗利益率にすると，粗利益÷売上高になります。

　また，小売企業の経営では，売上高を目標にするだけではなく，十分な利益が獲得できているかも重要な目標になるので，この粗利益の考え方はとても大切になります。売上原価を下げることは粗利益を創出することにつながります。売上原

価は（仕入金額＋期首在庫）－期末在庫によって表せますので，在庫（期首在庫と期末在庫）を少なくすることが，粗利益を改善するための対策の1つになります。

2.5. さまざまな利益のレベル

売上や経費については前述しました。注意しなければならない点は，利益はさまざまな捉え方ができるということです。たとえば，商品ごとのレベルの利益や店舗全体の利益などがあります。

ここでは，店舗全体の5つの利益について確認しておきましょう。

---

① 売上総利益
② 営業利益
③ 経常利益
④ 当期税引前利益
⑤ 当期税引後利益

最初に，①売上総利益（粗利益）を見てみましょう。これは，「売上高」から「売上原価」を引いた利益のことです。売上総利益は以下の式で示すことができます。

売上総利益＝売上高－売上原価

次に②営業利益です。これは売上総利益から販売費や管理費といった営業に必要な経費を引いたものです。営業利益は本業の営業活動で稼いだ利益で，とても重要な利益です。営業利益を見ることで企業が黒字なのか赤字なのかといったことが理解できます。上場企業は営業利益を公開していますので，実際の営業利益を確認するのもよいでしょう。小売業は一般的に営業利益率が低い業界ですが，従業員が粗利益や経費のことを意識している企業，すなわち計数に関して意識している企業とそうではない企業とでは営業利益に差が出ることになります。

営業利益＝売上総利益－販売費－管理費

続いて③経常利益です。これは営業活動以外で利益を得た場合（たとえば，自社で持っている土地の賃料＝営業外収益）や，損失を被った場合（金融上の損益＝営業外費用）に，営業利益に加減算して残った利益のことです。

経常利益＝営業利益＋営業外収益－営業外費用

そして、④当期税引前利益は、経常利益からその年だけ発生した利益（特別利益：会社が持っている不動産を年度内に売却して得た売却益など）や損失（特別損失）を加減算した残りの利益です。

当期税引前利益＝経常利益＋特別利益－特別損失

最後に、当期税引後利益は、当期税引前利益から法人税等を差し引いたものです。

当期税引後利益＝当期税引前利益－法人税など

このように、利益にはさまざまなレベルがあります。従業員の間で利益に関する認識にずれがある場合、話の食い違いや勘違いが生じてしまいます。そのため、上記の5つの利益のどれについて話し合うのか明確にした上で議論や検討を進めるべきでしょう。

3 商品に関する指標

3.1 商品回転率

商品回転率は、小売業の販売効率を見る場合の代表的な指標になります。一定期間（通常は1年）に仕入れた商品が何回転したか（入れ替わったか）を示す指標のことです。つまり、商品を仕入れてから販売されるまでの平均期間によって算出されることになります。商品回転率は1年を基準に計算されることが多いです。たとえば、1年に6回転するとは、平均して商品が2ヵ月ごとに仕入れられることを意味しています。高い商品回転率とは、資本効率が良好であることを意味します。そのため、一般的には商品回転率は高いほうがよいと判断されます。商品回転率が高いほど、投下した資本（資金）を迅速に回収できて資本効率が高く販売効率が良いと判断できるからです。

商品回転率は、単品レベル、商品カテゴリー別や店舗レベルでも算出されます。また「売れ筋商品」と「死に筋商品」を明らかにできます。商品回転率は売価で求める方法、原価で求める方法および数量で求める方法があります。

●売価で求める方法

$$商品回転率 = \frac{純売上高}{平均在庫高（売価）}$$

●原価で求める方法

$$商品回転率 = \frac{売上原価}{平均在庫高（原価）}$$

●数量で求める方法

$$商品回転率 = \frac{売上数量}{平均在庫数量}$$

　売価で求める方法や原価で求める方法は，企業全体の商品の回転や部門別の商品の回転を理解するのに適しています。これに対して数量で求める方法は，商品種類別，サイズ別，色別などの商品回転率を検討する際に用いられやすいといえます。

　ただし，取り扱う商品の特性によっても商品回転率の値は異なります。たとえば，生鮮食料品のように粗利益率が低い商品は，商品回転率は高い傾向にあります。一方で粗利益率が高い宝石や貴金属などの商品は，商品回転率は低い傾向にあります。

　商品が陳腐化したり，減耗損が増えたりして商品の回転率が低くなると，資本効率が悪くなり，運転資金が十分ではなくなったり，支払利息の増大などから企業収益が悪くなります。

　商品回転率を高めるためには，売上高を増やす，棚卸資産を少なくする，その両方を行う，の３つの方法が考えられます。最初の売上高を増やすためには，薄利多売の方式を採用する方法が挙げられます。棚卸資産を少なくするためには，デッドストック（売れ残り品）を減らすなり，仕入数量を減らすことなどが考えられます。

3.2　交差比率

　前節のように，商品回転率は高いほうが望ましいとされます。しかし，商品回転率だけでは商品の収益性が高いかどうかを把握することは難しいという問題点があります。こうした商品回転率の問題点を補う意味では，粗利益率と商品回転率の両方を含んだ交差比率が有用です。交差比率は商品回転率に粗利益率を掛け

て得られる計数であり，売上高と在庫と利益についての効率を見ることができます。利益が良く，売上高も良く，在庫も多すぎないような部門は，交差比率が優れた部門といえるでしょう。

交差比率は，商品別だけでなく部門別ないしカテゴリー別に算出できます。そのため，店舗全体に対する利益貢献度が大きいかどうかも検討できます。たとえば，食品スーパーのある商品部門Aは粗利益率が40％，商品回転率が15回であれば，交差比率は6.0です。商品部門Bの交差比率が4.0の場合，商品部門Aは販売効率がよく利益率も高いと評価できます。

3.3　ABC分析

ABC分析は，一定期間における売上高に基づいて商品を分類する方法です。売上高の大きな順に取扱商品を並べて，全商品を小売企業の有する基準でA，B，Cグループの3グループに分類します。この考え方は，売上の上位20％の商品が全体の売上高の80％を占めるという「パレートの法則」に従うものです。この分析を通じて売れ行きの良い「売れ筋商品」を判別して，販売計画に反映します（**図表9-1**）。Aグループは重要度が高いため，在庫が切れないようにします。Bグループは重要度が中程度で，基本的に現状を維持します。Cグループは重要度は低く，取り扱いをやめたり，利益の見込める商品に入れ替えます。

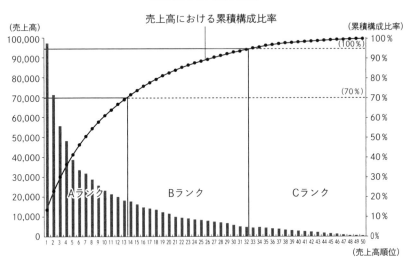

図表9-1　ABC分析

出所：筆者作成。

4 人に関わる指標

一般的に生産性とは，経営資源の投入に対する産出の割合を意味しています。経営資源の投入としてはヒトやカネなどが大きな要素になります。産出は売上や利益になります。生産性の高さは，経営資源を効率的に利用できていることを意味します。チェーンストアであれば，この生産性の指標を用いて複数の店舗間，部門間で比較したり，他社との比較をしたり，また自社の店舗などの生産性を時系列的に記録することで，経営上の課題を発見できます。

ここでは，小売業でよく用いられる労働分配率と人時生産性という指標を取り上げます。

4.1 労働分配率

小売企業が日々の活動を通じて生み出す付加価値は，人件費や賃貸料，税金などのさまざま要素に振り分けられます。このうち，小売企業が新たに生み出した価値である付加価値を人件費にどれだけ分配したのかを示す指標が労働分配率です。労働分配率は，付加価値に占める人件費の割合を示すものです。つまり，人件費を生産性の観点で検討するための指標です。

労働分配率＝人件費÷付加価値×100％

労働分配率は業種によってさまざまです。労働分配率が低い場合には，人件費にかけるコストが低いことを意味しています。しかし，単純に労働分配率が低ければ低いほど良いと判断してしまうと，従業員の動機づけや雇用の問題を生じさせますので，その値の上限下限のラインを見極めることが大切になります。

4.2 人時生産性

人時生産性は，食品スーパーをはじめとする小売企業では重要な指標です。この人時生産性は，従業員1人が1時間当たりに稼ぎ出す粗利益高，つまり，従業員が1時間当たりに働いた粗利益額を示しています。人時生産性は人件費に注目します。なぜならば，人件費は小売企業の利益を増減させる大きな要素だからです。人件費は従業員1人当たり，1時間当たりの作業内容と直接関係しています。つまり人時生産性は，以下の式で求められます。

人時生産性＝粗利益÷総労働時間

166　第Ⅱ部　小売マネジメント論の体系

　このように，粗利益で計算することがポイントです。人時生産性が高いことは，効率よく利益を稼いでいることを意味します。売上高だけで小売企業の価値を計ることは難しいため，粗利益にも注目するのです。人手不足によって少ない人数で利益を出していくためには，人時生産性はとても重要な計数になります。

　人時生産性は企業の規模によって異なり，最適解はありません。この指標は，企業内の無駄や無理を減らして経営体質を強化していこうとする発想が前提にあります。

　たとえば，A店では売上高が200万円，粗利益が120万円で，15人の従業員が各々20時間勤務していました。B店では売上高が300万円，粗利益が200万円で，15人の従業員が各々50時間勤務していました。B店はA店よりも売上高が高いのですが，果たして効率的な店舗といえるでしょうか。

　ここで，人時生産性を比べてみましょう。A店の総労働時間は，15人×20時間で300時間になります。そして粗利益は120万円なので，人時生産性は120万円÷300時間＝4,000円になります。これに対してB店は，200万円÷750時間ですので，人時生産性は2,700円になります。人時生産性の観点では，効率よく利益をあげている店舗はA店なのです。人時生産性を改善するためのステップは以下の3つになります。

---

①　自社の人時生産性の把握（他社や自社の他部門との比較など）

②　問題点の発見

③　（自社に合う）解決案の策定

　まず，自社のある部門（例：生鮮部門）と他の部門（例：鮮魚部門）の人時生産性の比較をします。この比較は一例であり，相対的なものです。規模や経営方針は小売企業によって異なるので，その点を踏まえたうえで現場の視察をすることも大切です。そして，自社の課題がどこにあるのかを探します。作業の仕方に問題があるのか，設備がよくないのかなどです。そして，すべての課題ではなく，どの課題から改善するのかを自社の状況を踏まえて決めていきます。自社が取り組める課題から少しずつ時間をかけて改善していくアプローチをとるのが一般的です。

5 店舗の生産性についての計数である売場効率

　売場効率という生産性では，投入される経営資源は売場面積になり，産出としては売上高ないし粗利益が設定されます。したがって，売場生産性としての売場効率は，一定期間における売場面積当たりの売上高もしくは粗利益で算出されます。

　売場効率＝売上高÷売場面積

　この指標は効率の良い売場と比較して判断するために，店舗全体だけではなく，商品部門やカテゴリーを単位にして計算することが可能です。

6 購買経験の成果としてのPI値

　PI値は，「Purchase Index（パーチェス・インデックス）」のことで，レジ通過客1,000人当たりの購買指数です。つまり，来店客のうち，買い物という経験を経てその店舗で購入した顧客がどれだけいるかの割合を示す数値であり，顧客の支持度ともいえます。たとえば，ある食品スーパーでリンゴを購入した顧客数が，来店客数1,000人のうちの50人だとしたら，リンゴのPI値は5％になります。つまり，来店客数の20人に1人がリンゴを購入したということになります。PI値の特徴としてその値が高くなればなるほど，購入の可能性が高い商品アイテムとみなされます。また，PI値の指標には，数量PIと金額PIがあります。商品単位やカテゴリー単位などで計算され，来店客数1,000人当たりで換算することで，曜日や店舗規模といった状況が違う場合でも，PI値で比較ができるようになる点がメリットとして挙げられます（高嶋・高橋　2020）。

$$数量 PI = \left(\frac{購買個数}{客数}\right) \times 1,000$$

$$金額 PI = \left(\frac{販売金額}{客数}\right) \times 1,000$$

　チェーンストアでは，特定の商品の全店舗平均のPI値と店舗ごとのPI値を比較して品揃えの状況を分析しています。PI値が高ければ高いほど，顧客の購入数量が多いことになります。同じ商品カテゴリーで比較してPI値が低い店舗は，

168　第Ⅱ部　小売マネジメント論の体系

改善できる余地があるということになります。PI値が高い商品は目立つ場所に配置する一方で，PI値の低い商品は配置場所についてテストすることで，売上を改善できます。過去のPI値を分析して販売数や販売金額の予測もできるため，PI値をもとにして発注することで，より効果的に在庫を管理できます。

　ただし，PI値については価格の高低を留意することが大切です。催事の際にセール商品が売れることを見ればわかるように，価格が安くなっているときには，その商品が売れやすくなりPI値は高くなる傾向があります。したがって，商品同士のPI値を比較する際には，その時の価格を考慮することが大切になります。

コラム　キャッシュフロー

　キャッシュフローとは，企業経営を遂行していくうえで生じるお金の流れのことです。キャッシュフローは本書でいうところの小売企業の成果目標の指標に該当します。キャッシュフローにおいては，入ってくる現金は「キャッシュ・イン・フロー」，出ていく現金は「キャッシュ・アウト・フロー」と呼ばれます。キャッシュフローはこの2つの現金の流れから構成されていて，会計期間内にどれだけの現金が入ってきて，どれだけの現金が出ていったのかを可視化する指標になります。企業でのキャッシュフローを明確にするものが，「キャッシュフロー計算書」です。損益計算書や貸借対照表と並ぶ決算書類の1つになり，企業の財務状況を把握するうえで重要な書類といえるでしょう。キャッシュは，現金や預金のほかに，3カ月以内に満期を迎える定期預金や一部の投資信託なども含みます。

　なぜキャッシュフローが企業経営において注目されるかについて考えてみましょう。たとえば，帳簿上では利益が出ていても，手元に資金がなければ支払ができずに，最悪の場合には倒産の危機に瀕してしまいます。これは，「勘定合って銭足らず」と呼ばれる状況です。こうした状況を回避し，健全な企業経営を目指すためには，キャッシュフローを意識することは重要なのです。

　さて，キャッシュフローには，「①営業活動によるキャッシュフロー」，「②投資活動によるキャッシュフロー」，そして「③財務活動によるキャッシュフロー」の3つがあります。

　まず，①営業活動によるキャッシュフローは，企業の本業によって実際に増えたり減ったりする現金を表します。たとえば，現金取引で生じた収支や，従業員への給与の支払や現金で支払った経費などが挙げられます。一般的には，営業活動によるキャッシュフローはプラスであることが望ましいでしょう。つ

まり，営業活動によるキャッシュフローがプラスであれば，本業によって資金を生み出せているといえます。逆にマイナスである場合は，本業があまりうまくいっていないことなどが考えられそうです。

次に，②投資活動によるキャッシュフローは，設備投資や余剰資金の運用によって増えたり減ったりした現金を表します。たとえば，固定資産の購入・売却，有価証券の取得・売却などがあり，将来に向けた投資のために現金がどれくらい増減したかを示すものです。投資活動によるキャッシュフローがプラスであれば，固定資産や株式・債権などを売却して現金を得ているといえます。また，マイナスの場合は，将来的に収益を生み出すために，新たに固定資産を購入したり投資を行ったりしたことが考えられます。このことから，プラスとマイナスについての適正さは，その内容で判断することになります。

最後の③財務活動によるキャッシュフローは，資金調達に関連する現金の流れを表すものです。金融機関からの借り入れや返済，株式・社債の発行などによる現金の増減を示します。財務活動によるキャッシュフローの増減は，経営者の意思決定によって変化します。たとえば，事業の拡張を行うために資金調達をした場合は，財務活動によるキャッシュフローはプラスになります。一方，この財務活動によるキャッシュフローがマイナスであれば，金融機関への返済を行っていると考えられます（岩崎　1999）。

問題演習

問9-1　【リテールマーケティング（販売士）3級検定試験　模擬問題と解答　日本販売士協会　2023年9月】

1個7,500円で仕入れた商品を1個12,000円で売ろうとした場合，売価値入率は◻️である。計算上端数が生じた場合は，小数点第2位以下を切り捨てること。

　　　1．23.0%　　2．37.5%　　3．60.0%　　4．62.5%

問9-2　【リテールマーケティング（販売士）3級検定試験　模擬問題と解答　日本販売士協会　2023年9月】

交差比率は，商品回転率に◻️を掛けて得られた数値であり，在庫の生産性を表す。

　　　1．値入率　　2．期首商品在庫高　　3．粗利益率　　4．平均商品在庫高

やってみよう

経済産業省のウェブサイトを参考にして，中小企業（小売業）の商品回転率について

調べてみよう。
https://www.meti.go.jp/statistics/tyo/syokozi/result-2/h2c5kcaj.html#menu3

参考文献

岩﨑彰（1999）『キャッシュフロー計算書の見方・作り方』日本経済新聞社。
清水正博（2015）『新入社員の常識（改訂版）』商業界。
上保陽三（2004）『店長の常識』商業界。
上保陽三（2006）『売場の計数管理』商業界。
河野英俊（2010）『いちばんやさしい売場の計数管理入門』秀和システム。
高嶋克義・高橋郁夫（2020）『小売経営論』有斐閣。
徳永豊（1967）『商店経営入門』同文舘出版。

小売マネジメントの課題

第Ⅲ部では，第Ⅱ部において十分に言及することができなかった小売企業（主に食品スーパー）の諸課題について取り上げます。これらの諸課題は，PB，無店舗型ビジネス，小売サプライチェーンマネジメント，そしてDXです。

　無店舗販売にはさまざまな形態があります。たとえば，食品スーパーの中にはネットスーパーを開設しているところがあります。ネットスーパーは顧客接点を拡大するには良い方式ですが，単価の低い食料品を扱うにもかかわらず，配送コストがかかるという問題を抱えています。同様に，買物難民問題に対処するために移動販売事業を行うことがありますが，こちらもコストの観点で事業の継続性が問題視されています。第5章で触れたPBは，競争が激化する食品スーパーにとって，他店との差別化を図り，粗利益を拡大させるための大きな戦略になっています。第11章では，小売企業のPB戦略に焦点を当てて考えていきます。チェーン展開する小売企業は，消費者の購買行動に対応して，メーカーから小売店舗まで商品を効率的に流通させる仕組み，つまり優れた顧客価値を創出するサプライチェーンを構築し，運営しなければなりません。小売サプライチェーンについては第12章で取り上げます。第13章ではDX（デジタルトランスフォーメーション）について取り上げます。小売業経営におけるDXの現状やDXを支える技術を概観して，小売業のDXの問題について考えます。

　第Ⅲ部を始めるにあたり，競争の観点から新たに2つの軸を設定します。1つは効率性（高低）の軸で，これを横軸に取ります。この軸をもとにして上記の諸課題をプロットすると下記の図表のようになります。

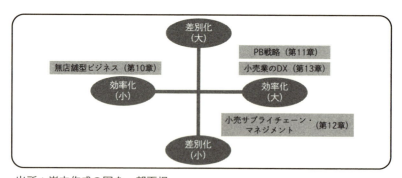

小売マネジメントの課題

出所：岸本作成の図を一部再掲

第10章 無店舗型ビジネス

Retail
Management

学習のポイント

▶無店舗型ビジネスの類型と特徴について理解しましょう。

▶通販で生じる消費者の知覚リスクについて理解しましょう。

▶通信販売のフルフィルメントについて理解しましょう。

▶ネットスーパーのビジネスモデルについて理解しましょう。

▶買物弱者の問題とその対策について理解しましょう。

キーワード

無店舗型ビジネス，知覚リスク，フルフィルメント，オムニチャネル小売業，
ネットスーパー，買物難民，

1 無店舗型ビジネスについて

　通常，小売企業は常設のリアル店舗を構えて営業活動をします。私たちは買い物をするときには，常設の店舗で商品を購入することが多いでしょう。一方で，仕事をして帰りが遅くなったり，夫婦共働きであったり，子供の保育園への送り迎えや介護などで忙しい日々を送っている場合には，常設の店舗を訪問せずに買い物をすることもあります。たとえば，インターネット通販で買い物をすることです。また小売企業の立場に立てば，無店舗型ビジネスを展開することで，顧客との接点が増え，売上を拡大できるかもしれません。第Ⅱ部では常設のリアル店舗を前提に小売ミックスの要素について検討しました。そこで本章では，無店舗型ビジネスについて考えていきます。

174 第Ⅲ部 小売マネジメントの課題

1.1 無店舗型ビジネスの定義と類型

　無店舗型ビジネスは，消費者との接点の場としての店舗施設を持たずに，消費者に直接販売する小売企業が展開する事業を指します。特定の場所に店舗を構えて，特定の営業時間帯に店舗を開けている常設のリアル店舗とは異なり，無店舗型ビジネス（例：インターネット通販）は顧客に24時間対応していて，どこに住んでいても，日本中にある店舗にインターネット上でアクセスできます。このことから，生産と消費の間に生じる時間的ギャップと場所的なギャップを大幅に埋めることができるといえます。

　無店舗型ビジネスには，以下のような業態があります。

---

① 訪問販売
② カタログ販売
③ TV 通販
④ 自動販売機
⑤ 移動販売
⑥ インターネット通販

1.2 訪問販売

　訪問販売は，販売員が消費者の家庭や職場を訪問して，商品の説明を行い，商品を販売する方法です。訪問販売員は顧客に口頭や書面を用いて説明をしたり，顧客の要望を聞いたり，質問に受け答えができますが，他方で1日に回れる場所や会うことができる人に限りがあります。販売員の活動範囲に限界があるので，訪問販売員の人件費を考えると，比較的高額な商品の販売に向いているといわれています。たとえば，化粧品や生命保険などです。

　一方で，女性の社会進出による家庭在宅率の低下や，消費者が訪問販売に対して不信感を感じる場合も少なくないため，訪問販売の営業活動自体が難しくなっている側面もあります。

　通常，小売業経営においては，常設の店舗を開設して，販売促進活動を行って店舗に顧客を集客し，商品を購入してもらいます。これは，植物が花を咲かせて，花の蜜を吸う昆虫を呼び寄せて，受粉を手伝わせることに例えられて，「**販売の植物性の原則**」とも呼ばれています。それに対して，メーカーや卸売企業では，営業パーソンが顧客のいる場所まで移動して販売活動を行うことができるために，「**販売の動物性の原則**」と呼ばれています（清水 1992）。これらの原則から考えると，小売企業の店舗では通常，顧客が店舗に来訪できる地理的範囲である商圏

は限定されています。動物性の原則でいえば，訪問販売は商圏の限界を克服する方法として捉えられます。たとえば，百貨店は外商という部門を有しており，顧客のところにまで営業パーソンが直接伺って商品の説明や販売活動を行っています。

1.3　カタログ販売

　カタログ販売の成立は，郵便制度の普及や鉄道インフラの整備が関わっています。アメリカでは，西部の農村地域に都市の文化が伝播するのを担ったといわれています。1872年にモンゴメリー・ウォードが，ペラ1枚のカタログでダイレクトメールを開始しました。また1886年にはリチャード・シアーズが，受取人に拒否された鉄道便の時計を買い取って同僚たちに通信販売を開始しました。日本では，1876年に農学者の津田仙が，農家に種苗を普及させるために「農業雑誌」を発行して顧客の自宅に直送する方式をとりました。カタログ通販は以下の特徴を有しています（田村　2001）。

- ●カタログの配布によって時間と場所のギャップを克服し，消費者に買い物の便宜性を提供できる。
- ●カタログは紙面のため，掲載できる商品の数はある程度，限定される。
- ●店舗で購入すれば，顧客はその場で商品を持って帰れるが，カタログの場合，注文を処理し，配送する時間がかかる。
- ●店舗では商品の確認ができるだけでなく，その店の雰囲気を味わえたり，店員からのサービスや説明を受けられたりするが，カタログ販売では限定される。

　近年，カタログ通販はインターネット通販にシフトしています。

1.4　TV通販

　TV通販は，テレビを通じて，司会者とゲストが1番組で1商品を取り上げて商品を説明し，販売する方法です。テレビ局の情報拡散の仕組みと通信販売を融合したもので，番組で取り上げる単品商品を大量販売するビジネスモデルともいえます。TV通販には，24時間リアルタイム放送を行う企業と録画放送を行う企業の2つのタイプがあります。放送では，実演販売をする司会者とゲスト，注文を受けるコールセンター，全体の指示をする番組プロデューサーがいて，それぞれ役割分担をして販売活動に携わるのが特徴です。

1.5　自動販売機

　自動販売機は，硬貨・紙幣などを挿入して希望する商品のボタンを押すと自動

的に商品が出てくる機械装置です。みなさんが通学・通勤の際に通る道や駅，大学，ビルなどに自動販売機は設置されています。自動販売機では，清涼飲料水，煙草，酒類，列車乗車券，雑誌などが販売されます。日本は比較的治安のよい国なので自動販売機は路上などに設置されていますが，欧米の国々の場合，たいていビルや施設の中に設置されています。自動販売機のメリットとしては，定価で販売できる点や人件費を削減できる点が挙げられます。一方で，自動販売機を設置すると電気代の負担があり，環境問題に配慮することが求められています。そのため，電力需要がピークになる日中に冷却運転を停止しても，商品をきちんと冷えたままで提供できる省エネ型の自販機の開発と導入がなされています。

1.6　移動販売

　移動販売は，常設店舗ではなく，自動車や屋台などで商品を運び，さまざまな場所に移動して販売を行う方法です。かつての豆腐や野菜などの行商も移動販売の一種として捉えることができますし，現在でも焼き芋の移動販売を見かけることがあります。移動販売は，近年では買物弱者の問題と関わっていますので，後ほど詳しく見ていきます。

1.7　インターネット通販

　インターネット通販は，インターネットを利用した通信販売のことです。その特徴は以下のようにまとめられます（田村　2001；青木　2024）。

- ●時間と場所の制約を乗り越えて消費者に買い物の便利さを提供する。
- ●情報処理技術の発展によって取扱商品数は拡大傾向にある。
- ●店舗で購入すれば，その場で商品を持って帰れるが，ネットで購入した場合，配送に時間がかかる。ただし，デジタル化によって注文処理から配送，決済までのフルフィルメントプロセスにかかる時間は短縮されている。
- ●リアル店舗では実際の商品が確認できるだけでなく，その店の雰囲気を味わえ，店員からのサービスや説明を受けられるが，ネット販売ではある程度制約されてしまう。

　さらに，リアル店舗での販売に比べてインターネット通販の有利な点としては，以下のことが挙げられます。

- ●店舗の家賃やスタッフの人件費が低く抑えられる。
- ●店舗販売に比べて営業時間を長く設定できる。

> ●店舗販売に比べて商圏が広くなる。

これとは反対に，リアル店舗での販売に比べて不利な点もあります。

> ●参入が容易で価格競争が生じやすい。
> ●自社の Web サイトや流通センターの構築・運営にコストがかかる。
> ●Web 上で自社のオンラインショップを認知してもらうためのプロモーションコストがかかる。

　通信販売は，顧客の氏名・住所・連絡先を登録しないと商品を送付できないことから，顧客情報の収集と蓄積が容易です。また，顧客が購入した商品情報を蓄積もすることができます。インターネット通販の中には，その顧客情報をもとにして顧客の好みに合うようなアイテムをお勧めする「レコメンドシステム」を採用している企業もあります。たとえば，レコメンドシステムに用いられるアルゴリズムの1つとして「協調フィルタリング」が挙げられます。「協調フィルタリング」は，自社サイトの訪問者と似た行動履歴を持つ利用者の購買履歴などのデータをもとにして，その訪問者が購入する可能性が高いアイテムを「おすすめ」として表示します。

　インターネット通販は，取り扱う商品や企業の特性によってそのビジネスモデルは多様です。たとえば，メーカー，店舗小売業などのように事業者自身で商品在庫や配送などのサービスを管理する企業，モール型の楽天などのように，そのサイトに出店する事業者自身が商品在庫，配送などのサービスを管理するものもあります。

　一方で，消費者が各種の通販で買い物を行う場合に，購買に際して不安を感じることがあります。これは「知覚リスク」と呼ばれ，たとえば，商品はネット上に掲載された写真と同じ色合いなのか，きちんとした品質なのか，サイズ感はあっているのか，個人情報が勝手に利用されないかなどです。経済産業省（2023）の調査結果では，日本での2022年の物販系分野の BtoC-EC の EC 化率は上昇傾向にあり，小売商取引金額のうちの9.13％がすでに取り組んでいて，13兆9千億円の市場規模となっています。しかし，「自動車，自動二輪車，パーツなど」の EC 化率は3.86％，食品，飲料，酒類の EC 化率は過去と比べると上昇傾向にありますが，3.77％と相対的に低い状況です。これらの理由を考えてみると，自動車やその部品などは商品の単価が高いために，購入する際にきちんと現物を確認したいという消費者の欲求があるからだと考えられます。また食料品については，ペットボトルやスパゲッティなどの加工食品は品質が標準化されているのでネッ

ト通販でも購入しやすいと考えられますが、生鮮食料品を購入する場合には、食べるものなので直に手にとって自分の目で確認したいという欲求が高いからだといえるでしょう。つまり商品によっては、消費者が購入の際に知覚リスクを強く感じてしまう領域があるといえます。したがって、ネット通販の事業者としては、認証制度、返品制度、レビュー機能、カスタマーセンター対応、写真や動画の掲載などを整備して、消費者が商品を認知し、理解できるよう対応する必要があります。

1.8 フルフィルメント

通信販売では、顧客の注文をネットや電話から受領し、商品を届けるまでの業務全般は「フルフィルメント」と呼ばれ、通信販売ビジネスの中核として位置づけられています（斎藤ほか 2020）。フルフィルメントは、狭義には受注、在庫管理、ピッキング、仕分け、流通加工、梱包、発送があります。広義には、狭義に加えて代金請求・決済処理、クレーム処理、問い合わせ対応などが含まれます。通信販売ではフルフィルメントのプロセスを十分に履行できるかどうかが、顧客満足に影響を与えるといえます。そのため、フルフィルメントの各業務にわたる一貫した情報管理やプロセスの自動化が鍵になります（図表10-1）。

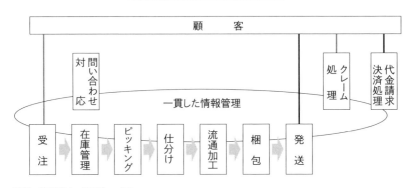

図表10-1 フルフィルメント

出所：斎藤ほか（2020）p.105.

通信販売では、顧客の注文を受けてから顧客に商品を届けるまでの物流サービスの良し悪しが、顧客にとっては重要なポイントです。物流サービスには、リードタイム、自宅配送日時の指定、自宅配送時間、自宅配送料、多様な受け取り方法（宅配ボックス、置き配、コンビニエンスストア）などが含まれます（斉藤ほ

か　2020）。

　これまで，通信販売のビジネスでは，配送料を無料にしたり，当日配送のサービスを提供したりして企業間の競争優位性を得ようとしてきました。しかし配送には，ドライバーの人件費，車両のガソリン代，車両の整備費などのコストがかかっています。物流活動は無料ではないのです。また，昨今，物流業界では人件費が上昇しており，人手不足の状況になっています。こうしたコストの側面を考慮したうえでの適正な物流サービスの提供が求められるでしょう。

　また，細かい配送日時を指定するサービスを提供している一方で，顧客が自宅に不在のため再配達をしなければならない問題も生じています。そのため，置き配を含めた受け取り方法の多様化についても取り組んでいく必要があるでしょう。

　通信販売では，その都度の注文に応じた少量の配送が求められます。他方でコストがかかっている中での過度なサービスの提供は，物流システムの持続可能性を長期的には毀損していきます。持続可能性を高めるために，物流企業だけではなく，荷主企業そして最終的には消費者の理解が必要に迫られています。

2　オムニチャネル小売業

　インターネット通販が拡大してくると，対抗策としてリアル店舗のみの小売業（「**シングルチャネル**」の段階）は自社の小売チャネルを増やそうとします。つまり，リアル店舗だけではなくインターネット通販の事業も行うことになります。この段階では，商品の在庫やポイントカードなどは別々に管理されており，「**マルチチャネル**」の段階と呼ばれます。顧客の視点からすると，ポイントカードが別々であったり，同じ商品在庫が別々に管理されていると不便です。そこで，インターネット通販とリアル店舗のどちらの小売チャネルで購買活動を行っても，ポイント管理や在庫管理などが共通して行えるように顧客の接点を融合する「**オムニチャネル**」段階の小売企業を目指すことで，顧客経験を向上させ，LTV（顧客生涯価値）を高めていく必要があります。ユニクロやビームスなどの企業は，先端的にオムニチャネル化を図っています。

3　ネットスーパー

3.1　ネットスーパーの現状

　ネットスーパーは，生鮮食品などを含めた食料品や日用品といったスーパーの取扱商品をインターネット経由で受注して配送する事業のことです。顧客は，イ

ンターネット通販の中でも，特に食料品についての利便性を得られ，時間を節約できます。そのため，忙しい顧客にとっては魅力的な形態であるといえるでしょう。日本では，2000年に西友がネットスーパーを開始しました。その後，複数の大手スーパーも参入しました。

　近年では，コロナ禍による外出制限など，消費者の行動制約や自宅でのリモートワークなどが生じたために，ネットスーパーの売上は上昇しました。しかし，ネットスーパー事業を開始しても配送料やスタッフの人件費などのコスト面などで収益を十分にあげられず苦戦を強いられる企業も多いともいわれています。

　本節では，ネットスーパーの研究成果を要約して説明していきます（池田2014，2016；後藤　2010；滝口・清野　2022）。

　常設のリアル店舗のスーパーでは，消費者は店舗を訪問し，自分で生鮮食品などの商品を手に取って確かめ，カゴに商品を入れて，レジで精算し，商品を持ち帰ります。いわゆるセルフサービス販売方式での買い物をしています。それに対してネットスーパーでは，消費者はスーパーのホームページやアプリなどで商品を検索し，検討し，決済します。そして，自宅等で指定された時間帯に商品の配送を待つことになります。このように，リアル店舗で消費者が行っていた店内での商品の選別，ピッキング，配送などの活動をネットスーパーでは小売企業側が負担することになります。また，食料品や日用品は粗利益が低い商品といえます。特に，生鮮食品は廃棄ロスが生じやすいので在庫管理を徹底しなければなりません。そのため，リアル店舗のスーパーの費用構造とネットスーパーの費用構造との違いを理解しておかないと利益は出ません。

　ネットスーパーの出荷拠点は大きく2つの類型があるといわれています。1つは，**店舗出荷型**です。店舗出荷型は，リアル店舗で商品を選別，**ピッキング**し，配送する形態です。このタイプは，既存の小売店舗の経営資源を活用するものです。もう1つは，ネットスーパー専用の出荷拠点で商品を選別，ピッキング，発送する**センター出荷型**です。このタイプでは，出荷拠点である物流センターに設備投資をして運営していきます。

　近年では大手のECモールが食品スーパーのネットスーパー事業をサポートする動きもあります。西友は，2018年にネットスーパー事業において楽天と提携を発表しました。楽天の技術力を活用したレコメンドシステムなどを導入し，マーケティングを強化することを目的にしています。食品スーパーのベイシアも，楽天のプラットフォームを活用して商品の配送を始めました。提携スーパーでも楽天のポイントが活用できるため，楽天は自身の経済圏への顧客の囲い込みができます。また，スーパーのライフは2020年に，「Amazon.co.jp」に出店しました。

そこではライフの生鮮食品や惣菜を購入できるため，Amazon は顧客獲得を強化することができました。食品スーパーとこうした提携を行うことで，楽天やAmazon などはさらなる顧客の購入データなどの獲得と蓄積ができるようになります。

3.2 ネットスーパーの事業特性

ここではネットスーパーの事業特性を見ていきましょう（池田　2014，2016；後藤　2010；滝口・清野　2022）。

まずネットスーパーの利用や中止は，子供の誕生や成長，ライフスタイルの変化によって変わっていきます。たとえば，妊娠している主婦は外出して買い物に行きづらいのでネットスーパーを活用するといわれています。

また多くのネットスーパーでは，一定金額以上の買い物をすると配送料が免除ないし減額になるといったプログラムを実施しています。これは，顧客に配送料をそのまま転嫁して徴収することが難しいためです。小売企業は配送料のコストを踏まえて事業計画を立案しなければなりません。仮に消費者がネットスーパーで配送料の免除ないし減額を得て買い物をする場合，リアル店舗のスーパーよりも客単価が高くなるでしょう。さらに，さまざまな商品カテゴリーの商品を購入する傾向もあるといえます。

続いて，ネットスーパーの利用者を，定期的に利用する顧客とスポット的に利用する顧客に分けて比較すると，定期的に利用する顧客はスポット的に利用する顧客よりも，生鮮食品や日配品などを購入する傾向が高いといわれています。一方で，スポット的に利用する顧客はお米を購入する傾向が高くなるといわれます。またスポット的に利用する顧客については，悪天候の日に利用が増加します。すなわち，悪天候でない日は，スポット的に利用する顧客の利用は鈍くなると指摘されています。

一方で，ネットスーパーの課題としては，**受注キャパシティ**（1日当たりの注文件数の上限）が挙げられます。受注キャパシティが決まっていて，顧客の利用頻度が高まった場合，受注キャパシティがひっ迫してしまうため，ネットスーパーを利用しづらくなるという問題を引き起こしています。たとえば，雨の日はスポット的に利用する顧客の注文が増加することで，定期的に利用する顧客が使えなくなってしまいます。逆に，いつも利用する既存顧客によって受注枠が埋まってしまうと，新たに利用しようとする顧客がネットスーパーを利用できなくなる，ということもあります。

このほかにも，小売企業がネットスーパーを運営するにあたっての課題はいく

182　第Ⅲ部　小売マネジメントの課題

つかあります。スタッフのピッキング作業や配送作業の効率化といったオペレーションをネットスーパーのスタッフのみで行うと，注文が多い時にはスタッフへの負荷が大きくなります。場合によっては，部門の壁を超えてリアル店舗のスタッフにも柔軟に応援してもらえるような体制づくりが必要になります。

　また，コストの大きな要因となる配送料について消費者に理解してもらい，コストを回収できるような料金設定が必要になります。同様に，粗利益の低い商品だけではなく取扱い商品の幅を広げる必要があります。さらに継続利用という点では，ネットスーパーのスタッフの商品選定に関する目利きや配達員の丁寧な対応などの顧客接点が鍵になるでしょう。

4　買物弱者の問題

　地方に居住している高齢者が，自動車をはじめとした交通手段を持たないので，タクシーを呼んで買い物に行った結果，交通費がとてもかかるという声を聞くことがあります。人口減少が進み，少子高齢化が進行する日本で，市場全体の縮小や行政の財政難が生じています。このことから，行政サービスが低下したり，地域交通が弱体化したりしています。こうした問題が生じる中で，住民の「生活の質」の低下が懸念されています。とりわけ流通分野では，「買物弱者（買物難民）」に関わる問題が大きいとされています。買物弱者には，高齢者だけではなく病気を患っている人，しょうがいを抱えている人，妊娠している人，介護を要している人，自然災害で被災した人なども含まれるでしょう。そして地理的には山間地域やニュータウンだけではなく，最近では都市部でもこの問題が生じています。

4.1　買物弱者問題の背景

　買物弱者を生み出す背景は3つあるといわれています。買物弱者自体の問題，小売施設の過疎化，コミュニティの弱体化です。買物弱者自体の問題とは，都市の郊外化を促進したモータリゼーションが生じた後に利用者が高齢化することから発生する問題です。そして，郊外をターゲットに大型小売業が出店を行い，競争が激化したことで中小小売業が減少していきました。さらに，地域のコミュニティにおける人間関係も希薄化し，住民間での助け合いが少なくなった点が挙げられます（石原　2011）。

　特に，私たちが普段，食料品を手に入れる際に利用する最寄店舗の減少や近隣型商店街の衰退が目立っています。商店街の空き店舗率も上昇傾向にあります。

このように，徒歩や自転車で行ける商店街や住宅地での食料品を扱う小売店舗が減少していることがわかります。買い物する店舗が付近からなくなることで買い物の不便さが生じてしまうため，消費者が商品を受けとる最後の行程である"ラストワンマイル"のコストを誰が負担するのかといった問題が生じるわけです。

農林水産省は，生鮮食料品販売店舗までの距離が500m以上で自動車を持たない65歳以上の高齢者を，食料品アクセスに最も困難がある人々としています。食料品アクセス困難な人口は，2020年時点で全国で約904万人と推計されます（高橋　2024）。

4.2　買物弱者への対策

買物弱者への対策としては，買物をするのに困難な地域に対して以下の4つの方法が挙げられます（折笠　2015）。

---

① 買物に困っている人々の住む場所にお店をつくる（ミニスーパー，過疎地コンビニなど小さな拠点の設置）
② 買物する場所へ行くための交通手段を提供（コミュニティバス・オンデマンド交通）
③ 買物に困っている人々が望む商品を彼（女）らの家まで届ける（宅配）
④ 買物に困っている人々の家の近くまでお店そのものを運ぶ（移動販売や出張販売，朝市）

図表10-2　買物弱者への対策

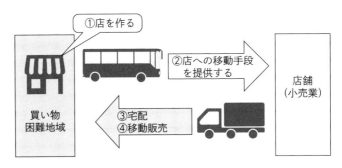

出所：折笠（2015）p.4.

184　第Ⅲ部　小売マネジメントの課題

　しかしながら，買物難民の対策事業の７割は不採算であるといわれています（日本経済新聞　2017年７月20日付）。主要な商品が単価の低い食料品や日用品であり，需要の少ない地域を対象にしているために，費用超過になってしまうからです。そして，行政からの補助金がなくなってしまうと，事業の継続がおぼつかなくなる事例も見受けられます。

　確かに，小売企業の中には社会的責任の遂行の一環として買物弱者への対策に取り組む企業もあります。一方で，買物弱者に対して商品を供給することは，社会的に必要なサービスであったとしても，事業の採算性と継続性がとても大切になります。そのため，運営コストを考慮しなければなりません。また，特定の組織のみでは十分な解決には至りません。買物弱者の問題には，複数のコミュニティの関係者が既存の枠を超えて連携し，協力して対応しなければならないでしょう（菊池　2013）。

4.3　事例　移動スーパーとくし丸

　買物弱者問題への解決アプローチとして，全国各地域で買物弱者に対応する移動販売ビジネスとして注目される，「移動スーパーとくし丸」について見ていきます。

　とくし丸は2012年に徳島で創業しました。鮮魚や野菜のみの移動販売などと比較すると，とくし丸は移動スーパーとして生鮮食品や日用品などを400種類1,200品目ほどの商品を幅広く取り扱っています。このとくし丸が，総合スーパーや地域の食品スーパーと契約して，移動スーパーのノウハウなどを提供するビジネスを行っています。

　まずスーパーは，自動車１台につき契約金50万円と月３万円のロイヤルティ（royalty）を支払います。スーパーは，個人事業主である販売パートナーに商品を提供し，販売を委託し，最終的に販売パートナーが自動車で複数の場所を訪問して，その停車した場所で付近の顧客に商品を販売することになります。

　販売パートナーは，約350万円の移動販売用の自動車を用意し，顧客のいる複数の場所を巡りスーパーの商品を販売します。とくし丸で扱っている商品は，スーパーで販売している価格に移動販売として10円または20円ほどの金額を上乗せしています。つまり，スーパーと販売パートナーは販売した商品の粗利益と手数料を分け合うビジネスモデルになっています。とくし丸のビジネスモデルでは，販売パートナーはスーパーの商品の「販売代行」の形態を取っています。そのため，売れ残った商品はスーパーに返品できますし，スーパーマーケットは返品された商品を値引きなどして販売できます。

販売パートナーは高齢者の買い物を支援するとともに，高齢者の見守りも行っています。具体的には，販売パートナーは単に商品を届けるだけでなく，電球の取り替えやスーパーに取り扱いのない商品のお使いなどもサービスの一環として担っています。とくし丸の事業を始めるにあたって，スタッフが約1カ月程度をかけて対象地域の世帯に「買い物でお困りではないか」と聞いて回り，地域のどの場所に需要があるかを検討します。

コラム　ポップアップ・ストア

　百貨店やショッピングセンター，駅ビルに行くと，「期間限定」で開催されている「ポップアップ・ストア」をよく見かけます。ポップアップ・ストアは1日から6カ月程度の期間で出店していますが，2週間から1カ月程度の開催期間が一般的なようです。商品の範囲も幅広く，食品や雑貨だけではなく，化粧品，ファッションブランドやラグジュアリーブランドの衣料品なども積極的にポップアップ・ストアを出店しています。また，アニメやアイドルに焦点を当てたポップアップ・ストアも見受けられます。また，大企業もポップアップ・ストアを出店しますが，インターネットだけで商品を販売するD2C（Direct to Consumer）と呼ばれる企業も，ポップアップ・ストアを活用して顧客との接点を創出しています。

　ポップアップ・ストアでは，お店に通常の商品を単に陳列して配置するだけではなく，装飾や什器などにもこだわってブランドの世界観を打ち出そうとします。ポップアップ・ストアの開催期間だけ販売される限定商品や独自のイベントを開催することで「希少性」を創出し，ユニークな顧客経験を提供しています。

　ポップアップ・ストアの目的は，以下の4つがあります。

① ブランド認知
② ブランドのファン育成
③ テスト
④ 在庫処分

　ブランドの認知は，新しいブランドを顧客に気づいてもらうことを目的にしています。ブランドのファン育成は，顧客をファンにするためにブランドの代表者に会うことができるイベントを開催したり，ファン同士の交流を促すイベントとしてポップアップ・ストアが開催されます。テスト目的は，ブランドの商品，店舗運営・立地などが市場に適合しているかどうかなどが試されます。

そしてテストがうまくいった場合に，常設のリアル店舗を開設することもあります。最後の在庫処分は文字どおり，価格訴求を行って余った在庫を売り切るためにポップアップ・ストアを活用することです。

ポップアップ・ストアは期間限定なので集客することがとても重要です。そのためにSNSが有効なツールとして用いられます。またポップアップ・ストアを利用した顧客が，たとえば自分が購入した限定商品をSNS上にアップしてその情報が拡散することも見受けられます。これは関係的経験に関わってきます。

また近年では，まちづくりの一環としてポップアップ・ストアを導入する事例も見受けられます。東京の吉祥寺では，一般財団法人武蔵野市開発公社がファッションや食品などの中小事業者に対して，まちの空いているスペースをマッチングするサービス（Kichijoji POP-UP STORE ポータルサイト）を提供しています。ポップアップ・ストアを導入することで吉祥寺のまちのスキマになっている空間を有効活用し，まちに活気をもたらそうとする試みです。この意味からすれば，ポップアップ・ストアはまちづくりに役立つ側面も持っているといえます。

図表10-3　一般財団法人武蔵野市開発公社による吉祥寺のポップアップ・ストアの出店場所

出所：一般財団法人武蔵野市開発公社提供。

問題演習

問10-1　【リテールマーケティング(販売士)　3級検定試験模擬問題と解答　2023年3月　日本販売士協会】

正しいものは1を,誤っているものは2を選びなさい。

倉庫型ネットスーパーは,設備投資が大きく黒字化に時間がかかることや,青果などの生鮮食料品の売れ残りによる廃棄ロスへの対応など在庫管理が課題になっている。

問10-2　【リテールマーケティング(販売士)　3級検定試験模擬問題と解答　2023年6月　日本販売士協会】

正しいものは1を,誤っているものは2を選びなさい。

ネットスーパーの仕組みは,導入時のイニシャルコストが低い店舗で集荷して顧客の自宅に配送するタイプが現在では主流である。

 やってみよう

買物弱者が発生している地域とその対策について調べてみましょう。

 参考文献

青木均(2024)『小売マーケティング・ハンドブック(第2版)』同文舘出版。
石原武政(2011)「小売業から見た買い物難民」『都市計画』60巻6号,pp.46-49.
池田満寿次(2014)「ネットスーパー利用に関する基本的な特徴と,今後の展望」『流通情報』流通経済研究所,No.517,pp.47-53.
池田満寿次(2016)「ネットスーパーが直面するマーケティングの問題点と,解決の方向性」『流通情報』流通経済研究所,No.520,pp.14-20.
折笠俊輔(2015)「食料品アクセス問題(買物困難者問題)に地域全体で取り組むために」『明日の食品産業』11,pp.1-7.
経済産業省(2023)「電子商取引に関する市場調査を取りまとめました」。
https://www.meti.go.jp/press/2023/08/20230831002/20230831002.html
菊池一夫(2013)「消費者の買い物の不便さにかかわる問題に関する検討」,甲斐朋香・市川虎彦・菊池一夫『少子高齢化における地域社会の現状と課題』松山大学地域研究センター叢書第12巻,pp.50-62.
後藤亜希子(2010)「参入が増えるネットスーパーの動向と今後の可能性に関する検討」『流通情報』流通経済研究所,Vol.485,pp.14-21.
斉藤実・矢野裕児・林克彦(2020)『物流論(第2版)』中央経済社。
清水滋(1992)『小売業のマーケティング　21世紀版』ビジネス社。
高橋克也(2024)「2020年食料品アクセスマップと困難人口の推計結果について」農林水産政策研究所。
https://www.maff.go.jp/primaff/koho/seminar/2023/attach/pdf/240319_01.pdf

滝口沙也加・清野誠喜（2022）「ネットスーパー利用に関わる行動と意識の変容－継続利用者と中止者との比較－」『フードシステム研究』第28巻4号, pp.298-303

田村正紀（2001）『流通原理』千倉書房。

日本経済新聞（2017年7月20日）「買い物弱者対策事業，7割が不採算　移動販売など」。
https://www.nikkei.com/article/DGXLASDG19HA8_Q7A720C1CR0000/

移動スーパーとくし丸ホームページ
https://www.tokushimaru.jp/

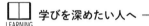
学びを深めたい人へ

流通経済研究所（2017）『買い物困難者対策スタートブック』
maff.go.jp/j/syokusan/eat/attach/pdf/torikumi_kata-1.pdf

第11章 PB戦略

Retail Management

学習のポイント
▶日本のPBの発展段階について理解しましょう。
▶小売企業のPBの重要性について理解しましょう。
▶小売企業のPBの三層構造について理解しましょう。

キーワード
3層構造，高品質PB（プレミアム），標準型PB（スタンダード），
低価格PB（エコノミー），PBとNBとの最適ミックス

1 日本のPBの発展段階

みなさんはスーパー，ドラッグストアやコンビニエンスストアなどで買い物をするとき，全国展開するメーカーが製造し，プロモーションを展開するナショナル・ブランド（以下，NB）だけでなく，小売企業が企画し，開発したプライベート・ブランド（以下，PB）を購入する機会が増えているのではないでしょうか。小売企業にとっても，他社との差別化を図り，高い粗利益を確保するためにPBに着目しています。第5章のマーチャンダイジングでPBについて述べましたが，PBは食品スーパーにとっては戦略上の大きな問題になっていますので，ここでは小売企業のPB戦略に焦点を当てて考えていきます。

日本のPBの発展段階についてはさまざまな説があります（鈴木 2017；矢作 2014a）。本章では，主に食料品の動向に焦点を置き，日本のPB発展を3段階の見解に従って説明をしていきます（木立 2010）。

1.1 導入期（1960年代から1980年代半ば）

1960年代から1980年代半ばに、大手スーパーを中心にして PB 商品の導入が始まりました。その目的は、製品差別化よりも低価格の実現にありました。PB 商品を供給するメーカーは、中小規模のメーカーに限定されていました。この当時の低価格 PB は、消費者からは「安かろう悪かろう」といった印象を持たれており、総合スーパーの PB 商品の展開は苦戦を強いられました。たとえば、大手の総合スーパーであったダイエーの PB 比率は、1981年度の20.7％をピークとしてそれ以降は減少し、1983年度には16.5％に低下しました。

1.2 成長期（1980年代後半から1990年代）

1980年代後半から1990年代の期間には、こうした PB が苦戦している状況を打開するために、小売企業は PB の品質向上を目指すことになります。特に1990年代に入ると、当時、成長業態のコンビニエンスストアが、中食分野を中心に品質を訴求するタイプの PB 商品やオリジナル商品の開発に取り組みました。品質を重視するタイプの PB を供給する企業は、中小企業のメーカーというよりも、むしろレベルの高い製造技術や安定供給できる生産体制などの経営資源を有した中堅メーカーでした。

1.3 成熟期（2000年代以降）

1997年以降、バブル経済の崩壊で深刻化する長期不況の影響によってメーカーの工場の稼働率が低下すると、大手メーカーも PB 供給に徐々に関心を示して対応する動きを見せ始めました。2000年前後からは、大手の総合スーパーを中心にして、標準型 PB だけではなく、低価格 PB や高品質 PB も導入し、価格帯による多層構造の PB とサブブランド PB を含む「ブランド・ポートフォリオ戦略」を採用する小売企業が現れました（Kumar & Steenkamp　2007；矢作　2014a）。

近年では、消費者の PB に対する認知度や肯定的なイメージは徐々に向上しているといわれています。従来からある PB は低価格で低品質というイメージは徐々に改善され、PB の購入率も少しずつ上昇しています。

日本のスーパーにおける全商品のうちの PB 比率は、2000年の6.4％から2015年の8.6％へと、全体として上昇したと推計されています（浦上　2022）。さらに細かく見ると、特に市場集中度の高いカテゴリーで PB の比率の上昇幅が高くなっています。その背景には、小売企業の巨大化に伴って、従来 PB 製造を受託しなかった大手のメーカーが PB を受託するようになったことがあります。こうして日本における PB 市場の動向は、食品産業に関わるメーカーや小売業の大きな問

題として取り上げられるようになりました。小売企業間の競争が激しくなる中で，今後，小売企業はますますPB商品の開発や販売を強化すると予測されます。

　確かに，日本のPBは成熟期に入り，伸長していますが，PBの開発と導入が活発な欧米の小売企業と比較するとその取扱比率は低いといわれています。これについて岡（2009）は，総合小売業であろうとする限りにおいては，日本の食品小売企業のPB比率は全商品の26％程度が限界であり，多くの小売企業が設定するPB目標の数値は15～20％（留型商品も含む）であると指摘しています。

　日本のスーパーと比べてイギリスのスーパーは，PBへの取組みが先んじているといわれています。その背景の1つには，イギリスのスーパー業界では大手企業による寡占状態[1]が生じており，PBの開発も活発でその取扱比率も高いことが挙げられます。それに対して日本の小売業における業界構造を考えますと，コンビニエンスストア業界では大手企業による寡占状態が生じていてPBの開発が活発です。一方で，スーパー業界には依然として多くの企業が存在していて寡占状態には至っていませんが，一部の大企業では吸収合併などを通じてさらなる大規模化と売上の上位集中化が進んでいますので，競争が激化する中で他社との差別化ができるPBへの戦略的な取組みを各社がどのように実行するのか，今後も注視すべきでしょう。

2　PBの定義

　PBにはいくつかの定義があります。そのうちの1つを紹介すると，「プライベート・ブランドという用語は，通常ナショナル・ブランドとの対比において用いられ，プライベート・レーベル，ストア・ブランドといった言葉と実際的にはほぼ互換的に用いられている。小売業ブランドと卸売業ブランド，総称して流通ブランドは，販路の限定性あるいは排他性を基本とし，基本的には同一市場においてはそのブランドを所有する特定の流通業で販売されるか，契約により他の特定の流通業者に排他的に供給されることになる」とされています（根本　1995 p.3）。

　このようにPBは，小売企業や卸売企業が独自のブランドを付与した商品といえるでしょう。近年では，流通構造と消費者行動の変化とともにPBが成長して，NBとPBが競い合う「デュアル・ブランド戦略の時代」になったといわれています（矢作　2014a）。

3　PB 導入の目的

　小売企業が積極的に PB を開発し市場導入する理由は何でしょうか。これには以下の 4 点が挙げられます（木立　2010；矢作　2014b）。

① 他の小売企業との差別化

　競争相手の小売店舗と自社の小売店舗が同じ NB だけを取り揃えていたならば，他店との差別化が達成できません。このために，PB を導入して競争相手の小売店舗との差別化を図ります。

② ストアロイヤルティ（store loyalty）の向上

　小売店舗はリピート顧客が基盤になっています。たとえば，幅広いカテゴリーにわたって PB 商品を購入する世帯は，そうではない世帯に対してワレットシェア（支出における当該小売店舗における購買金額の割合）が高いといわれています。特定のカテゴリーの PB で顧客の信頼を獲得できると，他のカテゴリーのPB や NB を購入する可能性が高まるからです。

③ 粗利益の確保

　小売企業は NB よりも PB を低価格で販売する一方で，高い利益率を獲得する目標を設定します。この PB による低価格と高い収益性は，仕入条件の改善，メーカーなどのプロモーション費の削減，余剰生産設備の活用などで実現されます。しかし PB の導入にあたって，小売企業では自社で PB を在庫管理するための費用が増大したり，値下げ・廃棄といったロスが生じてしまいます。PB を売り切って在庫リスクをうまく抑えて管理できることが，高い利益貢献度につながるといえます。

④ メーカーに対する取引交渉力の確保

　小売企業が PB を導入することは，類似の NB の販売にマイナスの影響を与えることにつながるでしょう。そのため，商品の品揃えや棚割に決定権を持つ小売企業に対するメーカーの交渉力は弱くなります。このことから，小売企業は NBの取引で有利な条件を引き出せるとともに，PB の開発にあたってメーカーの経営資源を有効に活用できるようになります。

4　PB の類型とその階層構造

　PB やそれに関連することについてはさまざまな捉え方があります。たとえば，「ジェネリックブランド」は一般的な商品名を記載して販売される PB で，商品

の包装を簡素化し，ブランディングの努力を払わないことから「ノーフリル」とも呼ばれています。さらに「ダブルチョップ」と呼ばれるものがあります。ダブルは「2重」を意味し，チョップは「商標」を意味します。これは，製造元のメーカー名と発売元の小売企業名を併記したPBです。このダブルチョップのPBへの消費者の信頼感，安心感はメーカーのブランド名によって強化されているといえます。また厳密にはPBとはいいがたい面もありますが，メーカーのブランド名を表示した形で特定の小売企業に排他的に供給される商品は，「留型商品（とめがたしょうひん）」と呼ばれます。

かつてPBは，NBを模倣したディスカウントバージョンでした。しかしこんにち，消費者の中には，顧客価値に敏感であり，製品の成分の内容をじっくりと読む人もいます。そのため，価格がすべての顧客に対しての唯一の差別化要因ではないことを理解することが重要です。顧客の価値観の多様化に対応するため，小売企業は競争的なPBを幅広いバラエティで開発しようと試みています。開発の基本は，PBを①高品質PB（プレミアム），②標準型PB（スタンダード），および③低価格PB（エコノミー）の3層構造に分けることです。これに加えて，④特定の価値に基づいたPBも開発されています（浦上　2022）。

①高品質PBは，NB以上の品質を追求するものです。②標準型PBは，同程度の品質のNBよりも低価格に設定されるものになります。③低価格PBは，低価格訴求のより強いPBです。④特定の価値に基づくPBは，たとえば健康志向に焦点を当てたり，オーガニック製法を導入したPBが挙げられます。

PBを積極的に展開している小売企業の1つにイオンがあります。イオンのPBであるトップバリュは，商品の安心・安全から顧客のクレーム処理まで小売業が全責任を負う形をとっています。ブランディングやパッケージ面で「トップバリュ」を統一的に訴求して競争の差別化を図り，ストアロイヤルティを確立しようとしています。

同様に，セブン＆アイ・ホールディングスでは2007年以降，標準型PBのセブンプレミアム，高品質PBに該当するセブンゴールドを整備し，同時にディスカウントストア向けに低価格PBの「ザ・プライス」を導入しました。

5　PBの開発プロセス

PBはどのようなプロセスを経て開発されているのでしょうか。小売企業にとっては商品を単に仕入れるだけではなく，自社のブランドを付けるわけですから，商品の安全性，販売した商品の在庫責任やクレーム対応に関する責任を有す

ることになります。そして，ブランディングにも能動的に関わっていきます。このことからもわかるように，PB の開発にあたっては，小売企業の関与の度合いは高くなります。たとえば，ヨーロッパの食品小売企業の PB 開発プロセスは以下の流れを経るといわれています（Johansson and Burt 2004）。

① 商品カテゴリーの検討

PB の新商品を開発する場合，売上，利益，マージン，市場シェア，顧客調査などの観点から参入すべき商品カテゴリーを検討します。

② 顧客ニーズの商品属性への反映

検討したカテゴリーに新商品のニーズがあると考えた場合，消費者のニーズについて検討し，それを商品の属性に反映させます。

③ 商品の仕様書の作成

商品の概要と仕様について，消費者ニーズに基づき，パッケージ，品質，価格，サイズ，色，その他の技術的属性などについて詳細に記載します。

④ PB を供給するメーカーの探索と決定

PB の仕様書が作成された後，その仕様を満たせるメーカーを見つけるのはバイヤーの役目です。メーカーを選ぶ際には，バイヤーの専門知識が重要です。既存の取引関係の中からメーカーを探し始めます。メーカーは，商品仕様の検討段階から関与している場合もあります。試作品ができたら，PB としてのクオリティを評価するために，品質テストやキッチン・テストを実施し，製品が仕様を満たしているかどうかを評価します。

⑤ 消費者調査の実施

消費者パネル調査などが実施され，当該 PB 商品を吟味します。

⑥ パッケージング

パッケージングや工場での試験などを行います。

ここまでの商品開発のプロセスは，短い期間で行われます。

⑦ 消費者へのコミュニケーション活動

PB の担当者は，消費者へのコミュニケーションについて責任を負います。PB はメーカーに返品することができませんので，売り切る力を発揮することが大切です。たとえば，店舗のゴンドラの中央部分に PB を配置して目立たせる手法やゴールデンゾーンにフェース数も増やして配置するなどの手法が挙げられます。しかし，メーカーとの NB の契約上の取引数量によっても PB の配置方法は変わります。

イギリスの小売企業では，早い段階から商品研究所を設置して研究開発機能を自社に取り込んでいます。このことは，PB 開発において能動的な役割を発揮し

てきました。イギリスのスーパーのテスコでは，バイヤー，技術・品質管理者を
はじめとしたPB関連のスタッフを多数抱えているといわれています。しかし日
本では，テスコのようなPB開発の組織体制は例外的であるといえます（木立
2010）。つまり日本では，メーカーは「狭く深い」商品開発力，小売企業は「多
様で浅い」品揃えといった各々が有する得意な領域があります。そのため，PB
開発については，小売企業はメーカーの新製品開発力に依存しつつ企画は協働で
実施することが一般的になっています（加藤・崔 2009）。要するに，小売企業
は小売店頭で収集するPOS情報などに基づいてメーカーなどと共通目標を設定
し，それに従ってメーカーや原料・包装資材メーカーが顧客価値を有する商品を
創り出す協働型組織体制が整えられつつあります。つまりPB商品の開発にあ
たっては，メーカーなどとの関係は，対立的な関係から協調的な関係へとシフト
してきているといわれています。

6 日本におけるPBの開発プロセス―イオンの事例

　ここでは，事例としてイオンのトップバリュの開発事例を取り上げます。同社
はPB商品のビジョンとして，「トップバリュは，お客様の暮らしで顕在化され
たニーズだけでなく，潜在的なニーズを追求し，誠実・革新・情熱をもって挑戦
し続けることで，お客様の安心・スマート・楽しい暮らしに役立つブランドにな
ります」[2]を掲げています。そして同社は，PBの開発の方針として，以下の5つ
の項目を表明しています（**図表11-1**）。

　図表11-2はイオンのPB（トップバリュ）の開発プロセスを示しています。
その開発は，商品の企画から始まり，品質の設計，工場の評価，試作と評価，商
品仕様の確定，製造と検査，発売後の商品管理そして情報収集・改善までがサイ
クルとして描かれています。

　同社はこの開発サイクルの中で積極的に顧客の声を収集し，商品の開発や改善
に活かしています。たとえば，電話，WEB，メールなどでトップバリュに対す
る顧客の声を収集するとともに，座談会やアンケート調査を実施します。座談会
では商品のコンセプトや価格設定などに対する意見を収集します。このほかに，
イオンのクレジットカードやID-POSの情報を通じて得られる顧客の買物履歴
を通じても分析が行われます。

　また，モニターテストを実施して，PB商品を購入する利用者にテスト品と比
較品を試食してもらい，評価を受けます。ここでは味わいやおいしさを評価する
絶対品質の評価と，購入意向と商品に対する顧客価値を尋ねる相対的品質の評価

図表11-1　PB開発における5つのこだわり

1. お客さまの声を商品に生かします。
2. 安全と環境に配慮した安心な商品をおとどけします。
3. 必要な情報をわかりやすく表示します。
4. お買い得価格でご提供します。
5. お客さまの満足をお約束します。

出所：イオントップバリュ株式会社ホームページ（2024年8月3日閲覧）
https://www.topvalu.net/brand/kodawari/

図表11-2　トップバリュのお客さまの声を活かした商品開発

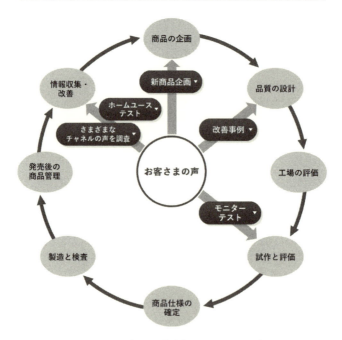

出所：イオントップバリュ株式会社ホームページ（2024年8月3日閲覧）
https://www.topvalu.net/brand/kodawari/comment/

があり，設定された基準をクリアすることが商品化にあたって必要になります。モニターテストは外部の調査会場で行われ，年間1,200回ほど開催されています。

　PBの発売後もさまざまな顧客接点で調査されます。それらは，SNS上のトップバリュへの意見やWEBサイトに寄せられる意見，トップバリュのお客様サービス係に寄せられる声などです。また，顧客にトップバリュを実際に利用してもらい，その使用感や試食の感想を評価してもらうホームユーステストも行っています。ここで新たに課題が発見され，商品のリニューアルにつなげられるものもあります。たとえば，商品の発売後の改善事例としては黒酢飲料ストレート（りんご・ブルーベリー）が挙げられます。この場合，顧客から「注ぐ際にははねてしまうために，はねない容器にしてほしい」という声が出ました。これを受けて紙容器では解消できなかった注ぎづらさなどの問題を改善するために，ペットボトル容器に変更しました。このほかにも，よりわかりやすい表示方法に改善するなど，顧客の声をもとにした改善例は数多くあり，漸進的な革新といえるでしょう。

7　PBの開発と導入における検討事項

　PBの開発と導入にあたって小売企業が検討すべき事項について挙げていきましょう（矢作　2014b）。

①　PBの顧客層の特定化

　PBを開発し導入するにあたって標的顧客を特定化することは重要なことです。一般的には商品のイメージや広告には敏感ではなく，価格と品質のバランス，つまり顧客価値に敏感な消費者が標的顧客になりやすいでしょう。ターゲットとするカテゴリーの市場規模が大きく成長率も高ければ，PB商品を導入する動機づけにもなります。

②　PBのカテゴリー特性

　PBの比率が高いカテゴリーは，有力なNBが比較的少なく，大きな市場規模のカテゴリーです。そのようなカテゴリーには中小メーカーが多く，広告活動があまり活発ではありませんので商品のコモディティ化が進んでいます。こうした領域では，NBに対してPBの価格を相対的に下げる度合いは低くなります。一方で，NBのブランド・ロイヤルティが強いカテゴリーにPBを導入する際には，PBの価格を思い切って下げて訴求していくことが必要になります（清水　2004）。

③　知覚品質

　PBの品質水準が高く品質が一定で維持されていると消費者に認識され評価されたカテゴリーでは，PBの比率が高いといわれています。品質が良いと消費者

に評価された PB は，それ自体では十分な利益が出ない場合でも，競争上の差別化やストアロイヤルティで利益に貢献します。

④ PB と NB の最適ミックス

NB と PB の間には補完的な関係が働きます。知名度の高い NB で集客し，来店した顧客の中の価格感度の高い顧客を対象に PB のインストアプロモーションを行います。このとき，妥当なブランドミックス戦略を展開することで，低価格 PB は，NB との比較購買が容易にされやすくなり，また NB は品質や安心の面で優位性を認識されることになるなど，双方のブランドにプラスになる効果が期待できます。一方で，低価格 PB と標準型 PB の間には類似効果が働いてしまい，カニバリゼーション（共食い）を引き起こす危険性があるでしょう。

イギリスのスーパーは PB の比率を伸ばしてきましたが，PB 商品だけでは顧客吸引力を高めるのは難しいと判断して，NB 商品を組み合わせて品揃えを形成しています。この背景の 1 つには，消費者のバラエティシーキング行動[3]があります（重富　2015）。小売店頭で PB の取り扱いが増えていくと，NB の品目数が削減されることにつながります。PB の品揃えが顧客の吸引につながりますが，その反面，多様性が低下してしまうことで，顧客が商品選択上で制約を感じてしまい，店舗の売場の魅力が低下してしまうとも考えられるわけです。

さらに，安全性や嗜好などについてこだわりの強いカテゴリーでは，NB が好まれる傾向にありますが，日常的に消費して経済性を求めたり，バラエティを楽しむカテゴリーでは，消費者の求める水準を満たしていれば，比較的 PB が選ばれやすい傾向にあります（重富　2015）。つまり，売場で顧客が PB を選択する場合でも NB を選択する場合でも，顧客は複数の商品を比較・検討し，納得した上で購入したいと望んでいるといえますので，小売企業はこうしたことを考慮して NB と PB をミックスして品揃えを形成すべきなのです。

⑤　グローバル調達

小売企業は PB 商品の開発をするとき，国内だけでなく開発途上国の安価な労働コストを求めたり，これらの国の企業の工場を使用したりする場合もあります。この場合には確かに製造コストは低くなりますが，為替変動，関税，長いリードタイム，輸送コストの増加が生じることも考慮しなければなりません。グローバルに調達するにあたっては，品質管理や戦争・暴動・疫病などの社会経済的リスクへの対応策を検討しなければなりません。

第11章　PB 戦略　　199

コラム　良品計画の PB 開発

　　良品計画は，「無印良品」を開発しています。"シンプルで便利"を訴求し，衣料品，生活雑貨，食料品などの幅広い商品ラインを取り扱うブランドです。このブランドのシンプルさとクオリティの高さは，国内外でも高く評価されています。良品計画のものづくりの特徴は，環境・社会に配慮した 3 つの視点を採用している点です。それらは，①素材の選択，②工程の点検，および③包装の簡略化になります。

　　無印良品のものづくりでは，地球環境や生産者に配慮した素材を選び，工程において無駄を省き，必要なものを必要なかたちで顧客に提供することを目指しています。

●注

1　寡占とは，少数の大企業が業界を支配しながら，お互いに競争し合う市場構造のことです。寡占は完全競争と独占の中間的な形態になります。寡占において企業は市場価格を左右する力を持っていて，互いに競争相手となる他社の反応を考慮して行動する特徴があります。

2　https://www.topvalu.net/brand/rinen/

3　顧客が多様性を求める気持ちからブランドスイッチをしばしば行うことを，バラエティシーキング行動と呼びます。

問題演習

LESSON

問11-1　【リテールマーケティング（販売士）3 級検定試験　模擬問題と解答　日本販売士協会　2023年 6 月】

　　大手のコンビニエンスストア・チェーンを中心に，□□□についても PB 商品の取扱いが増大傾向にあり，差別化の実現や粗利益の確保に貢献している。

　　　　1．生鮮食品　　2．ファストフード　　3．コモディティ商品　　4．グロサリー

問11-2　【リテールマーケティング（販売士）3 級検定試験　模擬問題と解答　日本販売士協会　2022年 3 月】

　　危害分析重要管理点と訳され，加工食品に関して，その原料から製造・加工工程全般にわたって問題点をリストアップし，処理方法を明確にしたものを□□□という。

　　　　1．トレーサビリティ　　2．HACCP　　3．モニタリング　　4．JAS

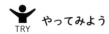 やってみよう

小売企業のPB商品の開発の事例を調べてみましょう。

 参考文献

浦上拓也(2022)「プライベート・ブランド(オウン・ブランド)とその論理」東伸一他編『流通と商業データブック』有斐閣, pp.111-113.
岡聡(2009)「商品戦争に巻き込まれぬ生き残り策を」『AFCフォーラム』2009年12月号, 日本政策金融公庫農林水産事業本部, pp.7-10.
加藤司・崔相鐵(2009)「進化する日本の流通システム」, 崔相鐵・石井淳蔵編『流通チャネルの再編』中央経済社, pp.1-30.
木立真直(2010)「日本におけるPBの展開方向と食品メーカーの対応課題」『食品企業財務動向調査報告書』社団法人食品需給研究センター, pp.1-12.
鈴木岳(2017)「日本におけるプライベート・ブランド小史」『生活協同組合研究』5月号, pp.27-33.
重富貴子(2015)「日本におけるPBの展開状況とPBに対する消費者意識・態度の変化」『流通情報』第514号, pp.19-31.
清水聰(2004)『消費者視点の小売戦略』千倉書房.
根本重之(1995)『プライベート・ブランド』中央経済社.
矢作敏行(2014a)「日本におけるPBの歴史と現状」, 矢作敏行編(2014)『デュアル・ブランド戦略:NB and/or PB』有斐閣, pp.58-111.
矢作敏行(2014b)「PB戦略の論点」, 矢作敏行編(2014)『デュアル・ブランド戦略:NB and/or PB』有斐閣, pp.112-138.
Kumar, N. & J.-B. E. M. Steenkamp (2007) *Private Label Strategy: How to Compete with Store Brand Challenge*, Harvard Business School Press.
Johansson, U. and S. Burt (2004) "The Buying of Private Brands and Manufacturer Brands in Grocery Retailing: A Comparative Study of Buying Processes in the UK, Sweden and Italy," *Journal of Marketing Management*, 20 (7), pp.799-824.
イオントップバリュ株式会社ホームページ。
https://www.topvalu.net/brand/
株式会社セブン&アイHLDGS.ホームページ。
https://www.7andi.com/company/challenge/2685/1.html
株式会社良品計画ホームページ。
https://www.ryohin-keikaku.jp/about-muji/history/

 学びを深めたい人へ

神谷渉(2022)『協働型プライベートブランド』専修大学出版局。

201

第12章 小売サプライチェーン・マネジメント

Retail
Management

学習のポイント
▶小売企業が主導するサプライチェーン・マネジメントの重要性について理解しましょう。
▶小売サプライチェーン・マネジメントを支えるデジタル技術について理解しましょう。
▶二次物流および一次物流の変革について理解しましょう。
▶物流センターの仕組みについて理解しましょう。

キーワード
物流センター，温度帯，二次物流，一次物流，EDI

1 小売サプライチェーンの構築

　私たち消費者は，小売店を訪れてさまざまな商品を購入します。短い昼食時間を有効にするために，近くのコンビニエンスストアで"昼食"としてお弁当とお茶を一緒に購入するかもれません。また，親戚が集まる正月休みには，主婦はスーパーマーケットで牛肉，白滝，豆腐や長ネギなどを一緒に購入し，家の冷蔵庫にある卵をあわせて，"ご馳走としての夕食"にすき焼きをふるまうこともあるかもしれません。このように，消費者は必要とされるタイミングで個々の商品を購入するよりもむしろ複数の商品を一度にまとめて購入するという，ワンストップ・ショッピングをする傾向があります。それでは，私たちが小売店頭で購入する野菜などの生鮮食料品，カレーのルーなどの加工食品，アイスクリームなどの冷凍食品，ティッシュなどの日用品といったさまざまな温度帯の商品は，メーカーから店舗までどのように届くのでしょうか。

　小売企業は，消費者の購買行動に対応するためには，メーカーから小売店舗まで商品を効率的に流通させる仕組み，つまり優れた顧客価値を創出するサプライ

チェーンを構築し，運営しなければなりません。近年では，商品を納入する卸売企業やメーカーとの協働的なサプラチェーン・マネジメントへの取組みが盛んになっています。そこでは，協働関係をもとに在庫管理を行い，高い在庫回転率や十分な粗利益率の達成を目指します。さらに，PB 開発によって小売企業は流通チャネルの川上へのコントロールにも関心を持っています。つまり，販売する商品の特徴だけではなく，店舗の背後にあるバックシステムが競争優位の源泉であるという認識が高まりつつあるのです。

　本章では第Ⅰ部で十分に取り上げることができなかった小売サプライチェーン・マネジメントについて検討します。商品の物流をうまくコントロールするためには，デジタル技術の活用がとても重要になります。そこで，まずは小売企業のオペレーションの革新のもととなるデジタル技術について着目していきましょう。

2　デジタル技術の発展

　ここでは POS（Point of Sales）システムをはじめとした小売企業において適用されるデジタル技術について検討します（菊池　2011：久保　2008：原田 1997）。

2.1　POS システム

　「POS システム」は「販売時点情報システム」とも呼ばれます。

　コンビニエンスストアやスーパーなどの店舗のレジスターには，レジスター内に POS ターミナルと称されるコンピュータがあり，これに付随したスキャナーを利用して，レジ担当者は商品についているバーコード（日本では JAN コードが設定されています）をスキャンします。バーコードはスキャナーで読み取られ，その情報は小売店のバックヤードにあるストアコントローラーと呼ばれるコンピュータに LAN 経由で転送されます。そしてバーコードに対応した価格や商品名のデータを商品マスターファイルから検索し，その結果が POS ターミナルに伝達され，レジスターでは買上商品の合計金額が計算され，レシートが発行されます。こうしたシステムを介して，迅速で正確な会計作業が可能になります。

　これと同時に，小売店舗で収集された販売データは，チェーン本部で蓄積され，本部の商品本部の担当者が分析します。この分析結果から，売れ行きの良い商品（売れ筋商品）と売れ行きの悪い商品（死に筋商品）を時間帯，日，週ごとに把握し，店舗にある商品の必要補充発注量や商品の入れ替えを決定し，発注が行わ

れています。このような個々の商品を意味する単品レベル（SKU レベル）で商品管理を行うことで，適切な補充発注が可能になります。

このように，店頭で商品が販売された時点で，その商品の情報を収集・記録し，それに基づいて売上や財貨の管理をするシステムが POS システムです。

また，販売データが蓄積されることで，担当者の仮説を検証するための手段としても POS システムが活用されています。こうしたきめ細かい在庫管理は，「単品管理」と呼ばれています。

2.2 EOS（Electronic Ordering System）

EOS とは，企業間でのコンピュータからコンピュータへの電子的発注システムのことです。店舗のスタッフは，小売店舗で携帯端末などを用いて EOS による商品の発注業務を行います。当初の EOS の仕組みは，店舗ごとの個別的なものでした。そのため，受注に対応する卸売企業のコスト負担が大きかったことから，通信の手続きの標準化が推進されて EDI が普及していきました。

2.3 EDI（Electronic Data Interchange）

EDI は，企業間におけるオンラインでの電子データ交換の仕組みのことです。発注情報，物流情報や決済情報などの取引に必要な各種の情報が，ネットワークを通じて卸売企業や物流業者，金融機関などに送信されます。手書きの書式を作成し，電話やファックスで受発注するときには，聞き間違いや書き間違いなどが生じることもあります。それと比較すると，EDI で電子的に情報を送受信することで，コミュニケーションの正確性は高まり，受発注をはじめとする情報を伝達させるための時間は短縮され，情報伝達に関わるコストを下げられます。

2.4 RFID（Radio Frequency Identification）

RFID は，商品に情報を記録した IC チップを付けて，電波で情報を読み取る電子荷札のことです。電子タグとも呼ばれます。

RFID は，離れたところから読み取ることができ，データの書き換えも可能であることが利点です。また複数の電子タグを一括して読み取ることができ，RFID は固有の ID を持てます。さらに，買い物かごに複数の商品を混載したままで一括読み取りできることから，レジでの顧客の待ち時間を減らすことができます。

RFID は高価ですが，徐々にその価格が下がっており，段階的に小売分野で適用されています。しかしコスト的にはまだ高価なので，衣料品をはじめとした単

価の高い商品を売る小売店舗で導入されています。同様に、商品の安全性が重視される商品の場合、生産から出荷、配送までのトレーサビリティの確保のためにRFIDの活用が要請されます。あるファッション小売企業は物流センターや店舗の在庫状況をリアルタイムに把握して、検品や棚卸作業も迅速かつ容易に行えるメリットを得ています。

一方で、電子タグの付いた商品を購入した消費者のプライバシーに配慮する必要があります。

3 小売物流の変革

小売業者の物流システムのフロー（流れ）は**図表12-1**に示しています。ここでのフローは、情報のフローと商品のフローに大別されます。情報のフローは、発注といった仕入れに関わる情報の流れのことです。それに対して商品のフローは、モノの流れのことです。商品のフローは、個々の店舗に直接配送される場合と、卸売企業から物流センターを経由して店舗に納入される場合があります。この**図表12-1**の枠組みに従って、情報のフローと商品のフローを分けて見ていきましょう。

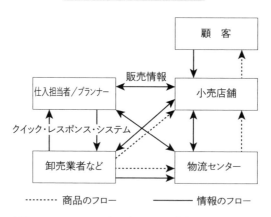

図表12-1　小売物流の構図

出所：Levy and Weitz（2012）p.253.を筆者により一部加筆修正。

3.1　情報のフローから見た物流システム

情報のフローとは、小売業者と卸売企業との間での受発注の伝達のことです。

これは先ほど述べた EDI を通じて，小売企業と卸売企業との間で迅速かつ正確に伝達されます。消費者の購買情報は POS システムによって収集されます。店舗で収集されたデータは，本部に集約され，需要が予測されます。そして注文データや販売データなどの情報が，小売企業から卸売企業に伝えられます。卸売企業は受注情報としてそれらのデータを受け取ります。そして卸売企業からの出荷予定データが，小売企業の本部や物流センターに伝送されます。EDI を通じた受注発注システムでは，店舗の携帯端末などで発注商品とその発注数量が入力され，そのデータを集約して卸売企業に伝達します。こうした情報フローで伝えられた発注情報によって，商品の物的フローが生じます。

次に商品のフローから見た物流センターを中心とした物流システムについて検討していきます。

3.2　物流システムの選択

チェーンストアを展開する小売企業はさまざまな商品を取り扱っています。その中には，卸売企業に小売店舗への直接配送を要求する小売企業もあれば，物流センターを経由して商品を店舗にまで配送する企業もあります。そのため，物流センターを設置して活用するか，店舗に直接配送をしてもらうか，またはその組み合わせを用いるのかについての意思決定を行うことになります（**図表12-2**）。

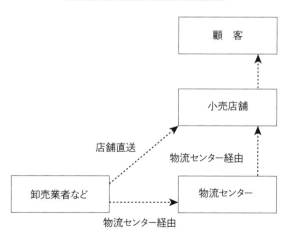

図表12-2　物流システムの選択

出所；Levy and Weitz（2012）p.256を筆者により一部加筆修正。

チェーンストアのスーパーなどが物流システムを構築する場合には，2つの側面を考慮に入れます。1つは，卸売企業から店舗までの物流（**二次物流**）とメーカーの工場から物流センターまでの物流（**一次物流**）についてです。もう1つは，取り扱う商品の種類についてです。

この2つについて，以下で検討してみましょう。

3.3　物流の側面から見た物流システム

かつては多くの卸売企業が，さまざまな時間帯で各々の商品を小売店に直接配送していました。店舗の側ではその都度，店舗スタッフが入荷された商品の検品や保管作業を行うことになるため，販売活動に時間を割けない状況が生じました。

一方，商慣行としてメーカーは**代理店制度**を採用しています。そのため特定のメーカーは代理店である特定の卸売企業を通してのみ小売店に商品を販売していました。小売店の要請に対応するためには，メーカーの代理店制度を維持しつつも小売店に一括納入する仕組みが必要になりました。つまり，複数の商品を一括して店舗に納入することが求められたのです。このように，店舗直送方式では納入車両の台数を削減できず，他の卸売企業の商品を混載できないというデメリットが大きな問題でした。そこで，これらを解決するために，物流センターを経由して店舗に商品を納入することが実施されたのです。これが二次物流の変革です。

(1)　物流センターの役割と類型

小売企業は物流センターを企画することで，さまざまな卸売企業がそこに商品を納入し，保管した後で，小売店に出荷するようになりました。物流センターは，「**窓口問屋**」という特定の卸売企業が取引する複数の卸売企業の代表になって運営したり，物流企業が実際の業務を行います。小売企業の物流担当部署のスタッフは，物流センターを設置する候補の場所を探したり，センター業務の監督，管理運営などに携わります。

小売企業にとって物流センターは，さまざまな商品を入庫し，保管し，在庫管理を行って，小売店の注文に従って出荷し，配送を行うはたらきを持っています。このことから物流センターは扇の要の役割を果たしていえます。そこではさまざまな卸売企業から入荷された商品を店舗の注文に応じて配分し，小売店舗別，小売店内の通路別（売場）に仕分けをして出荷します。

(2)　物流センターの類型

また，物流センターは3つの類型に分けることができます。

1つ目は，(1)で述べたような，在庫管理の機能を持つ①**在庫型センター**です。在庫型センターは商品在庫を持ち，店舗からの発注を受けてオーダーピッキングを行い，商品を出荷する在庫集約型のセンターです。商品が入荷し，倉庫に格納され保管されて，ピッキングを行って出荷されるという工程を経ます。センター内で作業スタッフがピッキングリスト（指示書）に従って商品を集める作業は，「ピッキング」と呼ばれています。このピッキングは，「**摘み取り方式**」と「**種まき方式**」に大別できます。摘み取り方式は，1つの出荷先に必要な商品を集めて梱包する方法です。商品が保管された棚の前を，作業スタッフがカートや台車を押しながら往復し，ピッキングリストに記載された商品をピックアップする作業方式になります。「種まき方式」は，複数の出荷先を示した場所があり，その場所に作業スタッフが手元にある商品を配って歩く方式です。

2つ目として，②**通過型センター**があります。これは在庫を持たないセンターで，入荷した商品は即座にピッキングや仕分け，荷合わせが行われ，すぐに店舗別，通路別に商品がまとめられて出荷されます。コストコは通過型センターの方式を採用しています。

最後に，③**プロセスセンター**があります。これは，商品の加工処理を行うセンターです。プロセスセンターでは生鮮食料品や惣菜などを中心に，集荷した商品を加工・調理してプリパッケージした後，値付けを行って各店舗に配送します。

(3) 一次物流の変革

3.3では，小売企業による物流センターから小売店舗までの二次物流の変革について考察しましたが，小売企業の中には，メーカーの工場から物流センターまでの一次物流の変革を行っている企業もあります。物流センターから店舗までの配送の変革をなしえた小売企業が，川上のメーカーから物流センターまでの配送を構築しているのです。その方式として，**ミルクラン方式**が挙げられます。これは，物流センターから店舗までの配送を終えた車両がメーカーの工場を回って商品を集荷し，物流センターに持ち帰る方式です。これによって配送車両の帰り荷を確保できるので，輸送車両の積載効率を改善できます。

3.4 取り扱う商品の種類の側面から見た物流システム：温度帯管理

物流センターと取り扱う商品の種類との関わりについて考えてみましょう。たとえば，スーパーマーケットにはさまざまな種類の商品が置かれています。野菜や肉といった生鮮食品や加工食品，洗剤，文具などです。これらの商品は各々管理する方法が異なっています。さらに同じ加工食品においても対応が分かれます。

たとえば，豆腐や納豆などはスーパーマーケットの店頭で冷蔵された状態で販売されていますが，スナック菓子はそのままの状態で棚に陳列されます。

このように，商品によって取り扱われる温度が異なることがわかります。さまざまな商品を入出荷し，保管する物流センターおいても，商品は温度帯別に管理されています。こうした温度帯は「常温」「冷蔵」「冷凍」の「**3温度帯**」（「保管温度帯」とも呼ばれます）に分けられています。一般的に，常温はドライとも呼ばれ，加工食品などが保管される温度帯を指します。冷蔵はチルドと呼ばれ，野菜，果物などが保管される温度帯です。そして冷凍はフローズンと呼ばれ，アイスクリームなどが保管される温度帯になります。この3温度帯による管理は，厳密な温度管理が求められる食品などを中心に行われます。特に，肉や魚などの生鮮食品は温度管理が大きく食品の品質に関わるために，輸送用の車両，店舗のバックヤードや売場において温度帯にふさわしい管理方法や冷凍・冷蔵の設備が求められます。

4 小売企業によるサプライチェーン・マネジメント

競争の激しい市場では，大規模化する小売企業による**サプライチェーン・マネジメント**への取組みは，卸売企業やメーカーに対する戦略として重要性を帯びてきています。この背景には，サプライチェーン上，小売企業が大規模化しパワーを獲得しているという状況があり，小売企業が主導権を取りながら進められています。

4.1 ブルウィップ効果

小売店での商品の売れ行きの動向について，卸売企業やメーカーが把握できないと，サプライチェーン全体でどういった問題が生じるのでしょうか。このことを説明する考えが，ブルウィップ効果です。ブルウィップとは，牛（ブル）などの家畜用に使う鞭（ウィップ）のことで，ブルウィップ効果は，手元でわずかな力を加えるだけで，鞭がしなって大きな力が加わる様子から名付けられています（Lee et al. 1997）。つまり，サプライチェーンの川下（消費者）の需要変動の小ささに比べて，川上（メーカーや原材料メーカー）にいくほど必要以上に大きな変動があると認識されてしまう現象を「ブルウィップ効果」と呼んでいるのです。

情報が共有されていないと，たとえば，ある商品の実際の需要量が3個から5個に少しだけ増えたとき，小売店が消費者の情報を伝えることなく5個を発注す

ると，卸売企業は追加の発注にすぐに対応するために10個を仕入れ，さらにメーカーでは20個ほどの製造が必要だと認識してしまうことです。そして規模が大きくなるほど，ブルウィップ効果による欠品または過剰在庫は大きくなり，損失額も増えてしまいます。

しかし，サプライチェーン上の企業間で実際の需要動向について情報を共有し，在庫や輸送等の計画を協働で実行することで，オペレーションを効率化できるとともに，サプライチェーン上の無駄な在庫や非効率な活動をなくして，キャッシュフローを改善できます。食品業界でのECRや衣料品業界のQRの考え方は，サプライチェーン・マネジメントに関わるものです。そこでは小売企業と卸売企業やメーカーとの間での情報共有が鍵になります。そのため，企業内だけでなく企業間で信頼を醸成し，デジタル技術を活用して，長期的な関係性を確立することが大切です。先ほどのEDIの活用はその第一歩になります。そして，その次の歩みとして，以下のような協働が行われています。

4.2 VMI（Vendor Managed Inventory）

VMIとは，商品を納入するベンダー主導型の在庫管理のことです。VMIは，アメリカのウォルマートとP&Gの取組みから始まったとされます。小売店舗の在庫水準に責任を持つベンダーが在庫管理を担当し，サプライチェーンの効率化を図る手法として位置づけられています。この方式ではベンダーが再発注数を決定します。それは多くの商品が発注を要求される在庫の水準です。VMIでは，小売企業はEDIを通じてベンダーと販売データを共有します。在庫数が発注点に達したときに，ベンダーは商品の配送を準備します。VMIは店舗での商品補充に活用されますが，小売企業の物流センターでの在庫補充にも用いられます。

小売企業と共有したPOSデータを活用して，ベンダーは委託販売という形態で商品を販売できます。委託販売ではベンダーは単品レベルで商品を選び，在庫水準を低く設定し，売上高を獲得します。

4.3 CPFR（Collaborative Planning Forecasting Replenishment）

CPFRは，サプライチェーンの効率化と商品の補充を改善するために，小売企業とベンダー企業との間で需要予測，関連情報，協働的な計画を共有化するものです。つまりCPFRは，ベンダーと小売企業が欠品防止や在庫削減を図るために互いに協力し，各々が需要予測を行って，それを持ち合わせて調整を行う仕組みです。CPFRはウォルマートとワーナー・ランバートによる取組みが最初といわれています。日本でもイオンがPBのトップバリュの拡販のためにCPFRを導

210 第Ⅲ部 小売マネジメントの課題

入しています。

　このように，CPFRはVMIよりも踏み込んだ形態といえます。CPFRではプロモーション計画，新製品開発と市場導入，生産計画とリードタイムといった各種の情報を小売企業はベンダー企業と共有し，協働で市場の需要に対応します。近年ではID-POSの情報をもとにRFM分析を行った結果を小売企業とメーカーなどで共有し，各顧客層に向けて共同プロモーション策を実施している事例もあります。

コラム　中食商品のサプライチェーン

　共働きの増加，買物時間の短縮化や調理時間の短縮化のニーズの高まりといった消費者のライフスタイルの変化を背景に，食品スーパーでは集客のための有力な手段として中食商品が注目されています。中食商品の領域は市場規模が大きく，食品スーパーだけではなく百貨店，駅ビルやコンビニエンスストアなども力を入れていて競争が激しくなっています。

　中食商品には，和食，洋食，中華などのさまざまなジャンルがあります。その中で弁当，おにぎりなどは「米飯類」，サンドイッチや惣菜パンなどは「調理パン」，調理済みの焼きそば，パスタなどは「調理麺」，サラダ類，和え物などは「冷惣菜」，揚げ物，蒸し物などは「温惣菜」などに分類されます（木立2021）。

　近年，惣菜は，消費期限の短いできたてを訴求します。中食商品は時間を節約するニーズに対応するだけではなく，商品そのもののおいしさやオリジナリティが求められています。

　中食商品のサプライチェーンはさまざまですが，食品スーパーの場合は，①店舗のバックヤードでの調理製造（インストア加工），②自社工場での集中調理（プロセスセンター加工），そして③外部のメーカーからの完成品の調達といった方式があります。①と②は食品スーパーが自社で調理する内製化であり，③は外部調達になります。食品スーパーの中食商品は，商品の品目数が増加するにつれてすべての品目を内製化することは難しいことから，外部調達が進んでいます。このため，できたてを訴求する場合は，小売店舗で加熱のみを行う場合もあります。他方で，集客力の期待できる商品は内製化を行うというふうに「使い分け」を行っています。食材の鮮度の維持や，訴求ポイント，できたてを重視するメニューは店内での調理が選択される傾向にあります（木立2021）。中食商品を内製化するか外部調達するかは，小売企業ごとの戦略に

よって違いも見られます。

また食品スーパーでは、中食商品を店舗の中で調理する「インストア加工」と、プロセスセンターで調理する「プロセスセンター加工」の2つの考え方があります。どちらの方式を採用するかについては図表12-3のようなメリットとデメリットを考慮することが大切です（東野・加藤　2013）。

図表12-3　インストア加工とプロセスセンターのメリットとデメリット

	メリット	デメリット
インストア加工	①加工から売場品出しまでの時間が短く、鮮度が劣化しにくい。 ②店舗周辺のマーケットニーズに対応し易い ③近隣の競合店対策として機動的に対応が可能	①一定の技術習得した数多くの人材を店舗に配属するため、店舗の労働分配率が高止まりとなる ②売上規模の小さい店舗では、人件費や作業場のランニングコストの負担が重くなる ③従業員の技術レベルの違いにより品質の店舗格差が生じる
プロセスセンター加工	①店舗要員の削減で、店舗人件費の大幅削減が可能 ②全店の商品化レベルを一定基準にできる ③競合店対策が個店レベルで対応出来ない部分をセンターが支援できる	①加工から売場品出しまでの時間が長くなり、鮮度の劣化が起き易い ②出店エリアの広い企業では、店舗ごとの品揃えが異なり、センターの取扱い品目数が多くなり、センターの作業効率が低下する ③②のセンターの取扱い品目の増えた部分を店舗作業に置き換えることで店舗要員の削減効果が低下する ④各店舗の要望等を受け入れると、多品種少量生産となり、センターの作業効率の阻害要因となる

出所：東野・加藤（2023）p.74を一部修正して作成

問題演習

問12-1　【リテールマーケティング（販売士）3級検定試験模擬問題と解答　2023年3月　日本販売士協会】

　　　今日の物流センターは、多頻度小口配送ニーズに対応するために、コンピュータ制御の自動倉庫機能や自動仕分けによって、☐☐☐が可能な機能を備えている。

1．販売物流　　　2．社内間移動物流
3．調達物流　　　4．ジャスト・イン・タイム物流

問12-2　【リテールマーケティング（販売士）3級検定試験模擬問題と解答　2023年9月　日本販売士協会】
　　　　製造・出荷段階で商品包装にJANシンボルを直接的に表示することを□□という。
1．バーコード　　　2．インストアマーキング
3．チェックデジット　4．ソースマーキング

やってみよう

VMI, CPRFの事例を調べてみましょう。

参考文献

内田明見子（1996）「小売業から見た物流改革」『季刊輸送展望』日通総合研究所，No.237, pp.56-73.
菊池一夫（2011）「流通・商業革新」，岩永忠康監修，西島博樹他編著『現代流通の基礎』五絃舎，pp.185-201.
木立真直（2021）「中食サプライチェーンと食料問題」，一般社団法人日本総菜協会編著，片岡寛・木立真直監修（2021）『中食2030』ダイヤモンド社，pp.129-134.
久保知一（2008）「流通情報の基礎」，住谷宏編著『流通論の基礎』中央経済社，pp.161-181.
原田英生（1997）「情報化の進展と流通機構」，田島義博・原田英生編著『ゼミナール流通入門』日本経済新聞社，pp.257-289.
東野亨・加藤司（2023）「消費者のライフスタイル変化と食品スーパーのサプライチェーンの構築」『大阪商業大学論叢』大阪商業大学商経学会，第18巻第3号，pp.67-80.
矢作敏行（1994）『コンビニエンス・ストア・システムの革新性』日本経済新聞社。
Lee, H.L., V. Padmanabhan and S.Whang (1997) "The Bullwhip Effect in Supply Chains," *Sloan Management Review*, Vol.38, No.3, pp.93-102.
Levy, M.and B.A.Weitz (2012) *Retailing Management, 8 th edition*, McGraw-Hill Education.

学びを深めたい人へ

矢作敏行編著（2000）『欧州の小売りイノベーション』白桃書房。

学習のポイント

▶ DX（デジタルトランスフォーメーション）の意味を理解しましょう。

▶ DX化は顧客経験と従業員経験の向上のための手段であることを理解しましょう。

▶バスケット分析，デシル分析，RFM分析について学びましょう。

キーワード

DX（デジタルトランスフォーメーション），技術受容論，バスケット分析，デシル分析，RFM分析

1 デジタル技術と小売業の変化

　近年，小売企業の中には，情報システムの老朽化による刷新，人件費の高騰や人手不足，原材料や商品の価格の上昇，地代の上昇や建設費の高騰などのコストアップ要因に対応して，企業の効率化を図るとともに優れた顧客経験の提供をするためにDXに取り組む企業が多くなってきています。**DX（デジタルトランスフォーメーション）**の定義にはさまざまありますが，たとえば経済産業省が2022年に発表した『デジタルガバナンス・コード2.0』では，DXは以下のように定義されています。

　企業がビジネス環境の激しい変化に対応し，データとデジタル技術を活用して，顧客や社会のニーズを基に，製品やサービス，ビジネスモデルを変革するとともに，業務そのものや，組織，プロセス，企業文化・風土を変革し，競争上の優位性を確立すること（経済産業省　2022　p. 1.）。

　こんにち，小売企業がマーケティング領域にDXを導入する背景には，2つの

社会的変化があります。1つは「デジタル技術による民主化」です。これはデジタル技術によるコスト低下と技術使用の簡易化によって，多くの人々がコンテンツ，情報，商品・サービスにアクセスでき，それらの生成まで可能になることです。もう1つは「中抜き現象」です。流通チャネルで商業者を迂回し，コンテンツや商品がメーカーから見込み購入者に直接到達するものです。技術の民主化と中抜き現象によってDXの時代が到来し，小売業界は大変革の局面に突入したのです（Kotler and Stigliano　2020）。

2 日本企業のDX化の現状

　D2C（Direct to Consumer）企業のような新興のインターネット企業は，デジタル技術をうまく使いこなせますが，既存の日本の小売企業におけるDX化はあまり進んでいません。たとえば，衆議院調査局・経済産業調査局（2023）の調査結果では，業種別にみると，DXに「積極的に」もしくは「一部」取り組んでいるとの回答割合は，金融業やサービス業で6割を超えていますが，一方で，小売業では53％程度でした（「積極的に取り組んでいる」は11.7％，「一部取り組んでいる」は38.8％）。そして小売業では，現在直面している経営課題では最も高い回答割合だった「原材料費・燃料費・電気料金の高騰・仕入価格の上昇」と比較すると，「デジタル化・オンラインの活用」の順位は低く，経営においてどのようにDXを手段として位置づけてよいかが理解されていない面も見受けられます。

　また一般的に，オペレーション・レベルのIT化と比較して組織変革を伴うDX化は導入が難しいといわれています。この点で日本企業のDX化には5つの障壁があります（奥村・武政　2023）。

① 経営トップのDXリテラシーの壁…経営トップのDXへの理解が十分ではない。
② 投資対効果の壁…情報システムへの投資に見合う効果があげられるかどうか。
③ データ未入力・未活用の壁…データの未整備，データの連携ができていない。
④ キーパーソン不在の壁…デジタル人材が不足し，改革のリーダーがいない。
⑤ バイアスの壁…企業の各担当者は自らがやっていることを正当化してしまう。

　これらの障壁は，小売企業もDX化を進めていく際に当てはまるものだと思われます。小売企業では，トップマネジメントの支持が大切です。さらに，幹部社員がDX化をリードして小規模な範囲で実験的な取り組みを繰り返し行い定着させていくことが大切です（秦・菊池　2023）。

次に，みなさんが DX をイメージをしやすくするために，事例として Amazon Go，レジ，顧客サービスについて見てみましょう。なお，本章では IT 化によるオペレーションの改善も DX 化に含まれるものとして広く捉えています。Ⅱ部の小売マネジメント論の体系では，小売企業の DX への取組みについては議論できませんでしたので，本章で検討していきます。

3 事例から考える DX

3.1 Amazon Go の事例

まず積極的にデジタル技術を活用している食料品店の事例としては，センサーなどを用いた Amazon Go が有名です。Amazon Go では，顧客が Amazon Go を利用する場合，顧客は入店の際にアプリを起動し，棚から商品を取って，会計に並ばずに店を出ると自動的に決済が行われてスムーズな顧客経験を提供しています。顧客が商品を棚から取るとセンサーによって感知され，仮想カート上で会計が自動的に計算されるシステムは Amazon によって開発されたもので，「ジャストウォークアウト技術」といわれています。Amazon Go は「無人店舗」と呼ばれ，接客，陳列・品出し，発注・検品，調理・清掃などの店舗内作業のうち，特に接客にあたるレジのスタッフの数を減らして人件費を削減できる店舗形態です。しかし，実際には他の作業ではスタッフが配置されていますので，「省力型店舗」と呼んだほうがよいでしょう。

3.2 レジおよび顧客サービス

デジタル技術の適用は，小売企業のレジの場面においても見受けられます。たとえば，パン屋は多くの種類のパンを製造，販売しています。そのため，従業員が多くの種類のパンの値段を覚えて，素早く判断してレジ打ちしなければならず，不慣れな従業員がレジ打ちを行うことで時間がかかり，長い行列ができてしまうことが問題になっていました。こうした問題状況の中で，AI を導入してレジで自動的にパンの種類を判別して，会計業務を自動計算できるようにしたパン屋さんがあります。従業員はパンを袋に入れたり，お釣りを渡したりするという簡易な作業をするだけになりました。この結果，レジの作業がスムーズになり，効率化を通じて従業員の労働生産性が向上しました。

一方で，ある小売企業では，通常のレジをやめて**セルフレジ**を導入した際に，顧客が使い方がわからず混乱してしまい，店舗スタッフもその対応に追われることがありました。セルフレジを導入する際には，お客にポイントを還元したり，

セルフレジのほうが早く会計処理が終わることを知らせたり，使い方を知らせるようなポスターを張ったり，従業員を一定期間，配置するなどの対応が必要になります。また，通常のレジのレーンもセルフレジに並行して設置し，顧客に選択肢を提供することが大切です。

　さらに，お客がネットで注文した商品をお店に取りに来るサービス（**BOPIS**：Buy Online Pick-up In Store）を導入した小売企業では，従業員にこの顧客サービスの仕組みを理解させ，定着させるのに，YouTube を用いた研修用の動画マニュアルを提供しています。従業員がこのサービスをきちんと理解できていないと，顧客に対応ができず，買物経験が損なわれてしまうからです。

　ここからわかることは，新しいデジタル技術だからといってむやみに導入するよりは，技術は顧客経験を向上させ，従業員の労働生産性を向上させるための「手段」として認識したほうがよいということです。そして，利用者である顧客や従業員に，いかに新しい技術を理解してもらい，肯定的な態度を形成させ，利用してもらうかという，技術を受容させることに焦点を置いた試行錯誤のアプローチが有効なようです。顧客経験や従業員の労働生産性の向上を図っていくためには，こうした「**技術受容論**」と呼ばれる考え方を取り入れていくことが大切です（Davis　1989）。

4　DXの基盤となる技術

　DX に関する技術は，さまざまなハードウェア，ソフトウェアやサービスからなる複合的な技術の体系です。以下の6つの技術によってマーケティング活動を強化できるようになります（Kartajaya et al.　2021）。

---
① コンピュータの処理能力の向上
② オープンソース・ソフトウェアの発達
③ インターネットの発達
④ クラウドコンピューティングの普及
⑤ モバイル機器の機能向上
⑥ ビッグデータの収集・分析

　これらの技術を基盤にして，企業は顧客の買物経験の楽しさを向上させるだけでなく，商品を探し，比較し，場所を見つけ，購入するのに役立つ情報を顧客に提供します。ここでは，小売企業で適用されるデジタル技術を**店舗内技術**，**店舗外技術**，および**普及技術**の3つに分けてさらに検討します（Pantano and Dennis

2019）。

4.1 店舗内技術

まず店舗内技術は，モバイル・アプリ，スマートミラー，サービスロボット，非接触技術などが挙げられます。

(1) モバイル・アプリ

現在のモバイル・マーケティングは，主にアプリに基づいています。顧客は，小売企業のアプリをスマートフォンにダウンロードします。アプリでは，店内で，アプリ内のバーチャルカタログからお店にない商品を確認したり，会計の時にポイントをためられます。また，顧客の購買履歴なども管理されています。こうして，消費者はアプリを通じて便利さを享受します。

今後はパソコン経由よりもアプリを通じたマーケティングが展開されるでしょう。たとえば，イオングループでは複数のアプリが稼働しており，決済方法やポイントも十分に統合できていませんでした。そこで「iAEON」の活用によってグループ各社で行われている各種サービスやアプリを統合して，顧客満足度の向上を図っています。

(2) スマートミラー

スマートミラーは，店内の鏡にデジタル技術を組み合わせたものです。これは，鏡の背面にディスプレイを配置して，情報を表示することができます。通常は鏡として活用され，必要に応じて複数の情報が表示できる巨大なタブレットといえるでしょう。たとえば，顧客が実際にスマートミラーの前でジャケットを試着した際，ミラー上で別の色を選択できるというバーチャルな体験をできる衣料品店もあります。また化粧品の販売では，スマートミラーはセンサーやカメラで撮影された画像によって顧客の肌解析を行い，それに基づいて，適切なメークやスキンケアを提案できます。

(3) サービス・ロボット

サービス・ロボットは，小売のオペレーションや物流センターでのフルフィルメント業務をサポートします。顧客支援を提供するように，消費者と対応するフロントエンドの作業をサポートし始めています。これらのロボットは消費者とのやり取りの中で学習し，適切に行動するようになっています。たとえば，ファミリーレストランでは，配膳・運搬ロボットが導入され，活用されています。

(4) 非接触技術

　非接触技術は迅速な決済をサポートできます。たとえば，PayPay や LINE Pay などの決済手段が挙げられます。センサーによって，消費者と小売店の機器が一定の距離にある場合には，暗証番号を打ち込まないで支払いが可能になります。この非接触技術の導入によって，レジでの行列と待ち時間を減らせます。これは近距離無線通信の技術を用いています。非接触 IC チップを活用して，かざすだけで通信できる通信規格です。近距離無線通信の特徴は，通信エリアが短いことです。この技術はおサイフ機能付きのスマートフォンや交通系 IC に適用され，さらに近年は，近距離無線通信を搭載したクレジットカードもあり，カードを決済端末にかざすだけで支払いができます。

4.2　店舗外技術

　店舗外技術は，たとえばスマートフォンの GPS 機能を活用して，顧客が店舗近くに来たらアプリを通じて通知し，来店を促すことなどが挙げられます。このほか，自社のホームページなどでの**チャットボット**による回答機能も当てはまるでしょう。これらは関係的経験と関わりを持ちます。

4.3　普及技術

　普及技術は，GPS や 2 次元コードなどの技術を指しています。これらは通常，タブレット，スマートフォンにその機能が備わっています。

(1)　GPS

　GPS（Global Positioning System）は，全地球測位システムのことで，複数の GPS 衛星によって位置が補足されます。GPS はスマートフォンなどに搭載されています。スマートフォン上に示される地図で自分の位置を確認でき，行きたい場所への経路を誘導できます。個人の位置情報，特定の場所の人の動きの状況はマーケティング活動に活用できます。たとえば，GPS やその他の測位方法（携帯基地局，Wi-Fi スポットなど）を組み合わせて，人の移動経路などを把握できます。これらの情報をもとにして分析することで，小売企業は商圏分析などを行えます。

(2)　2 次元コード

　2 次元コードは，1994年に日本企業のデンソー（現：デンソーウェーブ）によって開発され，「QR コード®」と呼ばれています。2 次元コードは従来のバー

コードよりも格納できるデータ量が大幅に増えて，その利便性から2000年から国際規格化されて世界的に普及しました。2次元コードでは大容量の情報を小さなコードに表現でき，スマートフォンの普及によって使用シーンが増えています。

5 小売企業の DX

小売企業の DX の対象範囲は，フロントエンド，バックエンド，そしてサプライチェーンの3つの領域に分けることができます。

5.1 フロントエンドの DX

フロントエンドとは，小売企業と顧客が接点を持つ領域です。Amazon Go の事例のように買物経験が生じる店舗の場合もあれば，関係的経験が生じる SNS やオウンドメディアのチャットボット，電話での自動音声による応対などが挙げられます。また，先に見たような決済手段における DX もこれに当てはまります。

コロナ禍では，顧客が店舗に行くことができなかったため，ファッション業界では「**スタッフスタイリング**」という Web 上での接客技法が広まりました。これは，企業のオウンドメディアなどで，店舗のスタッフが自分の身長などを示してコーディネートを写真で提案するものです。顧客は店舗に行かずとも，Web や SNS から服のコーディネートの提案を知り，Web 上で商品を購入することができます。店舗の従業員は，店舗に実際に来る顧客だけでなく，Web を通じて遠方の顧客もターゲットにできます。顧客が Web 上の従業員のコーディネート写真を気に入って，画面をタップして商品を購入すると，その売上の一部は写真を掲載した当該店舗スタッフや店舗に還元される仕組みになっています。

5.2 バックエンドの DX

バックエンドとは，顧客とは直接接点を持たない小売企業のオペレーションや本部での業務がその領域になります。バックエンドにおける DX の事例には，発注業務が挙げられます。たとえば，滋賀県のスーパーの平和堂は，発注業務でのAI（人工知能）による自動予測システムの導入を図っています。商品の発注作業には長い時間がかかるため，発注時間の削減を目的として，AI による自動予測システムを日配品の売場で試験的に導入しました。気象データや販売実績などのデータをもとに，AI が日々の商品発注数を自動的に算出するシステムです。このほかに，従業員同士のコミュニケーションを図るためのアプリの導入や，本社での給与の計算などを自動化する仕組みとして DX 化が導入されています。

また，セレクトショップのビームスでは，自社の物流センターにRFIDを導入して商品に付けています。RFIDによって，物流センターと店舗でリアルタイムに商品の売れ行き動向がわかるようになりました。物流センターに入荷した商品を店舗の側かネット通販の側かで引き合うという問題が，注文が先に来た順に割り当てるというルールを設定して，RFIDの機能によって解消されました。同社では「在庫の自由化」といっています（秦・菊池　2022）。

5.3　サプライチェーンのDX

　小売企業のサプライチェーンの範囲は，主に商品の調達側面に関わっています。たとえば，九州でスーパーを展開するトライアルカンパニーでは，センサーやAIカメラを用いて商品の数量をモニターしています。そして，店舗でのオペレーションの改善を促すために，AIカメラで収集したデータを販売データや顧客データとともに卸売企業やメーカーと共有し，サプライチェーンの全体の効率化や協働に取り組んでいます。サプライチェーンについては，第12章を参照してください。

6　顧客関係管理（CRM）に関わる分析手法

　私たちは，同じ店舗でリピートして買い物をすることがあります。そして買い物の際には，ポイントカード，顧客カードやアプリなどを用います。小売企業は，商品に付されているバーコードを読み取りPOS情報を活用していますが，こんにちではID-POS，すなわちID付きのPOSデータも活用しています。POSデータは，「何が（What）」「いつ（When）」「どこで（Where）」「いくつ（How many）」「いくらで（How much）」で売れたという情報を含んでいます。それに加えて「ID-POS」では，「誰（Who）」という情報が追加されます。顧客の名前や住所などが把握できる通販企業に加えて，店舗を有する企業でも，「ID-POS」情報をもとにして，顧客の購買履歴データを大規模に収集し，蓄積して分析することで，自社の顧客関係管理（CRM）の施策に反映させています。

　POS情報では「商品」を軸にした分析を行いますが，ID-POS情報では「顧客」を軸にした分析を行います。小売企業同士の競争が激しくなる中で，店舗の商圏は狭域化しているといわれています。商圏が狭域化しても売上を維持していくためには，顧客に店舗を愛顧してもらい，繰り返し購入してもらうように，何らかの基準で顧客を区分して各々対応し，ロイヤルティの高い顧客に育成して囲い込んでいくという**顧客関係管理**が大切になります。そのためには，自社の顧客

を「個客」のレベルまで識別することが必要になります。

6.1　バスケット分析

　次に，POS情報やID-POS情報をビッグデータとして蓄積し発展し広く普及した，バスケット分析，デシル分析とRFM分析について紹介します（水野2022）。

　アメリカのスーパーでは，夕方に紙おむつを購入した男性客はビールも同時に購入する傾向があることを発見し，紙オムツとビールを近くに配置して販売したという逸話があります。この発見には，データマイニングが用いられました。これは，収集されたデータから傾向や関連性を探し出す分析手法です。この分析によって，若い父親が奥さんに頼まれて子供用のオムツを買った際に，自分のためにビールを購入する傾向があると導き出されたのです。

　バスケット分析（マーケットバスケット分析）は，特定の商品と合わせて購入されることの多い商品を分析する手法で，データマイニングの1つです。これは，POS情報やID-POS情報をもとに商品の相関性を分析して，購買につながりやすい商品を見つけるものです。バスケット分析では，4つの指標を使って対象となる商品の相関性を表します。評価指標は支持度，信頼度，期待信頼度，およびリフト値の4つです。商品Aと商品Bの関連性があるかどうかを調べる場合，それぞれの指標と計算式を説明していきます。

① 支持度

　支持度は，全顧客のうちで商品Aと商品Bを同時に購入する顧客の割合です。商品の組み合わせの人気度が判断できます。

$$支持度 = \frac{同時購入者数}{購入者全体数}$$

② 信頼度

　信頼度は，商品Aを購入した顧客のうちで商品Bを同時に購入した顧客の割合です。信頼度はクロスセリングに活用できます。

$$信頼度 = \frac{同時購入者数}{商品Aの購入者数}$$

③ 期待信頼度

　期待信頼度は，全顧客のうちで商品Bを購入する割合です。

$$期待信頼度 = \frac{商品Bの購入者数}{購入者全体数}$$

④ リフト値

リフト値は，信頼度（商品A購入者のうち商品Bを購入する割合）を期待信頼度（商品Bを単独購入する割合）で割ったものです。リフト値のリフトとは「引き上げる」ことを意味します。つまりリフト値は同時購入が偶然であるかどうかを判断します。その値が高いほど，商品Bと商品Aは同時に購入されやすいこと，ついで買いされやすいことになります。リフト値が1以上と算出されたときには，有意な相関があり，同時に購入することが生じやすいと判断します。この場合には，商品Aと商品Bは同じ棚の近くに配置されるでしょう。

$$リフト値 = \frac{信頼度}{期待信頼度}$$

6.2　デシル分析

デシル分析は，ID-POS情報をもとに顧客を累計購入金額に応じてグルーピングする分析手法です。顧客をグループ分けして各グループに適合するマーケティング施策を計画して実行します。分類指標が購入金額のみであるために，比較的単純な分析方法ともいえます。まず「デシル」とは，ラテン語で「10等分」を意味します。そのため，購買データをもとにすべての顧客の購入金額を高い順から10等分して，各デシルの購入金額・売上高構成比を試算します。

ただし，実際の企業では10等分ではなく，企業の状況に応じた分類をしています。ある百貨店では，顧客を11ランクに分けていますし，ある衣料品のSPAの企業は3ランクに分けています。デシル分析を通じて各ランクの比率や構成比が理解でき，売上貢献度の高い優良顧客層を見つけ出します。たとえば，全体の売上比率の高いランクのデシル1から2までの顧客には，高価格のおすすめ商品の紹介などを提供する施策が有効でしょう。一方で，売上に貢献していないデシルが下位の顧客層には，価格訴求のメッセージを送ってまず来店を促進することも考えられます。

6.3　RFM分析

デシル分析は購入金額のみを指標にしていますが，RFM分析は，「Recency（最新購買時期）」「Frequency（頻度）」，そして「Monetary（購入金額）」の3つの指標をID-POS情報をもとに分析します。RFM分析の名称はこれらの頭文字を取ったものです。**LTV**（**顧客生涯価値**）[1]の最大化がRFM分析の目的にあります。

まず，指標として挙げられる「最新購買時期」は，顧客の購入データのうちで

当該顧客が最後に商品を購入したのはいつなのかを抽出します。そして，その直近の購入日をもとに顧客ランクを定義します。たとえば，直近の購入日が1年前と1週間前の顧客を比較した場合には，直近の購入日が現在に近い顧客のほうがより良い顧客であると仮定されます。直近の購買日が過去になればなるほど，顧客がお店に何らかの事情（引っ越しなど）で来れなくなったことを意味するので，この指標は重要です。

次の指標の「頻度」は，購入頻度をもとに顧客ランクを定義するものです。購入頻度が高い顧客ほど良い顧客だと考えられ，この場合には常連客であると仮定されます。

最後の指標の「購入金額」は，購買履歴から購買金額の総額を計算することで，顧客ランクを定義します。一般的には購入金額が大きいほど良い顧客であると仮定します。

そしてRFM分析では，上記の指標をそれぞれ組み合わせて顧客を複数のグループに分けます。その結果，優良顧客，ロイヤル顧客，継続顧客，休眠顧客や新規顧客などを識別し，そのグループごとに適応するマーケティング施策の策定と実施を行います。

コラム　ショールーム型店舗「明日見世」の事例

みなさんは「ショールーム型店舗」という言葉を聞いたことはありますか？ショールーム型店舗は「体験型店舗」とも呼ばれています。ショールーム型店舗で商品を体感し，関心を持ったお客は，店内のタブレット端末や二次元コードなどを経てネット上のD2C企業のオウンドメディアに送客され，購入に至るというプロセスを経ます。D2C企業はショールーム型店舗のブースに出店するにあたって，出店料を払い一定期間，商品を展示します。この方式をとることで，D2C企業は常設のリアル店舗の家賃負担を回避できます（菊池・秦2024）。日本におけるショールーム型店舗としては，「蔦屋家電＋」をはじめ「b8ta」や髙島屋の「Meetz STORE」，そして大丸の「明日見世」などがあります。

ここで取り上げる大丸松坂屋百貨店は，ショールーム型店舗の「明日見世」を2021年10月に大丸東京店に開設し，百貨店としては革新的な取組みとして話題を呼びました。この「明日見世」は，新型コロナウイルス感染の拡大を背景に開発されました（写真①および②）。

「明日見世」ではリアルでの販売機会が少ないＤ２Ｃブランドを集めることで，お店全体の顧客の回遊率を高めて相乗効果を狙っています。それと同時に，Ｚ世代やミレニアル世代の新規顧客獲得を目指しています。「明日見世」では，化粧品やアパレルなどの将来売れる可能性があるＤ２Ｃブランドの商品を置いてブランドの世界観を伝え，消費者に商品を体験してもらいます。常時20ブランドを取り揃えて，３カ月に１度入れ替えを行います。「Social good」「Essential beauty」「Breaking stereotypes」の３つのテーマに基づきブランドをキュレーションしています。「明日見世」の店舗スタッフはブランドの世界観や商品の特徴を伝えるだけではなく，商品についてのお客の反応や意見などの定性的な情報を集めていきます。また同様に「明日見世」の中に設置されているAIカメラを用いて出店ブースの前に立った顧客の行動データを，個人が特定されない形で収集します。つまり，定量的な情報を収集しているのです。店舗で集めた定性的，定量的な情報は，出店したＤ２Ｃブランドにフィードバックされます（2024年４月時点）。

写真①「明日見世」

出所：株式会社大丸松坂屋百貨店提供。

写真②「明日見世」

出所：株式会社大丸松坂屋百貨店提供。

●注

1　顧客生涯価値は，ある顧客から獲得される将来の利益の流れを現在価値に変換したものです。

問題演習

問13-1　【リテールマーケティング（販売士）３級検定試験　模擬問題と解答　日本販売士協会　2023年９月】
　　　　顧客一人ひとりの情報の活用によって顧客の利便性と満足度を高め，友好関係を

築きながら顧客との関係を長期間にわたって維持していくための仕組みづくりのことを□□□という。
　　　1．顧客満足経営　　　2．顧客管理　　　3．CRM　　　4．CS

問13-2　【リテールマーケティング（販売士）3級検定試験　模擬問題と解答　日本販売士協会　2022年9月】
　　次の問題について，正しいものは1を，誤っているものは2を選びなさい。
　　キャッシュレス決済のメリットには，(1)会計処理が楽になる，(2)現金管理の手間が省ける，(3)客数・客単価の向上が期待できる，などがある。

 やってみよう

小売企業のDXの事例を調べてみましょう。

 参考文献

奥村格・武政大貴著，戦略総合研究所監修（2023）『DX戦略の成功メソッド』ダイヤモンド社．
菊池一夫・秦小紅（2024）「「ショールーム型店舗」の現状と課題」『企業診断』第71巻第2号，pp.62-65．
経済産業省（2022）『デジタルガバナンス・コード2.0』．
衆議院調査局・経済産業調査局（2023）『最近の企業動向等に関する実態調査』．
秦小紅・菊池一夫（2022）「オムニチャネル小売業のロジスティクス変革プロセス研究」『流通』日本流通学会，No.51, pp.33-48．
秦小紅・菊池一夫（2023）「顧客視点に基づいたオムニチャネル化のメカニズム―セレクトショップ・ビームスの事例―」『流通』日本流通学会，No.53, pp.31-47．
水野誠（2022）『マーケティングは進化する（改訂第2版）』同文舘出版．
Davis, F. D. (1989) "Perceived usefulness, perceived ease of use, and user acceptance of information technology" *Mis Quarterly*, 13（3）, pp.319-340．
Hermawan Kartajaya, Iwan Setiawan, and Philip Kotler (2021) *Marketing 5.0: Technology for Humanity*, Wiley.（恩蔵直人監訳，藤井清美訳『コトラーのマーケティング5.0：デジタル・テクノロジー時代の革新戦略』朝日新聞出版，2022年）
Kotler, P and G. Stigliano (2020) *Retail 4.0: 10 rules for the digital era*, Mondadori Electa.（恩蔵直人監訳，高沢亜砂代訳『コトラーのリテール4.0：デジタル トランスフォーメーション時代の10の法則』朝日新聞出版，2020年）
Pantano, E and C.Dennis (2019) *Smart Retailing*. Palgrave Pivot.

学修資料：①陳列方法

　第8章2.1(4)　シェルフ・スペース・マネジメントで紹介できなかったさまざまな陳列方法について，特に食品スーパーで使われているものを説明します。

平台陳列

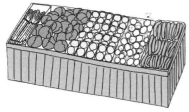

平台と呼ばれる平たい台や机・テーブルの上に商品を陳列する方法で，衣食住の3部門で広く使われているディスプレイの1つです。バーゲンセールだけでなく，高級専門店などでも高価な商品を販売するために活用されています。高さが低いために，店内の見通しがよく，大量陳列できるので，大量販売しやすくなります。商品の単品を縦型にして，それぞれを積み重ねてボリューム感を出すことが重要です。

ゴンドラ陳列

ゴンドラと呼ばれる陳列棚に最寄品を中心に定番商品（店舗で必ず揃えておく商品，季節に応じて入れ替えられる商品もある）を対象として大量に陳列する方法です。商品のフェイス（商品の顔：商品のブランド名や特徴が書かれている）を揃えて見やすく陳列することができ，商品も崩れにくく傷みにくいです。商品が売れると，棚の奥の方に商品が陳列されているような状態が目立つため，商品の前出しや商品の補充に気をつけなければなりません。

フック陳列

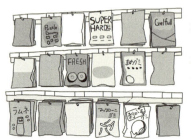

フックバーに商品をかけて陳列する方法です。小型の文房具，家庭用品，スナック菓子，靴下などで使われることが多いです。陳列されている商品は見やすく，在庫数量もわかりやすい。ただし，大きな商品の陳列や大量の陳列はできません。

ショーケース陳列

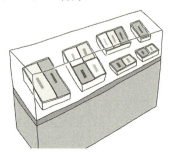

ショーケースの中に商品を陳列しておき，顧客の要望に応じて販売員が商品を取り出して見せる方式です。時計や宝飾品，メガネなどの貴金属品，衣料品や生菓子などで使われることが多い。最近では，ゲームソフトなどの陳列にも利用されています。商品がショーケースの中にあるため，商品が汚れにくい。高級なショーケースの場合は，商品の高級感を出すことができます。ただし，商品のディスプレイや整理に時間がかかることや，顧客は商品の全体を見ることや商品に触れることができません。

エンド陳列

ゴンドラ陳列の両端を指すゴンドラエンドに棚を設けて商品を陳列する方法です。セルフサービスの小売店を中心に，食料品，衣料品，家庭用品等の部門で広く利用されています。特売商品を大量に陳列したり，季節の催事などのテーマを設定して，一緒に使用する関連商品を提案するような陳列をしています。エンド陳列に適しているのは，特売品，季節商品，購買頻度の高い商品などです。大量陳列できることで目立つため，低価格の訴求，新商品の訴求などに効果的であり，非計画購買の促進も期待されます。ただし，大量陳列の作業に時間がかかることや，よく売れるエンドでは売場が乱れやすいことがあります。

カットケース陳列

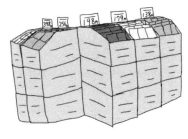

商品が入っている段ボール箱を利用した陳列方法です。段ボール箱の上部をカッターなどを使ってカットします。カットケース陳列用に段ボール箱の上部にミシン目が入っていて，カッターで切らなくても手で切り取ることができるものもあります。主として，食品スーパーやドラッグストアの食料品や清涼飲料水または日用雑貨などで活用されています。大量に陳列することができ，商品の安さを訴求することができます。段ボールのカットにカッターナイフが必要な場合は，カット作業に時間がかかったり，空き箱の整理に手間がかかります。

ジャンブル陳列

投げ込み陳列とも呼ばれるもので，意図的に商品を整えずにバラバラにして，ショッピングカート，カゴ，バケツ等に投げ込んだような陳列方法です。主に食料品の陳列に用いられますが，家庭用品や軽衣料品などにも利用されています。商品の陳列に手間がかからず，商品の安さを訴求することができ，取りやすことからも，衝動購買を誘発できます。バラバラの状態なので，パッケージによっては商品が押されてへこんだり，傷みが生じることもあります。商品が少なくなった場合，売れ残りのイメージを持たれるため，常にボリューム感のある陳列が必要となります。

レジ前陳列

レジ前に小型商品や低価格商品をついで買いや衝動買いを促すように陳列する方法で，主に食品スーパーやドラッグストアで利用されています。レジでの精算待ちの多くの顧客の目につき，商品にも触れやすいが，ゆっくりと商品を選ぶことは難しくなります。そのため，ついで買いや衝動買いしやすい商品や低価格の商品を陳列しています。

島（アイランド）陳列

顧客の注意を引くために店内主通路に平台やカゴなどの什器を使い特売商品を陳列する方法です。食料品，衣料品，家庭用品などあらゆる分野の商品が対象になります。多くの顧客が目にすることができる場所に陳列されるため，その手軽さから商品の安さを出せ，商品も取りやすいことから衝動購買も多くなります。通路を狭くしてしまうこともあり，買物のじゃまになったり，顧客に目立つところにあるため，陳列している商品が乱雑になってしまうこともあります。

※陳列のイラストは，日本大学商学部岸本ゼミナールの喜来心咲さんに描いてもらいました。

 参考文献

日本商工会議所・全国商工会連合会編（2020）『販売士ハンドブック（基礎編）〜リテールマーケティング（販売士）検定試験3級対応〜―下巻―』カリアック．

学修資料：②ビジュアルマーチャンダイジング（VMD）

　本書は食品スーパーを主に想定しながら議論をしていますが、ここでは食品スーパーでの陳列手法だけではなく、ファッション業界に目を向けてみましょう。その中でもビジュアルマーチャンダイジング（VMD）の考え方に注目していきましょう（中島2010：田村　2007）。

　日本ビジュアルマーチャンダイジング協会では、VMDを以下のように定義しています。

> 「店舗というメディアにおいて顧客の立場にたち、マーチャンダイジングと商空間の視覚的表現を一体化することによって、見やすく、選びやすく、買いやすく、魅力的で快適な売場環境を提供すると同時に、企業やブランドの独自性、販促等のコンセプトを伝える仕組みと方法」（日本ビジュアルマーチャンダイジング協会のウェブサイトより）」

　つまり、お客にとって商品が見やすく、選びやすく、買いやすい売場を形成することがVMDの目的になります。一方で小売企業にとっては、VMDは、売上を向上させるための有効な手段であるといえます。

　VMDでは、マーチャンダイジングにおける「MD計画」と「商品演出」が上手く連動して、顧客にとってマーチャンダイジングが「可視化されること」が大切です。そのため、各種の陳列技法はVMDに含まれることになります。

　マーチャンダイジングを視覚化するための3つの方法には、①VP、②PP、そして③IPがあります。VMDではそれらを組み合わせて展開していきます。ここでは、靴下などを製造・販売する株式会社チュチュアンナを事例に取り上げてみましょう。

① VP（ビジュアル・プレゼンテーション）

　VPは店舗そのものや売場全体のイメージを訴求するディスプレイであって、お店の顔になるものです。VP計画はMD計画に基づいて作成されます。そのため、VPではファッションテーマやシーズンテーマを決定し、ウィンドゥやメインステージを利用してトータルで魅力的な演出を行います。お店の前を通る通行客からよく見える場所でメッセージを伝え、通行客を来店客に変えていくためのプレゼンテーション手法です。このように、VPは売場の中で最も演出効果が高いものになります。

　株式会社チュチュアンナのVPには、オケージョン（新生活、バレンタインデーなど）を表現するVPと、チュチュアンナとして見せたいトレンドを表現するVPの2つがあります。写真1のVPは、ヤング層（18～24歳の女性）をターゲットに後者のチュチュアンナとして見せたいトレンド・カラー（赤とピンク系統の色）をストーリーにしてまとめて訴求しています。VPで取り上げられる商品は、両端の棚に陳列されている商品

から選ばれます。VPでは，顧客に一瞬で何が言いたいのかを演出して訴求していきます。VPは2週間ごとに変更します。

② PP（ポイント・オブ・セールス・プレゼンテーション）

　PPは売場における見せ場を形成することです。VPの提案に関心を持ったお客が店内を見た際に，視線を集めるポイントになるのがPPです。PPは主にマネキンのボディを使ったディスプレイをします。このほかには，壁面，柱回り，什器の上部でコーナーとしての顔を作り，コーディネート陳列やサンプル陳列で訴求し，具体的に購入したいという気持ちを高めるプレゼンテーションを行います。つまり，特定の商品を選び出してコーディネートの提案をして関連販売を促進するものです。

③ IP（アイテム・プレゼンテーション）

　VPによってお客に入店を促して，そしてPPによって商品にひきつけ，最後にIPによって商品を選んで購入してもらう流れになります。そのためIPでは，商品を分類・整理し，什器などで見やすく選びやすい陳列をします。つまり，IPはひとつひとつの商品を訴求し，陳列を用いて商品の特性を引き出し，顧客の購買意思決定に結びつける陳列技法です。たとえば，お店では日々の状況に合わせて同じ商品でも顧客の反応の良い色，サイズなどを見出して訴求していきます。

　株式会社チュチュアンナの場合には，PPとIPは連動しています。写真2のPPでは季節の端境期で寒い日や暖かい日があるため，「温度調整」機能をPOP広告の訴求点としてうたい，PPとIPではこうした機能の商品を集めていきます。PPの訴求に目が向いた顧客は，IPとして陳列されている商品に手を伸ばすという流れになります。PPとIPは2週間から1カ月程度で変更されていきます。IPでは上段から売り上げのよい商品が配置されていきます。

②ビジュアルマーチャンダイジング（VMD）　233

写真1　VP

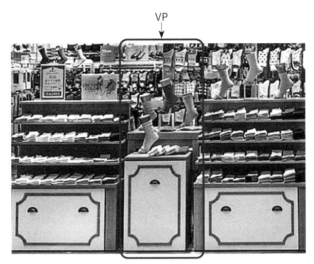

写真2　PP, IP

出所：株式会社チュチュアンナ提供。

　VMDを展開するにあたってその基本は「ウツワとしての売場」にあります。売場において商品を整理・分類する基本パターンとしては，以下の5つが重要です。

① 三角構成
　複数の商品のサイズや高さに差がある場合には，正面から商品を見たときに三角形になるように，背の高い商品を真ん中において陳列する方法です。三角構成を用いることで商品の視認性，安定感や審美性を高めることができます。三角構成を用いて顧客に注目してもらい来店率を高めていきます。

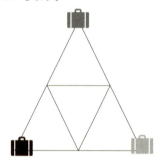

② 左右対称構成（シンメトリー）
　中心から左右対称に商品をバランスよく並べて陳列する方法です。左右対称構成を用いることで落ち着きがあり，安定感のあるイメージを創出することができます。

③ 左右非対称構成（アシンメトリー）
　中心から左右非対称に陳列する方法です。左右が非対称に商品が配置されるために強弱をつけられることで斬新さを創出し，カジュアル感や力強さを強調できます。左右非対称構成は立体的になることによって顧客の目につきやすくなり，注目度が上がります。

④ リピート構成
　規則性を持たせたパターンの陳列を持たせる方法です。リピート構成では連動性やリ

ズム感が生じ，品揃えの中で特定の商品の特徴を強調できます。

⑤放射構成

　円形の中央から放射状にボリューム感をもって商品を配置する陳列方法です。放射構成では華やかな演出を行い，商品の美しさや繊細さを訴求できます。

参考文献
田村登志子（2007）『図解 VMD の基本』繊研新聞社。
中島ゆう子（2010）『VMD MEGA BIBLE』繊研新聞社。
日本ビジュアルマーチャンダイジング協会　https://www.javma.com/about/vmd.html

※株式会社チュチュアンナ経営戦略室の木ノ下様，佐藤様，VMD チームの藤澤様から写真の
　ご提供と丁寧なご説明をいただきましたことを感謝いたします。

索　引

英数

2次元コード……………………218
3C分析……………………………82
3温度帯…………………………208
ABC分析…………………………164
Amazon Go………………………215
CPFR……………………………209
CRM………………………146, 220
D2C………………………………214
DX（デジタルトランスフォーメーション）
　………………………………213
EDI………………………………203
EDLP（Everyday Low Price）……90
EOS………………………………203
FSP………………………………145
GPS………………………………218
IP…………………………………231
ISM………………………………135
LSP（Labor Scheduling Program）……148
LTV（顧客生涯価値）…………222
Off-JT……………………………111
OJT………………………………110
PB…………………………………191
PEST分析…………………………82
PI値………………………………167
POP………………………………143
POSシステム………………28, 202
PP…………………………………231
RFID……………………………203
RFM分析…………………………222
SKU（Stock Keeping Unit：商品管理の最
　小単位）………………………87
SNS広告…………………………146
TV通販…………………………175
VMD……………………………230
VMI……………………………209
VP………………………………230

あ

アイテム（品目）…………………87
アコーディオン理論………………32
アソートメント型…………………68
粗利益……………………………161
粗利分配方式………………………47
異業態間競争……………………127
委託仕入……………………………84
一次物流の変革…………………207
一般小売店…………………………25
異動………………………………112
移動販売…………………………176
インストア加工…………………210
インストア・プロモーション……138, 143
インストア・マーチャンダイジング……135
インターネット通販……………176
売上原価…………………………160
売上総利益………………………161
売場効率…………………………167
売れ筋商品…………………………82
営業利益…………………………161
エリアマネジャー（エリアMG）……51, 94
オムニチャネル…………………179
オムニチャネル小売業…………179
卸売業者……………………………8

か

買回品………………………………9
買物弱者（買物難民）…………182
価格主導型………………………143
価格訴求型…………………………67
カタログ販売……………………175
関係的経験…………………………63
間接流通……………………………13
完全買取仕入………………………84
管理本部……………………………51
期待信頼度………………………221

機能的価値……………………………59
客数……………………………………157
客単価…………………………………157
キャッシュフロー……………………168
業態・小売フォーマット開発………71
業態盛衰のモデル……………………32
業態・フォーマット開発……………72
クーポン………………………………145
クラス（品種）………………………87
クリンリネス…………………………149
グループ………………………………87
グローバル調達………………………198
クロス・マーチャンダイジング……144
経営企画部……………………………50
計画購買………………………………137
経済センサス…………………………9
経常利益………………………………161
計数管理………………………………155
交差比率………………………………163
購買経験………………………………62
購買代理……………………………12, 83
高品質PB……………………………193
小売……………………………………9
小売活動………………………………9
小売企業………………………………9
小売業者………………………………9
小売業種………………………………19
小売業態…………………………4, 19, 20
小売サービス…………………………22
小売の輪の理論………………………29
小売フォーマット……………………60
小売マネジメント……………………71
小売マネジメントの顧客価値モデル…62
小売マネジメントモデル0.0…………23
小売マネジメントモデル1.5…………66
小売マネジメントモデル2.0…………69
小売マネジメントモデル3.0…………70
小売ミックス…………………………20
小売ミックス・システム……………60
コーペラティブチェーン……………48
コーポレートチェーン………………45
ゴールデンゾーン……………………141

顧客価値………………………………62
顧客関係管理…………………………220
顧客経験………………………………64
顧客経験マネジメント………………135
コトPOP……………………………144
コンシューマー・ディシジョン・ツリー
　（CDT: Consumer Decision Tree）……141
コンセプチュアル・スキル…………109
コンビニエンスストア……………6, 27

さ

サービス・ロボット…………………217
在庫型センター………………………207
採用……………………………………111
作業割当表……………………………148
サブクラス（副品種）………………87
サプライチェーン……………………220
左右対称構成…………………………233
左右非対称構成………………………233
三角構成………………………………233
サンプリング…………………………144
仕入機能………………………………40
仕入計画………………………………83
シェルフ・スペース・マネジメント……141
自己啓発支援…………………………111
支持度…………………………………221
自主マーチャンダイジング…………26
質的基幹化……………………………114
自動販売機……………………………175
品揃え（アソートメント）…………12
品揃え指向……………………………24
品揃えの広さ…………………………88
品揃えの深さ…………………………88
社会貢献………………………………73
受注キャパシティ……………………181
常温……………………………………208
消化仕入………………………………84
商圏……………………………………120
商圏の規模……………………………127
商圏の質………………………………127
商圏分析………………………………127
情緒的価値……………………………60

索 引　239

商店街……………………25
消費経験……………………63
消費者教育…………………147
消費者参加イベント，コンテスト………146
商品回転率…………………162
商品開発……………………85
商品カテゴリー……………87
商品計画……………………81
商品構成……………………85
商品構成の階層……………86
商品本部……………………50
ショールーム型店舗………223
職能給………………………108
職能資格制度………………102
食品スーパー………………5, 27
職務給………………………108
真空地帯論…………………31
シングルチャネル…………179
人材マネジメント…………99
人事部………………………51
新聞折込広告………………146
信頼度………………………221
スーパーバイザー（SV）…51, 94
スーパーマーケット………27
スタッフスタイリング……219
ストアロイヤルティ………145, 192
スペース・マネジメント…138
スマートミラー……………217
生活の質……………………182
生鮮三品……………………27
製造業者……………………8
センター出荷型……………180
専門化………………………24
専門店………………………28
専門品………………………9
総合化………………………24
総合スーパー………………26
相乗積管理…………………89
ゾーニング…………………130
属人給………………………108

た

退職…………………………112
棚割計画……………………91
種まき方式…………………207
単品管理……………………87
チェーンストア……………40, 43
知覚品質……………………197
朝礼…………………………150
直接流通……………………13
通過型センター……………207
摘み取り方式………………207
低価格 PB…………………193
データマイニング…………221
テクニカル・スキル………109
デシル分析…………………222
デパートメント（部門）…87
デモンストレーション販売…144
店舗オペレーション………73, 136, 147
店舗開発部…………………51
店舗出荷型…………………180
当期税引後利益……………161
当期税引前利益……………161
等級…………………………101
動線長………………………138
特定の価値に基づく PB…193
トップ・レベル……………109
ドミナント出店……………119
トレーディングアップ（格上げ）………29
トレーディングダウン（格下げ）………32

な

内的参照価格………………143
ナショナル・ブランド（NB）………41, 85
二次物流……………………206
人時生産性…………………165
値入高………………………159
ネットスーパー……………179
値引き・特売………………143
能力開発……………………110

は

バーゲンハンター（チェリーピッカー）
　　　　　　　　　　　　　　91
パートタイマー　　　　　　　113
ハイアンドロー（High & Low）プライス
　　　　　　　　　　　　　　91
バイイング・パワー　　　　　　41
バイヤー　　　　　　　　　　　51
バスケット分析　　　　　　　221
バックエンド　　　　　　　　219
ハフモデル　　　　　　　　　122
バラエティシーキング行動　　198
バリュー消費者　　　　　　　　34
パワー・カテゴリー　　　　　139
販促計画　　　　　　　　　　　92
バンドル販売　　　　　　　　143
販売価格　　　　　　　　　　157
販売機能　　　　　　　　　　　40
販売計画　　　　　　　　　　　82
販売数量　　　　　　　　　　157
販売代理　　　　　　　　　　　13
販売本部　　　　　　　　　　　51
非価格主導型　　　　　　　　143
非計画購買　　　　　　　　　137
非購買時のプロモーション　136, 145
ビジュアルマーチャンダイジング　230
非接触技術　　　　　　　　　218
百貨店　　　　　　　　　　6, 25
ヒューマン・スキル　　　　　109
評価　　　　　　　　　　　　104
標準化　　　　　　　　　　　　43
標準型PB　　　　　　　　　193
フェイシング　　　　　　　　142
フェイス　　　　　　　　　　142
フェイス効果　　　　　　　　142
プライスゾーン　　　　　　　　89
プライスポイント　　　　　　　89
プライスライン　　　　　　　　89
プライベート・ブランド（PB）　41, 85
フランチャイザー　　　　　　　46
フランチャイジー　　　　　　　46

フランチャイズチェーン　　　　46
フリークエント・ショッパーズ・プログラ
　ム　　　　　　　　　　　　145
ブルウィップ効果　　　　　　208
フルフィルメント　　　　　　178
プレミアム　　　　　　　　　145
フロア・マネジメント　　　　138
プロセスセンター　　　　　　207
プロセスセンター加工　　　　210
フロントエンド　　　　　　　219
放射構成　　　　　　　　　　234
報酬　　　　　　　　　　　　107
訪問販売　　　　　　　　　　174
ポップアップ・ストア　　　　185
ボランタリーチェーン　　　　　48
本部一括仕入　　　　　　　　　40

ま

マージンミックス　　　　　　　89
マーチャンダイジング　　　　　79
マクロ環境　　　　　　　　　　82
マクロ要因（商圏要因）　　　127
マス・マーチャンダイジング　　41
窓口問屋　　　　　　　　　　206
マルチチャネル　　　　　　　179
ミーティング　　　　　　　　150
ミクロ環境　　　　　　　　　　82
ミクロ要因（立地要因）　　　127
ミドル・レベル　　　　　　　109
ミルクラン方式　　　　　　　207
目玉商品（ロス・リーダー）　　91
目標管理　　　　　　　　　　106
モバイル・アプリ　　　　　　217
最寄品　　　　　　　　　　　　9

ら

ライリーの法則　　　　　　　122
ライン（品群）　　　　　　　　87
リピート構成　　　　　　　　233
リフト値　　　　　　　　　　222
量的基幹化　　　　　　　　　114
冷蔵　　　　　　　　　　　　208

冷凍 208
レギュラーチェーン 45
レコメンドシステム 177
ロイヤルティ（Royalty） 47
労働分配率 165
ロワー・レベル 109

著者紹介

岸本　徹也（きしもと　てつや）　　　　　第Ⅰ部，第Ⅱ部第4章～第8章　学修資料①

日本大学商学部教授
法政大学大学院経営学研究科博士課程修了　博士（経営学）
日本販売士協会参与
一級販売士，日本販売士協会登録講師

主要著作

『1からの流通システム』（共著，碩学舎，2018年）
『食品スーパーの店舗オペレーション・システム』（白桃書房，2013年）（2014年度日本商業学会学会賞奨励賞受賞）
『日本の優秀小売企業の底力』（共著，日本経済新聞出版社，2011年）
「食品スーパーにおける改善活動」『産業経済研究』（2022年）（2022年度日本産業経済学会学会賞奨励賞受賞）

菊池一夫（きくち　かずお）　　　　　第Ⅱ部第9章，第Ⅲ部，学修資料②

明治大学商学部教授
明治大学大学院商学研究科博士後期課程修了　博士（商学）
日本販売士協会参与

主要著作

『アート・オブ・物流』（共著，同友館，2024年）
『ベーシック流通論（第2版）』（共著，同文舘出版，2023年）
「オムニチャネル小売業のロジスティクス変革プロセス研究」『流通』（51）（共著，2022年）（第14回日本流通学会論文賞受賞）
「サービス・ドミナント・ロジックとサービシィーズ・マーケティングの接点」日本消費経済学会編『日本消費経済学会年報第32集』（2011年）（2012年度日本消費経済学会学会賞奨励賞受賞）

体系

小売マネジメント

2024年10月15日　第1版第1刷発行

著　者	岸　本　徹　也
	菊　池　一　夫
発行者	山　本　　　継
発行所	㈱中央経済社
発売元	㈱中央経済グループ パブリッシング

〒101-0051　東京都千代田区神田神保町1-35
電話　03 (3293) 3371 (編集代表)
　　　03 (3293) 3381 (営業代表)
https://www.chuokeizai.co.jp
印刷／文唱堂印刷㈱
製本／㈲井上製本所

©2024
Printed in Japan

＊頁の「欠落」や「順序違い」などがありましたらお取り替えいた
しますので発売元までご送付ください。(送料小社負担)
ISBN978-4-502-51221-6　C3034

JCOPY 〈出版者著作権管理機構委託出版物〉本書を無断で複写複製 (コピー) することは,
著作権法上の例外を除き, 禁じられています。本書をコピーされる場合は事前に出版者著
作権管理機構 (JCOPY) の許諾を受けてください。
　JCOPY 〈https://www.jcopy.or.jp　eメール：info@jcopy.or.jp〉

ベーシック＋プラス
Basic Plus

いま新しい時代を切り開く基礎力と応用力を兼ね備えた人材が求められています。

このシリーズは，各学問分野の基本的な知識や標準的な考え方を学ぶことにプラスして，一人ひとりが主体的に思考し，行動できるような「学び」をサポートしています。

ベーシック＋専用HP

教員向けサポートも充実！

中央経済社